中國風水史

一个文化现象的历史研究

傅洪光◎著

九州出版社
JIUZHOUPRESS

图书在版编目（CIP）数据

中国风水史：一个文化现象的历史研究/傅洪光著．—北京：九州出版社，2013.3

ISBN 978－7－5108－2041－0

Ⅰ.①中… Ⅱ.①傅… Ⅲ.①风水－研究－中国 Ⅳ.①B992.4

中国版本图书馆 CIP 数据核字（2013）第 061949 号

中国风水史：一个文化现象的历史研究

作　　者　傅洪光　著
出版发行　九州出版社
出 版 人　黄宪华
地　　址　北京市西城区阜外大街甲 35 号（100037）
发行电话　（010）68992190/2/3/5/6
网　　址　www.jiuzhoupress.com
电子信箱　jiuzhou@jiuzhoupress.com
印　　刷　河北省三河市九洲财鑫印刷有限公司
开　　本　720 毫米×1020 毫米　16 开
印　　张　15
字　　数　144 千字
版　　次　2013 年 12 月第 1 版
印　　次　2013 年 12 月第 1 次印刷
书　　号　ISBN 978－7－5108－2041－0
定　　价　32.00 元

前言　拨开迷雾看风水

说到风水，不妨借用一句诗来形容：你爱，或是不爱，它就在那里，不分不离。

在我们的文化之根里，紧紧依附着风水的因子，这一点似乎用不着任何文献史料来证明。随便找几位国人，即便是无知无识的妇孺，问问风水是什么，或多或少都能说上几句。从心理层面来说，“风水”已经成为我们文化中的一种集体无意识。这一点，许多人不愿承认，却阻止不了另一些人利用它来日纳斗金。于是近些年，我们看到了越来越多的“生意”，越来越多的“大师”，甚至看到了第一家上市的风水公司。

风水，似乎在悄悄“与时俱进”。

然而，对这一古老的文化，又有多少人能真正讲得清道得明呢？

大多数时候，我们看到的只是一种实用的态度，崇信的人只满足于从“业内人士”那里得到吉凶休咎的判断，而那些秉承“真传绝学”的“大师”，要么讳莫如深、“秘不外传”，要么五行八卦、不知所云。另一方面，风水的反对者，往往只是简单地给它扣上“迷信”的帽子，认为不值一哂，而忽视其深厚的历史文化底蕴。风水屡禁不灭，这种简单粗暴的态度也难辞其咎。

同其他神秘文化一样，风水的真身笼罩在一层迷雾中，处处体现出一种似是而非的矛盾气质。比如，风水中有光怪陆离、肤浅可笑的无稽之谈，也有合乎科学原理的成份；笃信风水的人不仅是村妇野夫，也有像朱熹这样的大儒（事实上，正是这类上层人士扮演了风水盛行的推手）；风水以种种附会之说来选择宝地吉宅，却造就了明清皇陵、故宫、丽江古城那样的建筑胜景……风水，真不是几句话就能说清楚的。

要说清楚，需要的是严肃扎实的研究态度。对于任何一种古老的文化现象，只有认真地审视其来龙去脉，真正做到知其然，才可能避免执其一端。换言之，要揭开风水的神秘面纱，还其本来面目，历史研究必不可少。正如国内风水史专家何晓昕所言：“从风水的发展沿革，把握滋生风水的动机，了解人们对风水信仰与敬畏的原因，风水与生产劳动、巫术、科学、哲学、宗教、迷信以及其他人文思潮的相互嬗变关系，深入地占有并研究风水史料，不失为登堂入室的门径之一。”

而这，也是本书写作的原初动力。

目 录

第一章　风水名义考略

所谓名正则言顺，只有先正其名，方能知其由。这尤其是考察风水历史的首要关键，因为说到“名”，风水非止一个，还有不少别名，如地理、堪舆、阴阳、形法、青乌，等等。其中几个别名至今仍有相当高的知名度与影响力。这些名称，反映了风水在源远流长的发展过程中的沿革变迁，本身便具有史学意义。

一、风水释义

在古代，“风水”一词并不专指择地求吉的学问。中医里也有“风水”一说。托名黄帝、实成书于汉代的《黄帝内经》，及晋代的《甲乙经》，都出现了“风水”的概念，用以指称一种浮肿病。如《黄帝内经·素问》：“勇而劳甚则肾汗出，汗出逢风，内不得入其脏，而外不得越于皮肤，客于六腑，行于皮肤，传为胕肿，本之于肾，名曰风水。”又《甲乙经》卷四：“肝肾脉并沉为石水，并浮为风水。”

从字面来理解，“风”和“水”分别有着相对独立的释义，代表着两种不同的物质形态。所谓风，《淮南子·天文训》说：“天之偏气，怒者为风。”风和人的吉凶有关，比如说周武王伐纣，大风折盖；秦始皇浮江到湘山祠，遇大风阻截，都有很重的吉凶意义。根据方向，古人还认为风有八方之风，后世的风水家就根据这八风，提出了穴前、穴后、穴左、穴右、两肩、两足之风，认为这八风吹散了堂气，所以要尽量避免。

那么什么是水呢？我们都知道，人是不能离开水而活着的。古代的人认为，水是万汇之根源，人由水生，水决定人的体质和品性。正因为水对人们的生活有很大的影响，所以风水之术很重视水，以江河为水龙，说水能聚气，人一旦得气就获得了生机，就会兴旺发达。

“风”与“水”一旦结合起来，产生了一个有着全新涵义的名词。除了上述的中医学意义外，更为古往今来的人们所熟知的，就是用来指称一种相地之术。由此引申，还可指称宅基地或坟地周围的风向、水流、山脉等形势。

按照公认的说法，最早给风水下定义的是托名晋人郭璞的《葬书》(亦称《葬经》)：“葬者，乘生气也。气乘风则散，界水则止。古人聚之使不散，行之使有止，故谓之风水。”该书还对这一术名进行了较为清晰的解释，权威地为后世界定了“风水之法”的原则：“得水为上，藏风次之。”也就是说，相地之法，得水是最大关键，其次才是藏风。清人范宜宾为《葬书》作注云：“无水则风到而气散，有水则气止而风无，故‘风水’二字为地学之最重，而其中以得水之地为上等，以藏风之地为次等。”

事实上，比《葬书》早出的《青乌先生葬经》已经有了对风水的论述，书中说：“内气萌生，外气成形，内外相乘，风水自成。”与此对应，《葬书》中也有所谓“深浅得乘，风水自成”云云。二者在风水之说的看法上大同小异，既有脉络可寻，也说明了风水理论的逐渐成熟。

在《葬书》之后，明代乔项的《风水辨》和徐善继、徐善述的《地理人子须知》等对“风水”也有相当生动的解释。乔项认为：

> 所谓风者，取其山势之藏纳，土色之坚厚，不冲冒四面之风与无所谓地风者也。所谓水者，取其地势之高燥，无使水近乎亲肤而已。若水势曲屈而环向之，又其第二义也。

《地理人子须知》则云：

> 地理家以“风水”二字喝其名，即郭璞氏所谓葬者乘生气也。而生气何以察之？曰：气之来，有水以导之；气之止，有水以界之；气之聚，无风以散之。故曰要得水，要藏风。……总而

言之，无风则气聚，得水则气融，此所以有之名。循名思义，风水之法无余蕴矣。

所谓“循名思义，风水之法无余蕴矣”，正说明了风水之名的直观性。藏“风”和得“水”，合起来讲就是风水。风，用今天的话说，是流动的空气，空气要流通，才是鲜活的、健康的，否则就是污浊的、有害的；水亦如是。新鲜的空气和清洁的水一样，都是人类赖以生存的基本条件。但是，得风过甚，则有风寒之虞；离水过近，则有洪涝之险。唯有避风近水而地势略高的地方，也就是乔项所说的“藏纳”和“高燥”之处才是上佳之地，这就是古人最初的“风水”观。“风水之始，避风及水而已”，这种原始的观念与专门的相地实践相结合，才发展出“藏风”、“得水”的原则。

在这一过程中，有关“气”的理论起了关键作用。风水学中的“气”并不是我们平常所说的空气，也不是任何实有的气体，它只是一种抽象而强大的力量。所谓的“看风水”，其实关键是看“气”。古人认为万物皆生于“气”，“气”在土中化生运行，但它只有处于静止的状态（即“气止”）才是理想的状态。怎样才能做到“气止”呢？关键就在“风”和“水”。

古代风水学认为，生气随着风吹而四散，遇到水就会停止了。如果没有水，生气就很容易被风吹散，聚不起来。这就是范宜宾所说的“无水则风到气散，有水则气止而风无”，所以说风水的首要原则就是“得水为上”。而有了水还不够，穴场必须垣城完整，拱护周密，不使外风荡刮穴场而生气飘散。风水家认为，生气因水而聚，因风而散，故风水之法，得水固然重要，但若穴不避风，生气随之散逸，得犹如不得。还得靠大大小小的山岭环抱，这样才能避免风吹而使生气四散，所以“藏风”也起着非常重要的作用。可见，风和水正是影响“生气”的关键因素，凡“藏风得水”之处为风水宝地。无独有偶，佛教也有“不让风动以延年益寿，不让水流以永存形体”的类似说法。这都说明“风水”二字确实为“地学之最重”。

二、与风水有关的几个称谓

1. 堪舆

作为风水别名，堪舆也有很高的知名度。这一词的内涵也有一个衍变过程。风水是相地术，堪舆的原初意义却和天文有关。据考证，堪舆之名最早出现在西汉初期的《淮南子·天文训》：

> 北斗之神有雌雄。十一月始于子，月徙一辰。雄左行，雌右行。五月合午谋刑，十一月合子谋德。太阴所居辰为厌日，厌日不可以举百事。堪舆徐行，雄以音知雌，故为奇辰。

在这里，“堪舆”实指北斗星辰及其神名。星命之术在春秋至两汉期间颇为盛行，古人相信天上星辰之运行变化，是与世间人事之吉凶祸福密切相关的。西汉扬雄的《甘泉赋》有“属堪舆以壁垒兮”一句，说的正是汉成帝于甘泉宫的祭台上向堪舆神灵祈祷卜吉。由此不难推测，后世以“堪舆”指称相宅相墓趋吉避凶之术，实质上源于天象决定命运的观念。

堪舆作为一种术法，首先见于《史记·日者列传》褚少孙补写的文字，这里开始出现“堪舆家”这一专门名词：

> 孝武帝时，聚会占家问之：某日可取妇乎？五行家曰可，堪舆家曰不可，建除家曰不吉，丛辰家曰大凶，历家曰小凶，天人家曰小吉，太乙家曰大吉。辩论不休，以状闻。

当时所谓的堪舆家仅指那些通晓天文与地理知识的占候之士，他们占卜日辰吉凶，并不限于相地营宅，也包括嫁娶等其他活动。

有关这方面的记载，还可见王充的《论衡·讥日篇》：

忌日之法，盖丙与子卯之类也，殆有所讳，未必有凶祸也，《堪舆历》历上诸神非一，圣人不言，诸子不传，殆无其实，天道难知。

王充之意虽为批判和非议，我们从中却可推测当时堪舆术之盛行：不仅出现专门的职业人士，更有了用以占卜日辰吉凶的专用历书。

同样是占卜日辰吉凶，汉代的堪舆家与那些五行家、建除家、丛辰家等相比又有什么特别之处呢？当时的堪舆术离不开天文观星象之法，这是毫无疑问的。东汉郑玄注《周礼·春官宗伯第三》言：“《堪舆》虽有郡国所入度，非古数也。今其存可言者，十二次之分也。”其中提到的术书《堪舆》早已亡佚，但其星宿分野、十二次之法却流传下来。其法将木星（岁星）十二年运行一周天的轨道，等分为十二，称之十二次，又以之对应于地上的十二个区域，即所谓分野，视各天区星象变异而卜算对应地域的吉凶。由天文占法又衍生出一种实用的占卜工具——六壬式盘。汉代六壬式盘由上下两盘重叠而成，上盘为圆盘，即天盘；下盘为方盘，即地盘，显然取“天圆地方”之意。汉代堪舆家通过转动天盘，较验上下盘对位的干支时辰来定吉凶，这也成了汉代堪舆术占卜择日的最大特色。

由于这类占卜主要通过观察天象来判断相应地域的凶吉，许慎在注《淮南子·天文训》时，将“堪舆”二字的意义作了引申：“堪，天道也；舆，地道也。”当然，有人据此说“地道”就是风水术，不过是附会。唐代颜师古注《汉书·扬雄传》引三国魏人张晏的话说：“堪舆，天地总名也。”清代学者朱骏声在《说文通训定声》中又进一步解释为：“盖堪为高处，舆为下处，天高地下之义。”高者为阳，低者为阴，所以堪舆实为阴阳天地之道，堪舆家正是利用天文地理对应关系方面的学问来占卜吉凶的。

许慎等的解释清晰昭示了堪舆一词内涵由“仰观天文”到侧重“俯察地理”的衍变轨迹。汉代的式盘与司南模式复合之后，发展为后世我们熟知的罗盘，而星象分野学说也与地理上的四向方位在推演模型上合一。汉代堪舆术实际上一开始与今天我们所说的风水术本无关系，只是后来才由纯粹占卜吉辰的天文式术，与逐渐盛行的相宅、营造、形法之术互相渗透，堪舆也就由汉初的北斗神名逐渐成为相地的代名词。到三国时，魏国人孟康即谓："堪舆，神名，造《图宅书》者。"已经把堪舆与形法混为一谈了。以后，堪舆一词作为对相墓相宅的术数和技巧的指称，其内涵也逐渐确定下来。

2. 阴　阳

阴阳，最初是指日光的向背，物体向日的一面为阳，背阳的一面为阴。许慎《说文解字》："阴，暗也，水之南，山之北也。""阳，高明也。"段玉裁注："山南为阳。"水之南和山之北都是阳光照不到的地方，故呈现阴暗状态。古代关于"山南水北为阳，水南山北为阴"的解释，即为阴阳的原义。

这一概念后来不断引申。古代先民们通过对天地万物的长期观察，看到一切现象都有正反两方面，恰如阴阳之相反相成，就用阴阳这个概念来解释两种对立和相互消长的事物或现象，从用来象征气候的寒热到广泛解释自然界与社会生活的所有现象，如明暗、寒热、日月、天地、昼夜、内外、上下、动静、黑白、快慢、君臣、男女、强弱、生死等。这就是阴阳观念的哲学化。《周易·系辞传》所云"一阴一阳之谓道"，即把阴阳视为对立统一关系以及宇宙间的根本规律和最高原则。

阴阳对立统一示意图

风水术与阴阳的密切关系由来已久。在《诗经》中，有“既景乃岗，相其阴阳”之说，明确地记载了周民族先祖公刘以晷景测日影以定方位，这既是“阴阳”一语最早的出处，也是风水之文的滥觞。《逸周书·大聚解》云：“别其阴阳之利，相土地之宜，水土之便营邑帛。”说明在我国古代早期，风水已经具有了“相其阴阳”和“别阴阳之利”简单的阴阳哲学思想。无论是最早的较为直观的山水阴阳向背之理，还是抽象化的对立统一的阴阳哲学观念，都被后世风水家不断丰富，成为风水术的哲学基础，如《葬书》讲述风水要点时，就有“来积止聚，冲阳和阴”之谓。《黄帝宅经》一开篇就大讲阴阳：“夫宅者，乃是阴阳之枢纽，人伦之轨模……凡人所居，无不在宅，虽只大小不等，阴阳有殊，纵然客居一室之中，亦有善恶。”说明阴阳为选宅之关键因素。

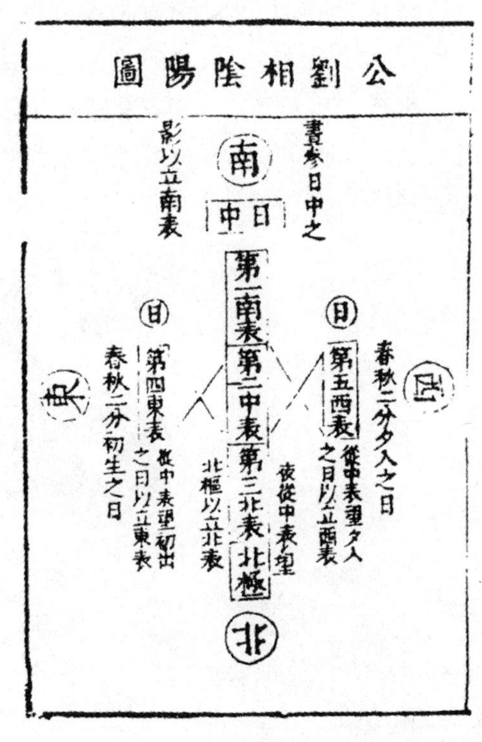

公刘相阴阳图

风水中的形势派理论把山称为阳，水称为阴，山南称为阳，山北称为阴，水北称为阳，水南称阴。风水家论山水，以山主静而属阴，其势高，又为阴中之阳者；水本动而属阳，其势低，又为阳中之阴者。因而讲究山水交会，动静相乘，阴阳相济。所以《青囊海角经》说：

山水者，阴阳之气也，山有山之阴阳，水有水之阴阳，山者阴盛，水者阳盛。高山为阴，平地为阳。阳盛则喜乎阴，阴盛则欲乎阳。山水之静为阴，山水之动为阳。阳动则喜乎静，阴静则喜乎动。

《老子》所说的"万物负阴而抱阳，冲气以为和"对风水也有着深刻的影响。古代风水术士认为，地之形势要犹如人体，有首、有臂，两臂围合方称安全，这就需要背靠青山，青山环绕。山应高大，居中为玄武，左侧应有青龙山辅佐，右侧有白虎山挡风，南有朱雀山为屏应，前有河水流过，方为理想的之吉地。《堪舆泄秘》云："凡到一乡之中，先看水城归哪一边，水抱边可寻地，水反边不可下。"这是说村落选址应在河流的弯曲处，以呈马蹄形的自然围合特征。这些理论显然与"负阴而抱阳"的观念是相契的。

阴阳鱼图

正由于阴阳概念在风水术中的重要地位和广泛应用，在古代，风水也曾被称为阴阳。《汉书·晁错传》云："相其阴阳之和，尝其水泉之味，审其土地之宜，观其草木之饶，然后营邑立城，制量割宅，正阡陌之界。"这里的阴阳，即风水之别称，是再清楚不过的。《旧唐书·吕才传》："大宗以阴阳书近代以来渐致讹伪……遂命（吕）才与学者十余人共加刊正。"南宋末程启《三柳轩杂记》："阴阳家为磁石引针定南北，每有子午丙壬之理。”可见，当时风水一类的书被称为阴阳书，风水术家也被称为阴阳家。到明清时，朝廷设有阴阳学官，风水方家也归其管理，俗称阴阳生。

3. 卜宅、相宅

唐代吕才《五行禄命葬书论》说：“逮乎殷周之际，乃有卜宅之文。”把上古卜宅之文作为风水术的源头，所以风水也称为卜宅。

卜，就是占卜、卜筮。所谓卜宅，也就是通过占卜来决定住宅的营建。商周之时，卜宅是很流行的，上至迁都作邑，下至选择民居，都要占卜，以天意或神鬼的意志来抉择。后面的章节中对此将有详细的论述，此不赘。

太保相宅图

“相宅”一词出自《尚书·召诰》：“成王在丰，欲宅洛邑，使召公先相宅。”所谓的相宅，含有勘察规度宅地的意思，这也成为后世风水的宗旨之一，所以风水也概称相宅或相地，后来衍生有相墓的说法。

在商周之时，卜宅和相宅的内涵大略相同。卜宅虽然是以天意来择居，可是前提是要经过对各种环境形势的考察，是由气候、水草及其他环境因素决定的，所以说卜宅事实上是以相宅为前提的。

4. 形　法

“形法”一词，最早出现在班固的《汉书·艺文志》之中，书中说：“形法者，大举九州之势以立城郭室舍形……以求其声气贵贱吉凶。”更早一些，《周礼》中就有“形体之法”的论述。所谓“形体之法”，不外乎考察山川地理形势，择其形胜之处，因势随形而营国立都、筑室安居。《周礼·夏官司马》记载，土方氏“掌土圭之法，以致日景，以土地相宅，而

夏至致日图记录了古代最早的测定方位的方法——土圭法

建邦国都鄙”，即土方氏掌理用土圭的办法，通过测定日影，测定方位，选择土地形胜建造房舍，修筑都城。这应该是形法相地相宅的先声。在天道与地道之间，形法似乎更注重对地道的考察；虽然义理侧重有所不同，但它也同堪舆一样，成为风水的重要别称。

班固在记录汉代式术占法时，除在“五行家”中列出堪舆家一派外，也提到了形法一派的术书，如《宫宅地形》。这种术法既然已经有了专门的术书和流派，说明其理论已经成熟。虽然汉代形法诸书已经佚失，但从班固对“形法”所下的定义来看，我们不难猜测对山形地势、地理形貌的考察是其主要内容。如《管子·乘马篇》中说：

> 凡立国都，非于大山之下，必于广川之上，高毋近旱而水用足，下毋近水而沟防省，因天材，就地利，故城郭不必中规矩，道路不必中准绳。

就是以形法论“立国都”之要旨。《汉书》又有云：“相其阴阳之和，尝其水泉之味，审其土地之宜，观其草木之饶，然后营邑立城。”相者，省视也，为察看之意。这里是说先“相”南北方向，再尝水、审土、观植物等的好坏后，再决定是否在此建城。凡此种种，都述及了形法一派的宗旨。

《汉书》中说：“形法，非有鬼神，数自然也。”是说这种占法依据适应自然而非鬼神。这一点与同时代讲究阴阳五行生克、吉凶祸福禁忌的风水占法判然有别，其根本即是以自然为对象的相学，或者说“象”学，即是以象之“相”推衍附会其吉凶。又由于形法讲究的是因势随形、相其地理，于是又衍生出“相地”、“形势”等称谓，同为风水的重要术语。古代风水的重要流派形势宗，其源头或许便可追溯到汉代的形法家。

5. 地　理

地理作为风水的别称，也为国人熟悉。耳熟能详的“地理先生”，其实就是风水师；看风水，也称作“相地理”。当然，这种“地理”与今天的地理科学在内容上是大相径庭的。风水术家讲求地理，实际上只是谈各个地点与山川的关系，从中推测出对人可能产生的吉凶影响。但是这种推测又往往结合了古代对地理的认识，给人一种言之有据的感觉而赢得了普遍的信从。

“地理”一词，最早出现在《周易·系辞上》中，其文云：“易与天地准，故能弥纶天地之道，仰以观于天文，俯以察于地理，是故知幽明之故。”而俯察地理，即相度土地之宜，其实是风水术的主要内容，所以风水术称为地理也是顺理成章之事。

王充在《论衡·自纪篇》中说：“天有日月星辰谓之文，地有山川陵谷谓之理。”天文与地理对应，即所谓天道、地道，二者相关而有别，当风水术由“观天文”而向偏重“察地理”衍变之后，地理也正式成了风水的别称。《管子·形势解》说：“上逆天道，下绝地理，故天不予时，地不生财。”大意是说，如果人上逆天象，下忤风水之理，那是要倒霉的。这里更明白地用“地理”来指称风水术了。

依《周易》的说法，“古者庖牺氏之王天下也，仰则观象于天，俯以则观法于地”，其中的庖牺氏即伏羲。这段记载，也使得后世的许多风水家在追溯地理之术的源头时，都将伏羲宗为始祖。除此之外，晋代葛洪《抱朴子内篇·极言》说，“昔黄帝……相地理则书青乌之说”，则是将风水始祖之名安在了黄帝头上。

古代风水术家尤其是形势一派，多谈天下山川的地理形势，其中不免附会了许多神秘的内容。这些神秘的说法所反映的地理观念，比如有名的“三大干龙”之说等等，不仅借用了古代地理学的知识，而且大加发挥，反过来又影响了它的发展。如《撼龙经》说：

> 昆仑山是天地骨，中镇天心为巨物。
> 如人骨脊与梁项，生出四肢龙突兀。
> 四支分成四世界，南北东西为四脉。
> 西北崆峒数万程，东入三韩隋杳冥。
> 唯有南龙入中国，分宗孕祖来奇特。

就地理而言，这种看法确实与昆仑山“亚洲脊柱”的称号有相合之处，也为古代地理学者所接收，如宋代学者论中国山脉水系的大势，有所谓“三龙”，即受此影响。所谓“三龙”，就是将由其源出的中国山脉归为三个分支：长江以南向东南方延伸的山脉为南龙，又称为巽龙；长江、黄河之间成行列的山脉为中龙，又称为震龙；黄河、鸭绿江之间的山脉为北龙，又叫艮龙。三大干龙的起点都是昆仑山。这种地理观念左右着唐宋以来的地理学，影响极大。如明代徐霞客《江源考》讲到南龙与长江同发于昆仑，同尽于三吴，“屹为江海锁钥，以奠金陵，拥护留都千载不拔之基”，其地理观念显然受到风水术的影响。风水术与古代地理学的相互影响，互促互进，因此李约瑟的《中国科学技术史》亦认为“地理”一词“一定和相地术有密切关系”。（第五卷第一分册）

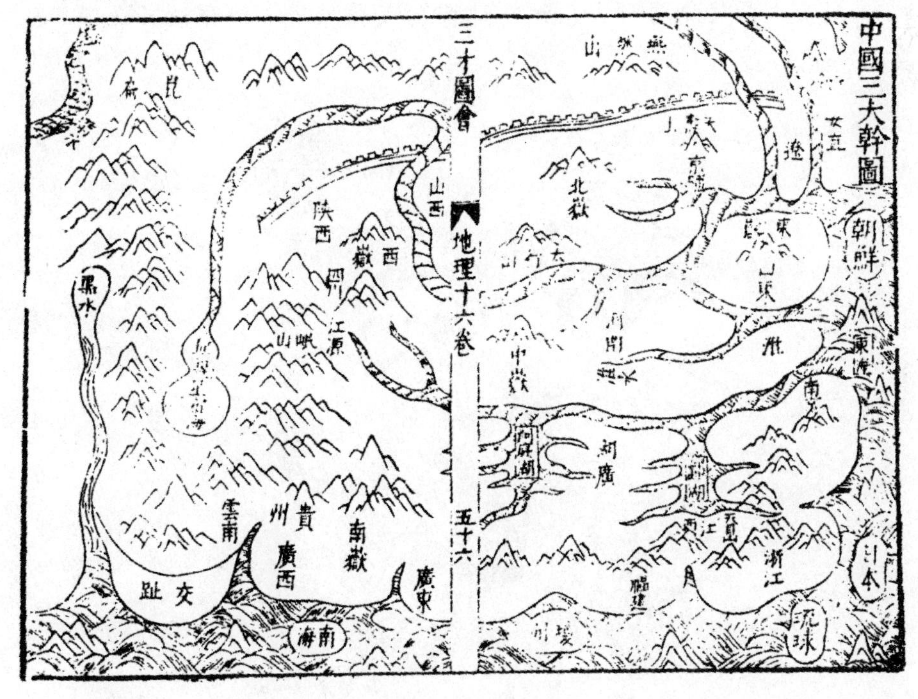

中国三大干龙图

唐宋以后，以“地理”命名的风水术书大行于世，比较有名的有《管氏地理指蒙》、《五音地理新书》、《地理人子须知》等。

6. 青　乌

风水又被称作青乌。唐王维《能禅师碑》："择吉祥之地，不待青乌；变功德之林，皆成白鹤。"清黄宗羲《陈令升先生传》："先生于书画古奇器，赏鉴无不精绝，而青乌、素问、龟卜、杂术，皆能言其理。"

把"青乌"作为风水的别称可谓由来久远，与古代一位名叫青乌子的风水术家有关。青乌子被后世奉为风水的鼻祖，名头很响，可他究竟是哪一个时代的人，甚至究竟是否真有其人，至今仍无定论。据史箴先生在《风水典故考略》中的考证，一种说法，认为青乌子为黄帝时地理家，因《轩辕本纪》有谓"黄帝始划野分州，有青乌子善相地理，帝问之以制经"；还有人谓其商周时人，此外又有秦人和汉时人的说法，众说纷纭，莫衷一是。

青乌公

但无论如何，古代有冠名"青乌"的相地之术与术书流行于世，而且影响很大，却是事实。晋代张玄之在《吴兴山墟名》中提到，吴兴有座山昔年曾经经过青乌子相度，认为是避难隐居的好地方。南朝梁人刘孝标注《世说新语》中有关风水术的一段故事时，也谈到有“青乌子《相冢书》”，应该就是当时择地术的专业指导书。后世的《艺文类聚》（唐欧阳询撰）等典籍中，也不断引用过青乌子《相冢书》书中的话，可见其影响之深远。

《青乌先生葬经》是冠名“青乌”的影响较大的古代风水典籍，流传至今，《古今图书集成》和《四库全书》都有收录。

7. 青　囊

青囊，即用青布做成的布囊。古代术士把他们的著述刻在简册上，多放在青囊中。而把青囊作为风水的别称，原出于《晋书·郭璞传》，里边提到：

> 有郭公者，客居河东，精于卜筮，璞从之受业。公以青囊中书九卷与之，由是遂洞五行、天文、卜筮之书……

从这段引文来看，青囊其实并不专指风水之术，也包括其他的术法。比如传说华佗就曾著有医书《青囊书》（今已佚）；唐刘禹锡诗《闲坐忆乐天以诗问酒熟未》云：“案头开缥帙，肘后检青囊。唯有达生理，应无治老方。”诗中的“青囊”就是指医书。因为在古代，“山医命相卜”总称五术，所以青囊也是各类术书的总称。只是当郭璞被“追认”为风水的祖师爷后，“青囊”才逐渐成了风水的别称。

宋代郑樵《通志·艺文略》载有唐代杨筠松及其门生曾文辿所著的《青囊经》，是冠“青囊”之名的风水术书。《宋史·艺文志》也提到杨、曾著有《青囊经歌》二卷。到清代，《古今图书集成》录有《青囊奥旨》；《四库全书总目提要》提到《青囊奥语》一书，说“相墓理气一派，从此发源”。

楊筠松青囊奥旨

序

是經大唐國師楊公筠松傳家之奥旨也以二氣五
行一節二節之法成賦門人曾文辿掇合成篇曲盡
地理造化運行之機眞參贊化育之大道也首言尋
龍之法審來龍以辯雌雄察金龍以定水路觀血脈
以究源流認三叉以明聚散識陰陽以明運氣交媾
之情分順逆以求祖宗來歷之旨於堪輿無餘藴矣
用來龍三合以量山收十二方山龍之吉以向上元
空三合納音而論水收十二路水神之妙山管山水
管水而五行各專生旺之氣吉凶之應昭然矣夫又
分廿四山之陰陽以定穴情之可否或正來或饒減
而進退迎縮之法明矣所以穴順來龍向依水法而
山與水之殺無不消矣至於溝壑水路出入之法生
尅會自然之運而不失其度俾鬼神不得以司禍福
之機天地不得以擅化育之宰眞所謂改天命回造
化之元術也豈時師之所能與知哉洪武四年秋玉
屏山人劉基伯溫序

托名杨筠松的《青囊奥旨》书影

第二章　探寻风水之根

风水如同一面历史的棱镜，折射了中国传统文化两千年的历程，其中混杂了多种形态的文化因素，如原始宗教中的自然崇拜、鬼魂迷信、征兆占卜，传统哲学中的阴阳五行、天人感应、八卦象数，封建伦理中的家族意识、伦理观念，以及民间信仰，等等。在风水发展过程中，这些多元化的文化因素，被重新整合成了一个有机的神秘的体系。追根溯源，不难发现，原始的“避风及水”的朴素观念是风水意识的开始，对自然的崇拜落实为寻求蕴藏、运行于山川之中的生气的保佑，对祖先鬼神的信仰衍化为具有血缘关系的人鬼感应观念……这些都表明，对风水这样一个开放的系统，要全面把握其内涵，首先就要深入其文化之根。

一、原始风水意识的萌生

在风水成为一门玄奥复杂的术法之前，与风水相关的原始意识其实早已萌生。

不论在任何时候，居住都是人类生活的一个重要方面。选择住宅的历史，开始于人类的原始时代。据有关考古资料可知，原始人类要么依树筑巢而居（如传说中的“有巢之民”），要么以洞穴作为他们的栖身之处（如山顶洞人等）。《墨子》曾提到，“古之民未知为宫室时，就陵阜而居，穴而处”，“古人因丘陵掘穴而处”，说明原始人类在学会搭建宫室之前，很长时期内都过着穴居的生活。《太平御览》卷七十八引项峻《始学篇》说：“上古皆穴处，有圣人教之巢居，号大巢氏，今南方人巢居，北方人穴处，古之遗俗也。”说明我国在远古开始形成巢居和半穴居南北两种不同特点的居住方式。

不管是巢居还是穴居，先民们对栖身之处的选择都是有讲究的。如山顶洞人所居住的岩洞，一般都是向阳、避风雨、近水的岩洞：当时洞穴周围有面积广大的沼泽和河流，有茂密的森林，有利于山顶洞人饮水、采集和渔猎；洞穴向阳干爽，使得当时山顶洞人使用的石器和制作的骨针一直保存至今。总的来说，原始人类或“就陵阜而居”，或“因丘陵掘穴而处”，已考虑到居住环境中对地形的利用。“陵阜”即指那些靠近河流的土坡。选择在那里居住，既便于取水捕鱼，又能够躲避经常发生的水患，这或许就是后世风水家所说的“近水而居”的由来。

原始人类一开始是居无定所的。他们在漫长的岁月中迁徙不定，大多数时候不得不栉风沐雨，风餐露宿。直到距今大约6000～7000年前，原始农业发展起来以后，才有了聚集定居的生活。人们逐渐意识到，居室为安身立命之处，要乐业，必先安居。人们当然希望住宅既能遮蔽夏天的烈日，又能保证冬季的日照；既可通风，又能保暖，还要能躲避洪水猛兽的侵害。于是，择地而居的观念进一步发展，人们不再消极地顺应自然，在聚落选址的实践中慢慢摸索出经验。

对仰韶文化和龙山文化遗址的考察表明，当时的氏族村落或是分布在江河两岸的台地和坡地上，或是位于江河转弯与两河交汇处。这不仅可以避免洪水的侵袭和方便汲水，而且还适于农业、畜牧、狩猎和捕鱼等生产活动。此外，那些村落的建设还具备了方位的概念，懂得方位与日照和风寒的关系，比如大多数房屋都是朝南的，便于采光。其依山傍水、背风向阳的择地筑建方式，正体现出后世风水术所尊崇的“近水向阳”的原则。

西安东郊的半坡村，是我国仰韶文化时期的一个原始聚落遗址。这一原始村落环境所体现出的成熟的风水意识至今让人叹为观止。它坐落在浐河东岸的一块台地上，这里河川纵横，田野肥沃，是著名的八百里秦川；南边有白鹿原和连绵的秦岭山脉。在古代，白鹿原上是一片茂密的树木，浐河则提供了取之不尽的生产和生活用水，再加上肥沃的土地，使得这里成了人们进行农耕、牧畜和渔猎的理想场所。整个村落的建筑搭于河边的台地上，既用水方便，又可避免洪水之患。村落面积有一万多平方米，由居住区、制陶作坊和公共墓地三部分组成。为了防止野兽和外族的侵扰，人们还在居住区周围挖掘了一条长约300米、深达五六米的防御性壕沟。据不完全的发掘，在离半坡不远的浐河、洋河中游长约20公里的河岸台地上，类似的原始村落就有13处之多。这说明了当时原始建筑选址标准的同一性。有趣的是，这些聚落地多为现代村落或城镇所覆盖，可见当时人们择地而居的经验和技术已经相当成熟了。

除了生活居所的选择外，原始人类也开始替死人选择墓地、墓穴，埋葬死人也要选择方向，这也反映出原始的风水意识。《吕览·节丧》篇曰："故凡藏必于高陵之上，以避狐狸之患、水泉之湿。"藏，即葬也。吕思勉认为，这就是风水的起源。原始人类早就有意识地将居住地和墓地分开，但在原则上，墓葬地址乃至墓穴朝向的选择与居住地的选择基本一致，体现了后世风水中"事死如事生"的理念。

通过对原始先民的择地实践的考察，可以肯定，最初的风水只是一门朴实的相地技术。如所谓的"就陵阜而居"，就证明了"风水之始，避风及水而已"，纯粹是为了适应人类生存的物质需要，并没有此后赋予的意识形态内容，更无神化和玄化的倾向。

二、农耕文明与风水的自然观

美国城市规划专家古·戈兰尼教授曾经感慨地说："在历史上，中国十分重视资源保护和环境美，中国的住宅、村庄和城市设计具有与自然和谐并且随大自然的演变而演变的独特风格。"在这其中，风水起了至关重要的作用。风水最有价值的内容之一，就是我们先人在长期的择居实践中体现出来的自然观念。

从风水的别名堪舆的定义来看，"堪，天道；舆，地道"，已经明确指出风水是研究天地大自然的学问。这门学问的产生当然离不开自然的影响。前边提到的班固的一句话："形法，非有鬼神，数自然也。"是说风水在早期就是适应自然而生的学问，和鬼神之道没什么关系。原始人的住宅本来就是为了抗御自然灾害、适应自然变化而建筑的，也只有在人类从自然界中挣脱出来获得一定程度的自由以后，风水观念才会逐渐兴起，而且始终以自然为主要的研究对象。以后出现的风水之说，“风”就是自然界中的现象，空气的流动形成风；“水”就是指大自然中的山谷溪涧、河流、湖泊、海洋。可以说没有自然，无以言风水。古人云“物之美本乎天”，风水正是在顺应天理的前提下，使人与自然和谐统一，其结果则是使大自然的天文、地理、水文、气候等合乎人们的理想预期，使人们乐于居住、生活和繁衍下去。

风水源于先民对自然的敬畏和崇拜，倡导了一种人与自然和谐相处的观念。华夏文明滥觞于黄河流域。远古洪荒时代，这里饱受洪水泛滥之害，恶劣环境条件之苦。在科技远未发达的年代，面对大自然的威胁，人类的抵抗力量实在太渺小、脆弱。于是在“万物有灵”的意识导引下，天地、日月、山川、河流等等都成了人们崇拜的对象。后世风水观念认为山川地形能够影响人的命运，具有招致吉凶祸福之力，其潜藏的支配观念实质上就是这种原始的万物有灵论，即相信一切自然存在物都有着一种神秘的灵性，受着神灵的支配、操纵，由此产生了山川、河流变化无常的自然现象。

随着岁月的变迁，长年累月对自然环境探索、认识和经验的积累，先民们开始运用智慧来选择自然地理环境，择地而居。尤其在农耕文明兴起后，人们逐步认识到天时、地利等自然环境条件与人的生产、生活乃至社会发展有着极为密切的制约关系，认识到人与自然关系融洽的重要性，也逐步确立了牢固的环境文化意识。其中最为重要的是宅居基址的选择。《宅经》中说：“人之居处宜以大地山河为主，其来龙气势最大，关系人们祸福最为紧要。”基于对自然环境的依赖，在“道法自然”的观念指引下，古人在城市、村落、寺观和住宅选址上，都已注意到要审查地理形势的向背围合、气候寒暑，以及水土是否肥美，也认识到住房朝向以南向为主，冬夏受益。这种对自然环境的初始理解，促使人们从实用角度去赋予住宅朝向和环境的意义，从而开始主动地调节自己的行为，更好地适应自然的变化。也就是说，风水作为一门实用的相地择居之术，从某种意义上也可以说是人与自然相适应而协调发展的经验总结。

中国有辽阔的疆域，自然环境本身有着复杂多样性和明显的区域差异。俗话说，“一方水土养一方人”，这是有道理的。现代科学早已证明，一个地方的土质、水质、矿物、微量元素甚至细菌病毒以及天文、气候，都会对这个地方的人起到决定性的影响和作用。又比如山区与平原“养”出来的人有着明显的差别，这也是不争之事实。所以具体到居住的场所，人们必须有意识地选择及规划。我们常说的“因地制宜”这个词，正是源出风水术，其中的“地”指的就是自然地理环境。

有的自然环境对人十分有利，有的则会带来伤害。没有人会愿意把住所建立在恶山劣水之间。作为立身之本的住宅建设，是不应当任意选址的，用风水的行话来说，要找到一个风水宝地才好。那么什么才是风水宝地呢？古代风水家们在长期的实践中总结出许多模式，并配以相应的理论和解释。风水中是用吉或凶来评价自然环境质量的，“吉”的环境会给人们带来福报；反之则让人走霉运，甚至会带来杀身之祸。摒除其中迷信的玄学成分，风水中关于自然环境判断的一些说法，确实有些值得重视的经验。

例如，现代医学对地方病作了大量的研究之后发现，水土、地形、地质等自然环境因素在地方疾病的形成中起着决定的作用。有些疾病主要是因地形高低引起的，如克山病等；又有的地方病是由于所处环境中微量元素的多寡对人体产生不良影响的结果，如缺碘病等。而把现代科研成果同传统风水理论相验证，则可发现风水中关于相土尝水、勘察地势等种种选择标准，其凶者有许多都是病发率高的地区。这一发现确实让人惊奇，古人虽然没有明确地提出类似“健康人居”这样的概念，但他们却往往遵循着同样的原则。

同样，按照传统的风水选择标准，所谓的风水宝地也往往有着上佳的自然环境。很多风水家也自诩为“山水之士”，说明山川自然美也是他们重视的方面。风水中的自然观念，从某种意义上也可以说是对自然的审美观照。清乾隆时期，法国传教士韩国英来到中国，就曾被美妙的中国园林景观深深吸引，他在描述其特点时，援引了古代一位名叫刘舟的建筑大师的叙述，其中反映出的美学意趣正源自风水：

> 他们首先追求的是空气新鲜，朝向良好，土地肥沃；浅冈长阜，平坂深壑，澄湖急湍，都要搭配得好；他们希望北面有一座山可以挡风，夏季招来凉意，有泉脉下注，天际远景有个悦目的收束，一年四季都可以返照第一道和末一道光线。[①]

中国传统文化的价值取向是讲究顺应自然的。早在几千年之前，先哲老子就说过“人法地，地法天，天法道，道法自然”，已意识到人的行为要尊重自然规律。古人历来认为，天地气交，化生万物，人本是天地之子，因此，人的生存一刻也不能离开孕育他的自然环境，一切都要以与自然的相和谐为最高标准。前面提到，中国传统哲学观念中的“气”，同样也是风水的一个关键词。在自然界的阴阳、正反、虚实各种现象中，在心与物之间，有相互沟通而互为感应的“气”的存在，也正是在基于对蕴藏在天、地、人中的“气”的探索的基础上，才产生了“道法自然”的观念，并成为中国古人最深层的思维方式。风水之“道”也同样要“法自然”。风水实践中种种看似复杂玄妙的思想或是简单直观的手法，其最根本的原则无非是“法自然”这三个字。

与“法自然”并列的，还有“天人合一”的整体自然观，即强调人与自然的和谐共生、节制相处。我们的古人认为，自然界是一个大的整体系统，人类也是这系统中的一分子，要离开大自然而独善其身是不可能的。从风水的角度来看，一个居所的自然环境，不仅能满足人的生理本性需要，而且更能带来审美的愉悦，以满足人的精神需要；而这要以人对自然的保护为前提。

这一整体自然观给李约瑟留下了很深的印象。他认为，中国的科学人文主义建立在两个主要的基础之上：“它从来不把人和自然分开，而且从未想到社会以外的人。”所以，“中国建筑总是与自然调和，而不反大自然”。他以亲身的感受作为证明：

> 我初从中国回到欧洲，我最强烈的印象之一是与天气失去密

① 转引自冯建逵、王其亨：《关于风水理论的探索与研究》，载《风水理论研究》，天津大学出版社1992年版，第7页。

切接触的感觉。木格子窗糊以纸张，单薄的抹灰墙壁，每一房间外的空阔走廊，雨水落在庭院和小天井内的淅沥之声，使个人完全被孤立在这种境界。

建筑学家朱光亚先生也指出，风水的前提是“天人合一”的宇宙观与实用理性的整体思辨，注重人与自然的和谐共生，主张顺应自然、利用自然和有节制的开发与改造自然，包括观照自然、寄情山水、游目骋怀的山水审美情趣，同时也注重人伦的和谐并节制个人的非分欲望。

近世以来，科技的日趋发达带来了丰富的物质财富，也使自然环境遭到严重的破坏，反过来影响到人类的生存质量。人们开始意识到，“人定胜天”的思维并不总是无往而不胜，必须以自然生态系统的稳定和平衡为前提，否则，人类只会自食其恶果。这些反思观念，正与传统风水中的整体自然观不谋而合。

三、“福祸荫应”与“鬼福及人”

从本质上说，风水就是一种方术，其最基本的核心信念，就是相信人们的居址环境，会影响个人命运前程、家族盛衰沉浮乃至子孙后代的吉凶福祸。阳宅如此，阴宅也是如此。

在古代世俗社会里，人们大都相信天、地、人三者之间存在着一种深奥莫测的因果关系，因此在选择阳宅和阴宅时，都希望找到一块顺天应人，得地脉之吉利的风水宝地。如果住在某处宅室里的人不断地走霉运，往往就会归因于宅地不吉利，风水不好，就一定要请风水先生修禳。所以风水术存在的目的，其实就是趋吉避凶。

在古代风水文献中，这种观念处处可见。《黄帝宅经》开篇就写到：“夫宅者，乃是阴阳之枢纽，人伦之轨模……凡人所居，无不在宅……故宅者人之本，人以宅为家。若安，即家代昌吉；若不安，则门族衰微。”《三元经》亦称：“地善即苗茂，宅吉即人荣。”《阳宅十书》也指出：“宅东流水势无穷，宅西大道主亨通。”甚至更有这样吓人的断言：“卜筮不精，惑于一事；医药不精，害于一人；地理不精，倾家灭族。”我们常常说的那句俗语，“风水轮流转”，更是直接将风水作为运势的代名词了。所有这些论说无不使人感到宅址与个人和家族的关系非同小可。为了安居乐业和世代昌盛，就不能不注重风水，并千方百计寻找风水宝地。风水千百年来盛行不衰，直到今天仍有市场，最主要的原因就在于它所强调的祸福荫应观念。这虽然让现代稍有科学素养的人都觉得不可理喻，但却是事实。

就阴宅风水而言，将安葬与生者吉凶相联系是很晚才出现的。《吕氏春秋·节丧》提到上古先民的墓葬方式：“古之人有藏于广野深山而安者，非珠玉国宝之谓也，藏不可不藏也。藏浅则狐狸之，深则及于水泉。故凡藏必于高陵之上，以避狐狸之患、水泉之湿。”所谓葬者，只是“藏”也。虽然稍晚些的殷商已经“谋及龟筮”，选择墓地一般通过占卜的方式进行，但也只是“备于慎终之礼，曾无吉凶之意”。

在天命观占支配地位的三代时期，选址择居一般是要卜筮的，住宅和墓地都是如此。从遗存下来的甲骨卜辞来看，选择在什么地方筑居或安葬死者，最终是取决于神的意志，其仪式和卜辞的语言也表明了受“上天”的启示，尚未表现出阴宅荫后报应的风水观念，也是“无吉凶之意”的。

到了战国时期，对安葬之地的选择有了明确的要求。如《礼记·杂记》中提出“大夫卜宅与葬日”，孔颖达疏说：“宅谓葬地。大夫尊，故得卜宅与葬日。”虽然我们无法确定“卜宅与葬日”就是后世的阴宅风水，但其透露出的“事死如生”的观念，即将死者的墓室视同活人的住宅，却是后世阴宅风水得以成立的一个重要基础。

史料证明，至少在战国后期，将阴宅与人事的吉凶祸福相关联的观念就已经出现。据《史记·樗里子传》记载：

> 昭王七年，樗里子卒，葬于渭南章台之东。曰：“后百岁，是当有天子之宫夹我墓。”樗里子疾，室在于昭王庙西渭南阴乡樗里，故俗谓之樗里子。至汉兴，长乐宫在其东，未央宫在其

西，武库正直其墓。

樗里子名疾，是当时秦惠王同父异母的弟弟，他生前亲自选定自己的葬身之处，并预言百年之后，会有“天子之宫夹我墓”。等到汉初营建宫殿，他的话果然应验了：长乐宫和未央宫就分别建在其墓地的东西两边。可以说，樗里子是历史上最早将墓地与后世之福祸联系起来的术者，他也因此被后世的风水家们奉为一个远祖。

《后汉书·袁安传》记载了一则神奇的择葬故事：袁安的父亲死后，母亲让他外出访求葬地，路上碰到了三位书生。他们得知袁安的意图后，就指点一处说“葬此地，当世为上公”。话刚说完，即“须臾不见”。袁安方知遇上了神人，就将他父亲安葬于其所占之地。后来果然族运兴旺，不仅袁安本人官位至三公，他的子孙也“累世隆盛”。这故事发生在东汉时期，说明此时葬地兴旺的风水理论已经盛行于世，深入人心。

几乎与此同时，阳宅风水的吉凶因果观念也兴盛起来。如由东汉王充在《论衡》中所记载的资料来看，当时“宅家言治宅犯凶神，移徙言忌岁月”已经是一种普遍现象。书中提到当时流行的一种“西益宅”的禁忌，即认为在西边扩充住宅，是一种会招致祸端的不祥之举；还有一种讲究五音姓利的图宅术，是把住宅主人的姓氏与住宅方位联系起来，以推测吉凶。此外，该书《讥日篇》有云：“起宅盖屋必择日。”所有这些都说明至迟在汉代，阳宅关乎吉凶的观念已经为世俗普遍认可。在信奉者看来，触犯了那些吉凶禁忌的人是要遭报应的。如史料记载，三国时，吴国将军丁奉一家曾被吴后主孙皓流徙。丁家的住宅后来也成了一处著名的凶宅。到了晋朝，在丁家的旧宅先后住过的许多大户人家都纷纷“凶败”了。当时有个名叫王富绰的人，平时“常以正达自居”，认为“宅无吉凶，请为宅，未经择吉，即造筑，结果仍然未居而败”。

秦汉以后，风水中的福祸荫应观念成为人们选择住宅与葬地行为的指导原则，也成为人们解释命运吉凶的理论依据，精心选择住宅与葬地的风水行为也成了社会生活中一个重要内容。

祸福荫应观存在的一个重要基础，就是古人的鬼神信仰。

古人普遍相信，在人类生活的世界外，另有一个鬼神的世界；鬼神无处不在，并且有异于常人的能力，能够操纵人间的祸福吉凶。从遗存至今的遍布各地的各种祭祀场所，如祀祖先之祀堂、祀社神的“社”，祀山川、人鬼、物怪的“祠”、“庙”等，可知这种鬼神观念确实是古代一种普遍的社会意识。

这种鬼神观念也深刻地影响着风水术。早期的卜筮择居就是一种“问神”的仪式活动，由神的意志来决定宅第的选择和营建。在相宅活动中，吉凶之神各司一方，东西南北四方之神即岁星、辰星、荧惑、太白，它们相配“四灵”，东为青龙，西为白虎，南为朱雀，北为玄武。其中西方白虎被看作是凶神，在宅舍西边动土是要格外小心的。前边提到的“西益宅”的禁忌风俗，就是人们怕冒犯了西方凶神，会招来灾祸。不仅方位有神掌管着，岁时也有其神。建宅和下葬都要慎重地选择时辰，否则就有可能违背那些岁时之神的旨意而遭殃。又比如不管建宅还是掘穴葬人，都是要动土的，而土地是有神管着的。《孝经纬》说：“社者，土地之神。”也就是民间常见的土地神。如果不请示一下土地神就动土就是对神的蔑视，很可能要受神的惩罚。

鬼神信仰的逐步渗透，使得风水术“舍人事而信鬼神”，由一门经验之学变成了真正的玄幻术法。如果某些关于吉凶的预测之言偶然说中，就被看成是鬼神显灵的结果。福祸荫应的观念本源于这种信仰，又依仗这种信仰而在人们心目中增强了可信度。风水术士们本来看起来显然不合逻辑的种种虚妄之言，因为披上了“鬼神”这件颇具威力的外衣，使得人们必须正视。可以说，人们相信风水，相信宅舍关乎吉凶，很大程度上就是相信鬼神的威力。

按照风水术的观点，住宅是生者沟通天地鬼神的基本手段，必然决定居住者的吉凶祸福。同样的，死者的安葬也是如此，只不过这种吉凶祸福不是对死者的，而“应验”在死者的后代身上。

在今人看来，把死者的墓地同生者的命运联系起来，简直是不可理喻的。斯人已逝，不过是“托体同山阿”，成为大自然的一抔土罢了，怎能影响那些活着的人呢？这是阴宅风水术无法回避的首要问题，回答不好这个问题，阴宅风水术就必定会失去立身的基础。为了使福祸荫应观能够自圆其说，从而使阴宅风水有存在的“合法性”，风水家们在鬼神信仰和灵魂崇拜观念的庇护下，创造出一整套理论，在死者墓地和生者的祸福之间建立起吉凶感应的关系。

从上古时期开始，灵魂崇拜的观念就极为兴盛。人们坚信死去的人灵魂永在，而且有自然的能力，能够影响生者的命运，因而对其充满了敬畏。《日书》中多次出现“甲乙有疾，父母为祟”，“丙丁有疾，王父为祟”等言辞，说明人们相信亡者有可能“为祟”，祸及生者。到了汉代，灵魂不灭的观念更是与谶纬、方术等结合起来，空前流行。人们普遍持有“人死则为神鬼而有知”的观念，“事死如生”也成了顺理成章的事情。墓冢不仅是安葬死者尸首的场所，而且还是死者开始另一种“生活”的世界。他们“生活”得好不好，满意不满意，决定了他们给生者带来的是福还是祸，所以古人们一再强调“安冢墓，利子孙”。

尤其在中国农业守法社会中，以祖先为宗法的主宰。祖先地位之高，几乎可与天并尊。祠堂家庙的林立，祖先牌位的奉祀，构成了传统文化中对祖先的顶礼膜拜的特色。在这种文化氛围中产生的风水术，自然会把坟地墓穴看成是祖先鬼魂在阴间的归宿之宅，宅的地形好坏关系到祖先鬼魂的安危，而祖先鬼魂的安危又影响到子孙后代的吉凶。这种风水观念正是以原始宗教中的鬼魂迷信或祖先崇拜作为自己的神秘依据的。

那么，死者又是怎样影响和决定生者祸福的呢？托名郭璞的《葬书》是这么阐述的：

> 葬者，乘生气也。……生气行乎地中，发而生乎万物。人受体于父母，本骸得气，遗体受荫。盖生者，气之聚凝，结者成骨，死而独留。故葬者，反气内骨，以荫所生之道也。经云：气感而应，鬼福及人。是以铜山西崩，灵钟东应；木华于春，栗芽于室。

这段论述是《葬书》的总纲，其实也是整个古代阴宅风水术的理论基点。按照以上观点，人的骨是气聚凝结而成的，人死后，精神不灭，聚于坟墓中，受大地之气的滋润，可使枯骨获得生气。而有亲缘关系的死者与生者之间虽然生死殊途，但却情气相感。先人与后代同为一气，气同则相感，枯骨得生气，生人会受福荫，这就是所谓的“气感而应，鬼福及人”。在这种“感应”模式中，“气”成了至关重要的媒介。天地充溢着气，葬者接地气以纳天地之气，死骨得到以后可以不朽，还可以转授生人，让生人得到以后便大吉大福。实际上，这种认为祖先与子孙的气息能够相互感应，从而使祖先的葬地影响子孙福祸的观点，也是古代天人感应学说的一种体现。

在历史上，不少有识之士曾对风水中的福祸荫应观发出过质疑之声。王充在《论衡·论气篇》中指出，人死则气散、形消、魂灭，所谓的“福祸荫应”是站不住脚的。唐代吕才在批判当时民间厚葬习俗时也说，“官爵弘之在人，不由安葬所致”，所谓的葬地福荫完全是术士出于“利其贷贿”的目的而杜撰出来的。唐玄宗更下诏限制厚葬陋俗，言明：“魂魄归天，明精诚之已远；卜宅于地，盖思慕之所存。”这更从根本上否定了福祸荫应观。

从心理学的角度来看，“鬼福及人”的福祸荫应观其实反映了人们的某种精神信仰和心理意识。风水本是一门实用的经验之学，可是一旦引入了超自然的力量以及占卜吉凶命运的概念，被人为地神秘化玄学化，就变成了近似巫术的东西。正如著名的社会人类学家马林诺夫斯基所指出的，巫术给人以一种坚定的信念，坚信自己有成功的力量，使人在困难情况下能保持心理上的平衡与完整。如《晋书·魏舒传》记载，“舒少孤，为外家宁氏所养。宁氏起宅，相宅者云当出贵甥”，魏舒听了以后说：“当为外氏成此宅相。”于是少年立志，发奋向上，后来果然贵不可言，以行动验证了相宅者的预言。由此可见，风水的福祸观念对居住者的心理暗示作用是非常强大的，在这一点上它与算命术没什么区别。趋吉避凶，乃人之天性；荣华富贵、功名利禄等等，也是人心之所向。但纷繁复杂、变幻莫测的现实生活是难以把握的，人们希望借助风水的超自然力量可以实现自己的愿望，这或许也就是风水流行的社会原因所在。

四、周易：风水的文化之源

风水文化的源头可上溯至《周易》。在古代，《周易》被尊为群经之首，也是包括风水在内的各种神秘文化的母体。风水术的理论基础、思维模式、价值取向及目标等都深受《周易》思想影响，二者有着千丝万缕的联系。

众所周知，《周易》就是一部关于卜筮的书，它是讲吉凶的，“圣人设卦观象，系辞焉而明吉凶”。考察《周易》，其中关于占卜建筑活动凶吉的大致有八条：

坤卦卦辞：“安贞吉”。

升卦九三爻辞：“升虚邑”。

屯卦初九爻辞：“利居贞”。

随卦六三爻辞：“利居贞”。

颐卦六五爻辞：“拂经，居贞吉”。

革卦上六爻辞：“居贞吉”。

涣卦六四爻辞：“涣其群，元吉，涣有丘，匪夷所思”。

涣卦九五爻辞：“涣汗其大号，涣，王居，无咎”。

上古之人遇难决之事总要卜问神之意志，择居建宅也不例外，《周易》中的这些卜辞就是对当时卜居结果的一种记录。择居建宅在当时是很重要的活动，关系到部落的兴盛和繁荣，须慎重对待，除实际踏勘外，也要卜问神意，这就是择宅以趋吉避凶的最早表现。

从本质上说，《周易》是对天、地、人关系的探究。汉代易学家京房认为，天地间阴阳二气千变万化，新新不停，生生相续，永无止境，这就叫作“易”。有阴阳势力的交感，就有了人事吉凶的变易。而天、地、人是一个不可分割的整体，其中万事万物的荣辱兴衰都是互相联系的。由此而发展出来的易象风水术、易象预测学、易象算命术等，就成为古人改善和把握人生命运的圭臬。《黄帝宅经》开篇言："夫宅者，乃是阴阳之枢纽，人伦之轨模。……人因宅而立，宅因人得存，人宅相扶，感通天地。"其观点即源自易学中的天人感应思想。

《周易》也是风水术中"象天法地"理论原则的源头。所谓"在天成象，在地成形，变化见矣"，人要配合天、效法天才能兴盛发展；违背天理人情，违背自然法则就会失败遭殃。所以风水术士们在选择与布建生活环境时，总是要把城市、村落、住宅等与天象结合起来，从而达到"致中和，天地位焉，万物育焉"的境地。源自《周易》的这种文化观念深深地融入我国古代社会之中，在包括住宅选址和大规模居住环境设计等各个方面有着持久而深刻的影响。如江西庐陵的钓源古村，由渭溪和庄山两个自然村组成，呈东西走向；长安岭有如道家太极图的"S"形中分线，为钓源村南向的自然屏障；依东高西低地势一字形跌宕相连的十余口池塘贯穿全村，以二山夹一水，布成了传统八卦中象征美好吉祥的"离"卦。村中古建筑的布局，往往也依八卦成形，处处可见《周易》文化的痕迹。

《周易》对后世风水术的影响并不仅仅在于其中的哲学观念，还在于由其所衍生出的一套符号系统，如河图、洛书、八卦等，以及卦气、纳甲等原理，为风水术提供了一套推衍、运算的依据。

1. 河图洛书

河图、洛书可谓术数之源，最早见于《尚书》，在《易传》等易学典籍中也多有记述。有关河图、洛书的传说出现在春秋战国时代。相传远古伏羲氏时，有一匹神异的马浮出洛阳东北的黄河，它背上有从一到十的数字花纹，象征吉庆，人们把它画下来，这就是"河图"。又相传在大禹治水时，洛水中浮出神龟，背上有从一到九的数字纹，人们将这个神纹叫作"洛书"。

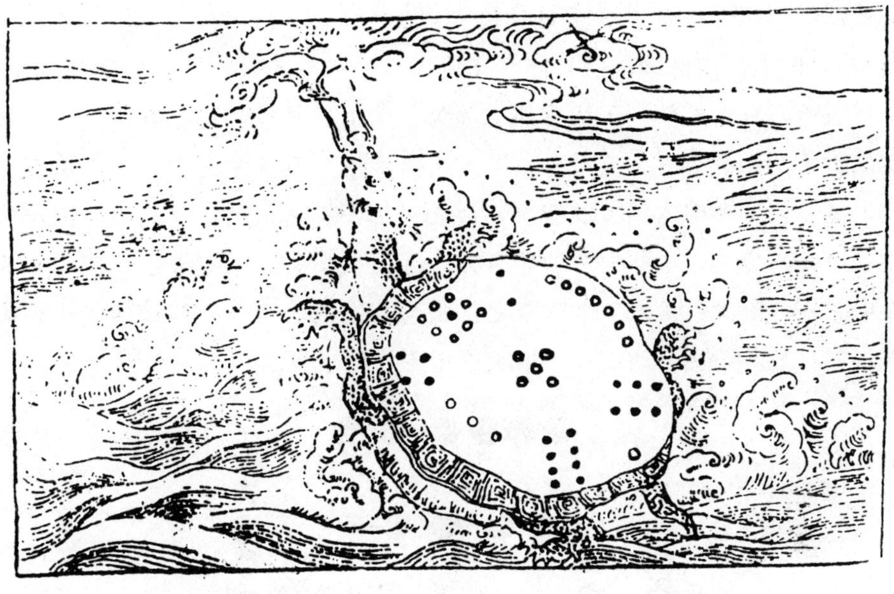

河出图

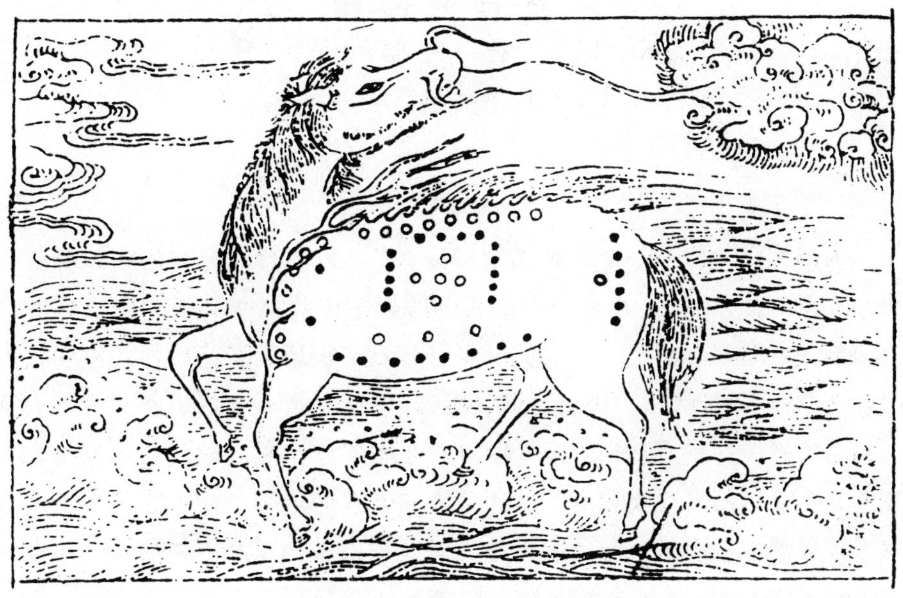

洛出书

河图由从一到十的十个数字所组成，其绘图概念来自《周易·系辞传》所云“天一，地二，天三，地四，天五，地六，天七，地八，天九，地十”。图中的白圈即奇数为阳，又代表天，称为天数；黑点即偶数为阴，又代表地，称为地数。天数相加之和为二十五，地数相加之和为三十。天地之数相加，共得五十五，这也是古人所称的“凡天地之数，五十有五”。它们的方位排列引入五行的概念，可表示为：一与六共宗居北方，因天一生水，地六成之；二与七为朋居南方，因地二生火，天七成之；三与八为友居东方，因天三生木，地八成之；四与九同道居西方，因地四生金，天九成之；五与十相守居中央，因天五生土，地十成之。

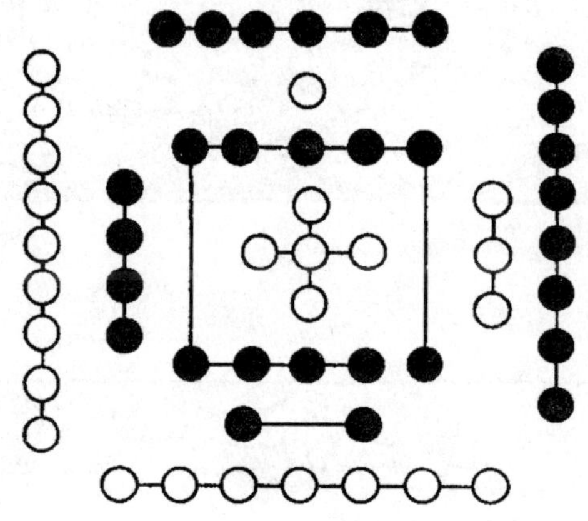

河图

洛书实际上就是一个所谓的“魔方阵”，其概念来源与河图一样，也出自《系辞传》。它以五为中心，其中的数字无论从纵、横、斜任何一个方向相加，总和必定是十五。据说洛书显示了天地运行的顺序，图中白圈为奇（阳），象征天道；黑点为偶（阴），象征地道。奇数一在北方，表示一阳初生；三在东方，表示阳气渐增；九在南方，表示阳气达到顶峰；七在西方，表示阳气逐渐衰退。这就是所谓天道的运行规律。又阴气由西南发生，以偶数二表示；阴气逆时针旋转至东南角，至此逐渐增长，以偶数四表示；阴气在东北角达到极盛，以偶数八表示；地数六在西北角，表示阴气逐渐消失。这就是所谓地道运行规律。而五居中，象征天地之和。

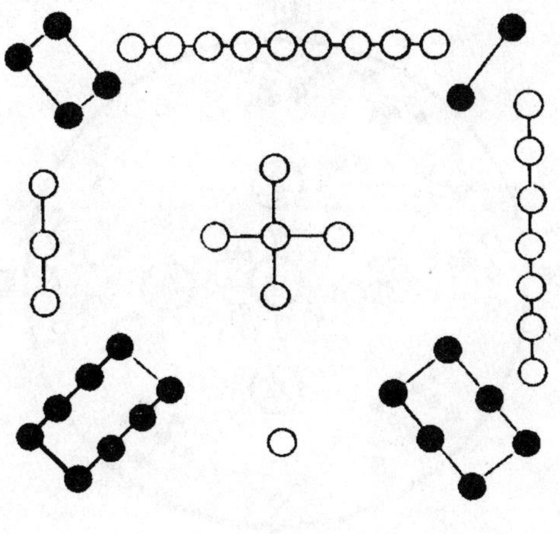

洛书

河图、洛书确定了十个数字的方位，本来目的纯粹是揭示数字之间的内在结构关系，和所谓的天地之道没有什么关系，可是后来人出于各种动机，不断赋予它们阴阳、五行、八卦等属性，似乎宇宙万物变化规律都可纳入其中，没有它们不能统摄的事物。这样，河图、洛书逐渐被包括风水在内的各种方术汲取，成为推演吉凶的基本工具。

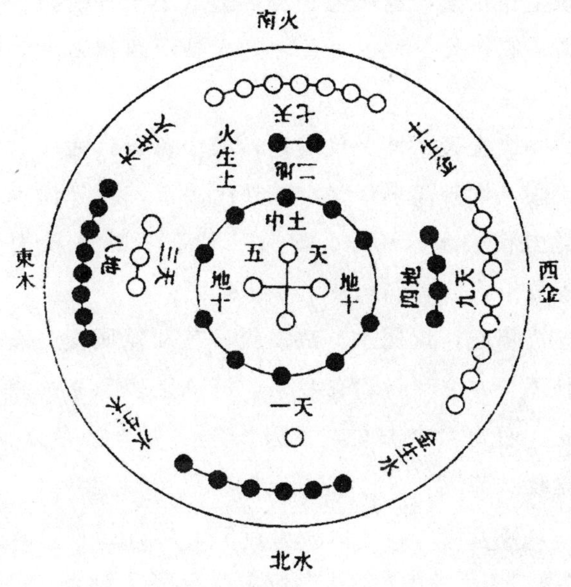

《河图》配阴阳五行图

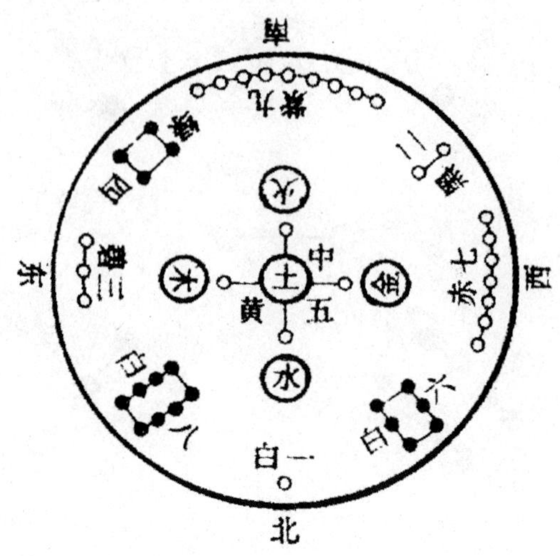

《洛书》配阴阳五行图

2. 八　卦

据《周易·系辞传》云，远古伏羲氏仰观天象，俯察地理，同时又观察动植物的形态生长状况，近取之于身，远取之于外物，于是做八卦。八卦即乾、兑、离、震、巽、坎、艮、坤。八卦两两相重，就构成了六十四卦，共三百八十四爻。

八卦中，乾卦代表天，坤卦代表地，两个符号代表了时间、空间、宇宙；离卦代表太阳，坎卦代表月亮，震卦代表雷，巽卦代表风，艮卦代表高山、陆地，兑卦代表水（海洋、河流、沼泽）。古人认为，宇宙就由这八个大的自然现象组成，它们包罗了一切事物。

八卦可与五行相配：坎属水，离属火，乾和兑属金，震和巽属木，坤和艮属土。八卦还与方位和时间有联系，可分别表示东、南、西、北和东南、西南、东北、西北八个方位，以及冬至、夏至、春分、秋分、立冬、立春、立夏、立秋八节气。

关于八卦的具体方位，古代流传下来的有两种排列方式，一种是“伏羲八卦”，又称为“先天八卦”。其方位为：乾南、坤北、离东、坎西、兑东南、震东北、巽西南、艮西北；乾兑离震为阳，巽坎艮坤为阴。一种是“文王八卦”，又称为“后天八卦”。其方位为：乾西北、坎北、艮东北、震东、巽东南、离南、坤西南、兑西；乾坎艮震为阳，巽离坤兑为阴。以下是伏羲八卦方位图和文王八卦方位图：

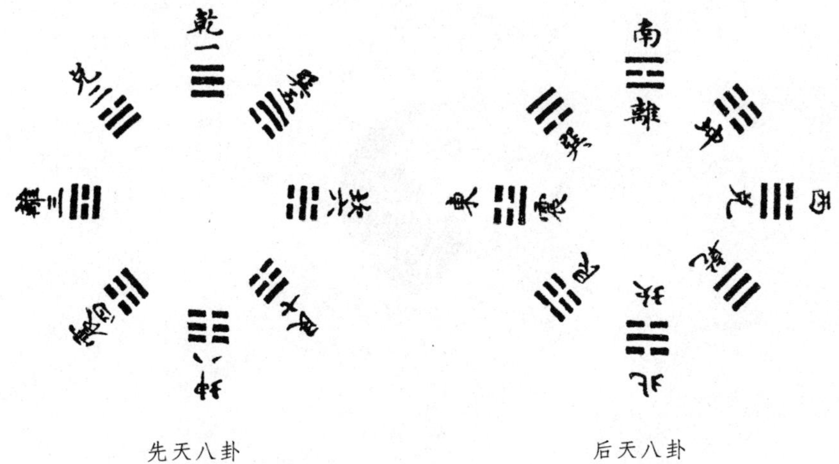

先天八卦　　　　后天八卦

先天八卦指称的是八大自然现象，其中是没有人的位置的。而在后天八卦那里，用乾代表父，坤代表母，震为长男，坎为中男，艮为少男，巽为长女，离为中女，兑为少女，人于是与八卦和自然界联系起来。发展到后来，为了方便实际运作，各种术家又赋予了八卦更丰富、更复杂、更具体的内涵，如以乾卦来代表君、父、玉、金、健等等。

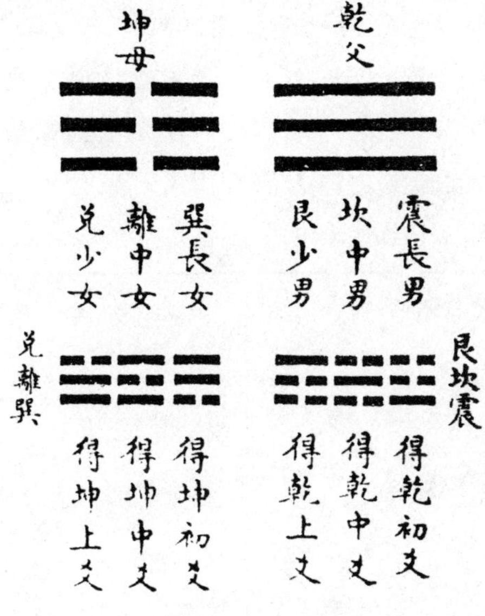

文王八卦次序图

八卦方位的涵义反映在筮法上，为风水术天尊地卑、阳尊阴卑等观念提供了理论和方法基础。

阴阳八卦图

3. 卦气纳甲

汉代易学思想中的卦气、纳甲等理论，也对风水产生了很大影响。

卦气说主要是借爻象的变化推测气候的变化，进而推断人事的吉凶。所谓卦气，是以八卦或六十四卦配一年四时、十二月、二十四节气、三百六十五日，并以此解释一年节气的变化。具体来说，主要以坎、震、离、兑为四正卦，主一年四季，即坎主冬，震主春，离主夏，兑主秋。这四正卦又分别主管二十四节气中的六个节气，从冬至到惊蛰为坎卦用事，春分到芒种为震卦用事，夏至到白露为离卦用事，秋分到大雪为兑卦。又一卦六爻，正好每爻主管一个节气。

震（春季）						坎（冬季）					
芒种	小满	立夏	谷雨	清明	春分	惊蛰	雨水	立春	大寒	小寒	冬至
兑（秋季）						离（夏季）					
大雪	小雪	立冬	霜降	寒露	秋分	白露	处暑	立秋	大暑	小暑	夏至

四正卦与四季及二十四节气相配

除了这四正卦，其余六十卦分配于十二月之中，每月五卦，每卦主管六日七分，并配入七十二候。自十一月冬至初候开始，中孚卦用事，为一年节气变化的开始。到次年十一月大雪末候，颐卦用事，为一年节气变化之终。

其中又有十二辟卦，代表十二个月和一年节气中的中气（处于月中的节气），象征一年四时的变化。这十二辟卦为：复、临、泰、大壮、夬、乾、姤、遁、否、观、剥、坤。列表如下：

复	临	泰	大壮	夬	乾	姤	遁	否	观	剥	坤
䷗	䷒	䷊	䷡	䷪	䷀	䷫	䷠	䷋	䷓	䷖	䷁
十一月	十二月	正月	二月	三月	四月	五月	六月	七月	八月	九月	十月
冬至	大寒	雨水	春分	谷雨	小满	夏至	大暑	处暑	秋分	霜降	小雪
冬	冬	春	春	春	夏	夏	夏	秋	秋	秋	冬
一阳生	二阳生	三阳生	四阳生	五阳生	六爻皆阳	一阴生	二阴生	三阴生	四阴生	五阴生	六爻皆阴

其中从复到乾，阳爻自下而上逐渐增加，是阳息阴消的过程；从姤到坤，阴爻逐渐增长，是阴息阳消的过程。所以十二辟卦又被称作十二消息卦，表示一年四季、十二月、二十四节气阴阳二气的消长变化。

卦气用卦爻符号统摄了所有的季节物候，每年节气和物候的变化都由阴阳的升降消息决定，几乎每一天的活动都可以推测出吉凶福祸来。风水术因而把卦气说纳入罗盘中，用来推算阴阳消长、五运六气，从而判断吉凶。

到了后来，又按照乾、震、坎、艮、坤、巽、离、兑的次序，将六十四卦分成八组，是为“八宫”；八宫卦又配以十天干，其各爻配以十二地支，因为甲为十天干之首，故称“纳甲”。即乾坤纳两头，乾纳甲与壬，坤纳乙与癸；震巽纳庚辛，坎离纳戊己，艮兑纳丙丁。

三国时期，虞翻又以八卦所属方位和五行原理来推断干支的方位，如甲乾乙坤，相合为木，故甲乙处东方位；丙艮丁兑，相合为火，故丙丁处南方位；戊坎己离，相合为土，故戊己处中方位；庚震辛巽，相合为金，故庚辛处西方位；天壬地癸，相合为水，故壬癸处北方位。这样，六十四卦每一爻配上干支，八卦和干支便直接与方位、阴阳、日月方位组合在一起，可以据此为人占卜阴阳宅吉凶。

第三章　先秦：早期实践与理论准备

先秦时期，在“事死如生”“鬼福及人”等观念的影响下，人们对宅地的选择普遍有了避凶趋吉的心理要求。阴宅、阳宅与人事的吉凶祸福相关联的观念开始出现，本来具有朴素科学思想的相地技术渗进了术法的成分，又汲取了阴阳、形、兵、纵横等各家的思想，逐渐演变成一门神秘莫测的玄学。

一、商周：相地与占卜

商周时期，在“万物有灵”的思维影响下，人们对宅地居所的选择不再是单纯地利用自然，而是加入了预测吉凶的术法，这就是占卜。

1. 卜筮择居

上古三代，古人笃信神的力量，每当遇到什么难以决断的事情时，都要请示一下天神的意志，而请示的具体方式，就是占卜。占卜在古代社会政治生活中占有十分重要的地位，运用非常广泛，不仅择居需要占卜，上至国家大事，下至日常生活杂事，都有经过占卜的时候。尤其殷商时，事无巨细，皆以卜筮定之，巫师主宰社会一切。《史记·龟策列传》记载说：“王者决定诸疑，参以卜筮，断以蓍龟，不易之道也。”“闻古五帝，三五发动举事，必先决蓍龟。”

龟甲占卜文

占卜又分为龟卜和占筮。龟卜，即以龟甲或兽骨进行凿钻和烧灼，使其正面呈现兆纹，并依兆纹得出吉凶结果，写出卜辞。《周礼》中记载有所谓“三兆之法”，大概就是指三种龟卜的方法，分别为玉兆、瓦兆、原兆。占筮与龟卜有很大的不同。占筮所用的材料是蓍草，过程较为复杂，简而言之，就是通过蓍草数目的变化，得出一定的卦象，然后根据卦象及

蓍草

卦爻辞等来预测吉凶。前面提到，《周易》本身就是一部占筮用的书。两种占卜方式的区别，如《左传》所言："龟，象也；筮，数也。"一是依据兆象来断吉凶，一是通过数字确定卦象以断吉凶。此外，何时用卜，何时用筮，也是有讲究的，涉及当时的礼制秩序。一般来说，"筮轻龟重"，"卜"的级别要比"筮"高，大事的决断一定要用龟卜，而次要的事用占筮即可。

用龟卜来择居，古时称为卜宅或卜居。从殷墟出土的甲骨中，可以找到大量与卜宅活动有关的卜辞，如卜问在唐土作新邑是否合适、武丁作邑上帝是否允许的卜辞等。通过占筮来择居，一般称之为占居。如前所述，在《周易》中，有好几条卦爻辞是涉及择居活动的筮辞，如坤卦卦辞说："安贞居。"李镜池的《周易通义》解释说，这是"占问定居而得吉兆"。又说："周人以农为主要经济已经很久，农业生产要求过定居的生活，所以占问定居而得吉兆。"升卦爻辞说："升虚邑。"所谓虚，《说文解字》说："虚，大丘也。"也就是大的高地，可以避洪水，所以择丘而居是上古的一件大事。涣卦爻辞说："涣有丘，匪夷所思。"《周易通义》说："洪水如果还要涨到山丘那么高的话，那是平常所难以想象的。"这也和升卦爻辞一样，指出了居住在高地的重要性。屯卦初九爻和随卦六三爻的爻辞都说："利居贞。"《周易通义》说："占问安居而得吉利之兆。"颐卦六五爻辞说："拂经，居贞居。"所谓拂经，就是开辟阡陌，垦荒。《周易通义》说，这是"开垦种植，对定居是有利的"。[①]

此外，当时的墓葬择址选时也已经运用龟卜和占筮，如《礼记·杂记》说"大夫卜宅与葬日"，《孝经·丧亲》说"卜其宅兆而安措之"，《仪礼·士丧礼》说"哀子某，为其父某甫筮宅"等。

从遗留下来的卜辞来看，卜筮择居的内容主要是指都邑的选址和营建而言。如"作邑"一词多处出现。作邑就是筑城，商代甲骨卜辞中有不少作邑的记载，如"乙卯卜，争贞，王作邑？帝若，我从，兹唐"，"庚午卜，丙贞：王勿作邑，帝若？八月"，"贞：王作邑，帝若？八月"等。"我从，兹唐"，谓顺从上帝之意愿在唐这个地方修建城邑。以上这些卜

① 李镜池：《周易通义》，中华书局1981年版。

辞，讲的就是殷王在修建城邑时，卜问上天来判断吉凶，从而决定是否兴修城邑的事。从卜辞中可以看出，当时卜邑的内容主要有两个，一是决定建造新邑的地点和范围，二是决定动土兴建的年、月、日、辰。

上古时期，都城的选址和修建甚为重要，被看作与国势之盛衰息息相关的头等大事，部族首领和帝王们往往亲自负责此项工作。夏商周三代，都城是迁徙无定的。《尚书序》记载，商民族“自契至成汤八迁”。而汤之后，又经历了四次迁徙，可以说是相当频繁的。而每一次迁徙和营建都城，都需要经过反复占卜之后才能进行，以上的那些甲骨卜辞就是当时为选址和建造而作的。在最初的几次迁徙之后，商朝的国势渐渐衰退，但到盘庚时，仍果断地将都城迁到亳地。《尚书·盘庚》上说：“盘庚五迁，将治亳殷，民咨胥怨，作《盘庚》三篇。”其中记载：

盘庚迁于殷。民不适有居。率吁众戚，出矢言，曰：我王来，即爰宅于兹，重我民，无尽刘，不能胥匡以生。卜稽曰：其如台。先王有服，恪谨天命，兹犹不常宁，不常厥邑。于今五邦。今不承于古，罔知天之断命……

经过几次不成功的迁徙之后，盘庚的迁都之举一开始是遭到众人抱怨的，盘庚于是出来训告说：我用占卜来决定这次迁都，（占辞上）说的都合乎我的主张。当年先王有所行动，必定敬奉天命，谨慎行事，即便这样还是不能长久地定居，至今已五次迁都建国了。而今若不承袭古人遗规，不知天命，哪里还说得上继承发展先人的光荣业绩呢？几番训告之后，怨声渐息，国势也日益昌隆。从以上训告之言，可看出占卜以“敬奉天命”对于都城营建的重要意义。

2. 公刘迁豳与卜宅之文的滥觞

周人经卜筮而营建城邑的事迹也多见诸文史资料。其中最为后世风水家们所推崇的，当属周人远祖公刘迁豳之事。周民族原处邰地（今陕西武功县），据《诗经·大雅·公刘》记载，为避夏人之暴虐，周人的祖先公刘率领部族翻过大峪岭，选择泾河边的豳地作为定居之地：

笃公刘，逝彼百泉，瞻彼溥原，乃陟南冈，乃觏于京。京师之野，于时处处，于时庐旅，于时言言，于时语语。

笃公刘，既溥既长，既景乃冈，相其阴阳，观其流泉。其军三单，度其隰原。彻田为粮，度其夕阳，豳居允荒。

这些诗句如实描述了公刘勘察地形、规划营宅的各种细节，被认为是卜宅之文的滥觞。如唐代吕才在《五行禄命葬书论》中说："逮乎殷周之际，乃有卜宅之文，故《诗》称'相其阴阳'，《书》云'卜唯洛宅'，此则卜宅吉凶，其来尚矣。"公刘为寻找好的一个定居处，不辞辛劳，长途跋涉。他先站在流泉的岸边，眺望宽广的平原，再登上南边的高岗，察看水源流向，推断阴阳，断定眼前是建都的好地方，于是规划定都，营造住房。

显然，经过这一番精心相地，建造起来的住宅已不纯粹是为了避风雨与遮日蔽身了，已经与社会生活的组织结构及人们的尊卑祸福等观念结合在一起，蕴蓄着作为民族文化观的无声语言的原始内涵。

3. 太保营洛的相地实践

此后，由于亶狁的侵扰，周民族在周太王（古公亶父）的带领下迁到了岐，其相地定都的工作可见《诗经·大雅·绵》的记载："爰始爰谋，爰契我龟。曰'止'曰'时'，筑室于兹。"仍以龟卜为决断依据。

后来周文王又迁都至丰，武王定居于镐，周人逐渐强盛，终于灭商。周灭商后，周成王为了巩固对商朝东方故地的统治，打算把都城迁到洛邑，于是派大臣前往那里察看山川形势、水土状况，看看是否适合建城。这就是《尚书·召诰序》所记载的"成王在丰，欲宅洛邑，使召公先相宅"。于是，太保召公先在瀍、涧两河之间周密勘察地理情况，又经过周公的反复占卜，终于在洛河附近营建洛邑。据记载，周公先卜黄河以北之地，因为夏、周两朝的国都皆在黄河以北，但未得吉卜，遂又卜黄河以南的涧水以及瀍水东西，皆得“惟洛食”的吉卜：“我乃卜涧水东、瀍河西，惟洛食；我又卜瀍水东，亦惟洛食。”所谓“洛食”，就是先用墨在龟甲上画上表示迁都洛阳的述命，然后将龟甲放到火上烤灼，灼后爆裂的裂痕作为兆象，如果与墨画相合，就叫食墨，表示应合兆象，所以为吉卜，反之则为凶卜。

卜都涧瀍图

洛邑的营建既有严格的勘察相地过程，又经过吉凶的反复卜问，其最终定址也符合后世风水中“风水宝地”的标准，因而被后世视为古代早期经典的风水实践案例，如《青囊奥语》云：“是以圣人卜河洛，涧交华嵩，相其阴阳流水位，卜年卜宅始都宫。”

洛汭成位图

《周礼·春官·大司徒》曾提到，周朝的大司徒掌管国家的土地与人民，其职责之一是根据全国各地地形产物的不同，相视人民的居住是否因地之利，各得其宜，指导他们就利避害，使居山者得磺木之利，居泽者得鱼盐之利，居陆者得田蚕之利，其中有“相民宅”一语，后世有人据此而认为“相宅之术出于周官大司徒之职”（清代孙星衍《问字堂集》卷一《相宅书叙》），事实上，大司徒的“相民宅”与风水术的相宅完全是两码事。这样的说法，完全是风水家一厢情愿的托古而自高罢了。

从表面上看，上古时期选择在何处营建都城、筑造屋舍，似乎都是上天的意志在作决定，其实考察商周古人择居的过程就不难发现，占卜虽然是决定取舍的最后一道程序，但占卜不是随机的、漫无目的的，要先经过一番慎重的、反复的勘察相地过程，有一定的选择范围。如公刘迁豳，就是一次真正的实地勘察过程，包括登山冈看全景、丈量土地、细查水质、观察日照，等等。又如以上“升”卦辞云“升虚邑”，主要说建宅要选择高处。《说文解字》曰：“虚，大丘也”。早期择居为防洪水侵犯，每每择丘而居，反映了古人择居顺应自然的实用态度。今天我们看到的殷墟，建在黄河支流水流曲折平缓的位置上，既无洪水之虞，又方便灌溉、取饮、渔猎等，确是选址得当。这时人们其实已经在长期的实践中积累了丰富的择居经验，如《管子·度地篇》记载：“圣人之处国者，必于不倾之地，而择地形之肥饶者，乡山左右，经水若泽，内为落渠之写，因大川而注焉。”同书《乘马篇》曰：“凡立国都，非于大山之下，必于广川之上，高毋近旱而水用足，下毋近水而沟防省，因天材，就地利。”说明古人也是尊重客观规律的。比之占卜，这些顺应自然、合乎地理的相地经验才是择居活动中真正起决定作用的因素。

“卜以决疑，不疑何卜?”或许这才是占卜的真正作用。在择居活动中，人们往往会面对几处居址而难以定夺，这时占卜才真正派上用场。那些显然不适于居住的地方，人们是肯定不会占卜的。这说明神意的前提是人的经验。人对自己的经验没有取舍的把握时，才会去占卜，听听神的意见，从而坚定选择的信念。所以占卜的功能仅仅是在择居时给人们以心理方面的支撑和安慰。

二、春秋战国：风水的理论准备

春秋战国时期战乱频仍，同时也是我国思想史的黄金时代，诸子百家争鸣，传统文化中的各种思想理论也在这一时期趋于成熟，并为风水术的形成作好了理论准备。后世风水学一些根本的思想观念，源头都可以追溯到这一时期。其中影响最大的要数易学思想、阴阳五行思想及精气学说。

战国后期，以邹衍（约前305—前240）为代表的阴阳家“深观阴阳消息”，结合五行学说，推出了生克衰旺的理论。阴阳五行学说是古代中国人独创的宇宙观和方法论，是先民在接触各种事物与现实的实践中，通过长期观察与思考而建立起来的一种哲学思想。阴阳五行学说在中国传统文化发展史上意义重大，二十四史中专门有《律历志》、《五行志》谈论阴阳五行，由这一思想所确立的历史观、天道观等一直为后世百家所尊奉和应用，这其中自然也包括风水术。关于阴阳学说及对风水的影响，前文已有述及，这里谈一下五行学说。

所谓“五行”，即水、火、木、金、土，古人视之为构成宇宙万物的五种基本元素，自然界和社会人生的各种事物和现象，都可依其性质与这五种基本元素相比拟而进行归类。“行”意味着运动、作用、循环，正是这五种各具特性的基本元素不断运动和作用，才形成了宇宙万物的生长与消亡。

关于五行较早的记载，可见《尚书·洪范》。武王克殷以后，问箕子以天道，箕子的回话里就说到五行：

> 一曰水，二曰火，三曰木，四曰金，五曰土。水曰润下，火曰炎上，木曰曲直，金曰从革，土爰稼穑。润下作咸，炎上作苦，曲直作酸，从革作辛，稼墙作甘。

这里认为五行是五种最基本的事物，但还没有认为是构成万物的基本元素。总之，“五行”一开始正如梁启超所言，“不过自然界中一种粗浅微末之现象，绝不含何等深邃之意义”。

当五行这五种物质由具体事物变成抽象概念后，便成为具有普遍意义的思维模式。自然界及社会中一切事物都可根据其属性相应地分类，归入五大类中，按照五行的法则运动和变化。

邹衍创造性地发展了了古代阴阳五行说，提出“五行生胜”的理论。木生火、火生土、土生金、金生水、水生木是为“五行相生”；水胜火、火胜金、金胜木、木胜土、土胜水是为“五行相胜”。他用这一理论解释自然和社会的发展变化，并据此提出“五德终始”说，称自黄帝（土德）以来，已经夏（水德）、商（金德）、周（火德）三代，预言“代火者必将水”。

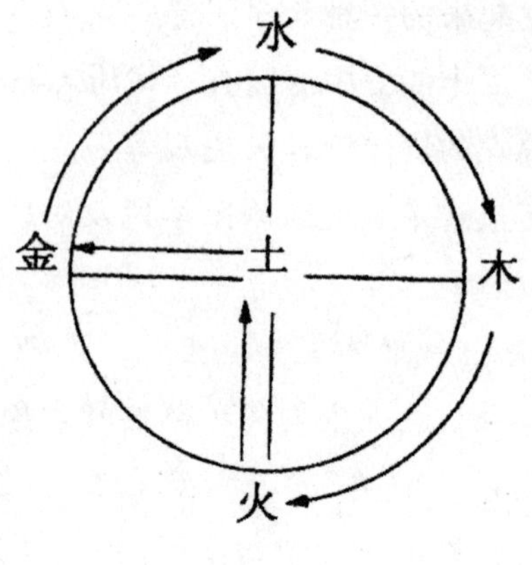

五行相生

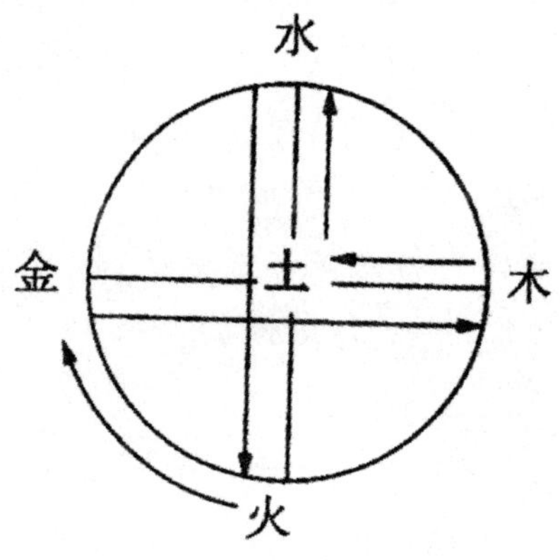

五行相克

五行学说对于风水的影响在于：五行的生克本来与人事之吉凶福祸是没有必然联系的，但后来包括风水在内的各种术数却利用这种观念，将人的命运附会于五种物质的自然属性，以五行生克原理来判断人生的规律。

对《周易》的阐释也在这时候走向成熟，出现了所谓的《易传》（“十翼”），人们从《周易》中推衍出一套自然与人生哲学体系，以及河图、洛书、八卦等符号系统。前文已述，此不赘。

阴阳五行和易经八卦是后世一切术数的思想之源，它们的影响不仅是哲学意义上的，还为风水提供了一套操作性强的推衍和运算的符号系统，使风水术有章可循。

战国时期的宋尹学派提出了精气学说，认为精气是构成万物的本源，一切事物都是精气化生的结果，包括精神活动。《周易·系辞上》说："精气为物，游魂为变，是故知鬼神之情状。""山泽通气，然后能变化，既成万物也。"这里的气或精气就是一种看不见的物质，它们不断运动变化，从而生成万物；气不仅生成有形的物质，也孕育出人的精神和思想。宋尹学派的精气学说即由此衍生，它可以说是风水"气感而应，鬼福及人"这类思想的源头，并经由后人的不断完善和发展，成为阴宅风水的理论基础。

春秋战国时期，人们对自然地理包括地质、水文、地形等的了解也更为丰富，相地之学达到更高的水平。春秋吴国的名相伍子胥即为此道高手。《吴越春秋》有载："子胥乃使相土尝水、象天法地，造筑大城，周围四十七里，陆门八以象天之八风，水门八以地之八聪。筑小城，周十里，陆门三。"他在为吴王指导构筑阖闾城（即今苏州）时，提出了"相土尝水，法天象地"的原则。用"其尊卑以天地为法象，其交媾阴阳相配合"的思想进行实地调查，观察土壤的形状与肥沃程度，考究河泉水源与流域分合，由此选定城址。他将城的结构、位置坐向与天象相呼应配合，"阴阳调合、四序顺理、两阳以时、寒暑应气"，开陆门八个以象八风，水门八个以象八卦。"八风"就是八方之风，随季节不同而风向差异。将城墙四周，每边各开二门。四面八方都照顾到，很符合交通原则。东面为娄、匠二门，西为阊、胥二门，南为盘、蛇二门，北为齐、平二门。《史记·律书》中说："阊，阖风居西方。"向西建此二门以象天门，引入阊风以通天上。吴欲并越，在越国正处于十二生肖的方位蛇上，所以将东南门命名为蛇门。吴的主位正处于龙位，其方向在辰，以龙克蛇，表示吴必胜越。又因为龙以盘为稳，西南于是名盘门。北面的齐、平二门也有"扫平齐国"的意思。楚在西北，于是也将阊门名为破楚门。不难看出，伍子胥是以新建都城的布局来寓意振兴自强，以称霸中原。

吴国在伍子胥的谋划之下，终于灭越、破楚、平齐而称霸海内。这却违背了中国传统风水所追求的人与环境的和谐关系，而用武力手段压夺邻邦，最终四面受敌而国亡。但他的"法天象地、尝水相土"的办法一直流传下来，成为风水学的准则。他为苏州城所做的选址布局，深得天时地利，所以几千年来苏州城一直都是公认的风水宝地。

战国时期，依托管仲之名而汇成的《管子》一书总结了古人的相地经验，以地理环境和经济实用为出发点，提出要根据不同地形来进行择居和建筑。如前文提到的“非于大山之下，必于广川之上，高毋近旱而水用足，下毋近水而沟防省，因天材，就地利”，就是强调要处理好山、水与城的关系。这样的观点也成为以后风水理论的重要内容。当时各国建的都城，也大多结合自然，因地构筑，呈不规则布局，很可能就受到这一相地观念的影响。

值得注意的是，《管子》还提出了一种全新的关于水的观念。其《水地》篇云：

> 水者，地之血气，如筋脉之通流者也。故曰水具材也。何以知其然也？曰：夫水淖弱以清，而好洒人之恶，仁也。视之黑而白，精也。量之不可使概，至满而止，正也。唯无不流，至平而止，义也。人皆赴高，己独赴下，卑也。卑也者，道之室，王者之器也。而水以为都居。

这就把水提高到一个至高无上的地位，认为水是“万物之本原也，诸生之宗室，美恶、贤不肖、愚俊之所产也”，人的体格、性情、道德和智商等等都与水质有密切关系，比如楚地的水“淖弱而清”，所以那里的人做事大胆，不怎么顾忌后果；而宋地的水“轻劲而清”，所以那里的人“简易而好正”。总之，“圣人之治于世也，不人告也，不户说也，其枢在水”。这种把水质与人情结合起来的观念对后世风水理论也有很大影响。

后世风水中的形势派，也可以说本于这一时期的兵家和纵横家的形势论。《管子》和《孙子》都有以“形”、“势”为题的篇章，如《管子》之《形势》、《形势解》，《孙子》之《形篇》、《势篇》等。《荀子·强国》说秦国“其固塞险，形势便，山林川谷美天材之利多，是形胜也”，《尉缭子·兵谈》说“土地肥饶而立邑建城，以城称地，以地称人，以人称粟。三相称，则内可以固守，外可以战胜”，都是就兵事而论山川形势。在战争乃家常便饭的情况下，要赢得战争，不仅要强兵马、得天时，还要善于利用地形状况。兵家和纵横家们深知山川形势关乎战事之成败、国家之存亡，所以都把对地理形势的了解作为一门基本功，举凡“名山、通谷、经川、陵陆、丘阜之所在，苴草、林木、蒲苇之所茂，道里之远近，城廓之大小……”都要通通掌握，而这类知识也恰恰是后来的形势派风水术士们应具备的。

战国时期，丧葬制度和模式出现了许多重要变化，其中坟丘的兴起对风水观念的形成具有重要影响。一般认为，“古之葬者，厚衣之以薪，不封不树”，西汉时刘向也曾指出：“殷汤无葬处，文、武、周公葬于毕，秦穆公葬于雍泉宫祈年馆下，樗里子葬于武库，皆无丘陇之处。”（《汉书·楚元王传》）考古发现证明刘向的说法是正确的。有关学者研究，坟丘式墓产生于春秋晚期，到了战国时期就已经相当普遍。甚至当时的一些礼法条文还对坟丘规模做出了明确的规定，如《吕氏春秋》、《礼记》等都有相关的记载。我们知道阴宅风水术中的吉凶模式和判断原则是建立在坟丘与周围环境的关系上的，可以说坟丘是阴宅风水中吉凶模式的基点。因此，战国后期坟丘的普及是阴宅风水术产生的一个重要前提。

前文关于樗里子的史料也证明，至少在战国后期，将阴宅与人事的吉凶祸福相关联的观念就已经出现，也反映了萌芽状态中的阴宅风水术的进一步发展。既然生人要相宅，为了让在阴间“活着”的人过得安适，以荫应后人，自然也要相墓。

1975年在湖北省云梦县出土的秦简《日书》，对研究战国时期相地择居的情况有极其重要的价值。这虽是一部讲选择时日、占断吉凶的术书，却也涉及相宅择居。有人认为，《日书》占卜的内容概括起来不外八个字：“生老病死，衣食居行。”其中“居”正是较受重视的一个方面。书中的“门”、“梦”、“生子”、“生人”等部分都讲到居室房屋的环境选择，进而占断吉凶福祸。如在“门”这一部分占文中，我们可以读到造门关乎吉凶的内容。里边有一幅门图，在房屋的东南西北各方共标有二十二个门，逐一占断，并注明吉凶。如南门：“贱人弗敢居。”辟门：“成之即之，盖廿岁必富，大吉，廿岁更。”屈门：“其主昌富，女子为巫。”失行门：“大凶。”不周门：“其主富，八岁更。”大门：“利为邦门，贱人弗敢居，居之，凶。”等等。占断大门方位与吉凶福祸的关系，也正是后世风水相宅的重要内容，这一点足以说明《日书》与风水渊源之深。国内学者蔡达峰先生认为，《日书》中对择居的占断既有方位占法，又有形象占法，其占法框架可以说是后世风水术的直接起源。①

从总体上看，春秋战国时期的相地相宅之术一方面由阳宅发展至阴宅，另一方面也掺杂入更多的术数因素，如阴阳、五行、八卦等，这些都要比从前单纯的占筮复杂得多。人们在择居时仍然注重地理环境等自然因素，同时也进一步将住宅与吉凶福祸的预测联系起来。

① 蔡达峰：《堪舆》，（香港）中华书局1997年版。

第四章 秦汉：风水学的初创

秦汉时期是风水术关键的创立时期。这一时期，大规模的宫殿、陵墓营建活动为风水提供了实践的沃土，相地之学得到统治者们的大力支持，出现了阐述专门的术书。尤其在汉代，流行着各种术数，几乎后来的所有术数在这时都出现了。《汉书·艺文志》中所载术数类的典籍共计 190 家，2528 卷。社会上术数的广泛流行和以董仲舒的春秋公羊学为代表的今文经学的发展，神秘主义在东汉达于极盛，其中最突出的表现就是谶纬之学大肆泛滥。东汉后期产生的道教正是两汉社会神秘主义盛行的产物。在此背景下，经由各种哲学、术数与神学思潮的浇灌，风水在汉末逐渐成为一门显学。

一、"地脉""王气"与择葬求吉

至迟在秦代，出现了"地脉"的观念。所谓的"地脉"，就是龙脉与王气、天子之气，这一观念也成了后世风水术的重要理论基础。据《史记·蒙恬列传》记载，秦朝大将蒙恬曾受命督修万里长城和两千里驰道。秦始皇驾崩后，胡亥（即后来的秦二世）与赵高等谋夺皇位，矫诏蒙恬自杀。起初，蒙恬为自己无故被诛而大惑不解，"我何罪于天，无过而死乎?"后来想"明白"了，断言："恬罪固当死矣。起临洮属之辽东，城堑万余里，此其中不能无绝地脉哉？此乃恬之罪也!"他把自己的死归咎为在筑修长城和驰道时绝了"地脉"。这或许是风水"龙脉"理论的最早实例。

对于蒙恬的说法，为他立传的司马迁颇不以为然，他说：“恬为名将，不以此时强谏，振百姓之急，养老存孤，务修众庶之和，而阿意兴功，此其兄弟遇诛，不亦宜乎，何乃罪地脉哉！”但不管怎么说，从这个故事中可知，地脉的观念在秦汉之际已经为人们普遍信奉，就连司马迁在批驳蒙恬推卸责任时，也没有专门否定这一观念。

地脉、王气等观念的信奉者，当然也包括向来笃信术数的秦始皇。《史记·高祖本纪》提到，秦始皇怀疑东南方有天子之气，于是起驾东巡。得知这个消息，觉得自己有天子之命的刘邦就躲了起来，因为怕自己头上的天子气（据说呈云气貌）被发现难免性命不保。人们还认为，天子气又是与山川形势密切相关的，山川形势被破坏了，天子气也会散失。《三国志》等文献史料中也有记载，秦始皇东游到金陵（今南京）之地时，望气者云“金陵地形有王者都邑之气”，于是他下令掘断此处连绵的山冈，“掘凿江湖”，“平诸山阜”，“处处辄埋宝物，以当王土之气”，把地名也由“金陵”改为“秣陵”。后来到了三国时，这里已经由吴主孙权把政，有人掘地得“铜匣长二尺七寸，以琉璃为盖，雕镂其上，得一白玉如意，所执处皆刻龙虎及蝉形”，据说就是几百年前秦始皇埋下的宝物。

与此类似的事例，是秦始皇凿破岭南山冈，破坏其“雄霸之气”。这一传说可见清人屈大均《广东新语》载：

> 广州治背山面海，地势开阳，风云之所蒸变，日月之所摩荡，往往有雄霸之气。城北马鞍岗，秦时常有紫云黄气之异，占者以为天子气。始皇遣人衣绣衣，凿破是冈。……故粤谣云：“一片紫云南海起，秦皇频凿马鞍山。”

为了秦代国运永驻，秦始皇不惜派人远涉千里去破坏所谓的天子气，他是宁可信其有的。以上传说的可信度虽不高，却在一定程度上折射出当时天子气和地脉说法之盛行：既有了专门的“望气者”，大概就是早期的风水寻龙术士，还衍生出一系列操作术法，如掘连冈、埋宝物等等，这些术法也为后世风水所继承。

秦汉时期，墓葬吉凶的观念也开始大行于世。人们相信“地脉”之说，地有灵气，也必然会接受墓地可祸福后人的观念。《史记·秦始皇本纪》记载有秦始皇为自己建造陵墓的过程：

> 始皇初即位，穿治骊山，及并天下，天下徒送诣七十余万人，穿三泉，下铜而致椁，宫观百官奇器珍藏满之。令匠作机弩矢，有所穿近者辄射之。以水银为百川江河大海，上具天文，下具地理。以人鱼膏为烛，度不灭者久之。

可见规模空前。秦始皇很重视陵墓建造，从他即秦王位时就开始进行，后来统一天下后更动用了七十余万人，竟然凿穿了三层地下水，历时数年才完成。其“上具天文，下具地理”，遵循的正是“象天法地”的原则。有学者研究，秦东陵修建在骊山西麓、灞水之边，地势高敞，确实符合后世风水原则。

帝王重葬术，百姓也相信这一套。《史记·淮阴侯列传》记载：“韩信虽为布衣时，其志与众异。其母死，贫无以葬，然乃行营高敞地，令其旁可置万家。”传说韩信年少时，母亲死后，家里贫穷，无法安葬，韩信就选择一块气势宏伟的“高敞地”为母亲安葬，让旁边“可置万家”。司马迁实地考察过韩母之墓，说确实是这样。这段传说为司马迁所引载，用以解释韩信的命运时，把他的命运与其母亲之葬地相联系。这说明墓葬福祸荫应的观念在其时已经深入人心，就连还是普通老百姓而且穷得无法葬母的韩信都通晓其理。

入汉以后，择葬求吉成了一种普遍的社会行为。本书之前曾提及的袁安的择葬故事可为一例。袁安父亲死后，其母命其为父访求葬地，这说明寻求吉地而葬已成了一种普遍现象，这与后世风水大行时的情况几乎没什么区别。与袁氏相反的例子，《后汉书·郭镇传》记载吴雄在汉顺帝时官至“司徒”，“少时家贫”，葬母不择地，“不问时日”，巫者预言其当族灭，然而吴家却“三世廷尉”。这两段史料一正一反，却都反映了当时讲求葬地吉凶之风非常盛行，“鬼福及人”的风水观念已经渗透到社会各阶层。人们不仅讲求葬地，而且认为葬地的吉凶直接决定子孙的祸福。不论是袁家的“葬此地，当世为上公”，还是吴雄的当“族灭”，无一不说明了葬地与子孙命运的决定性关系。这一社会心理模式，正是阴宅风水出现和发展的基础。

这时的阴宅风水活动不仅有了观念上的共识，还发展了择葬的术法。这方面的术书，有王充在《论衡·讥日篇》里提到的《葬历》，可惜这本书没有流传下来。王充曾引述《葬历》的内容，其中有："葬避九空地臽及日之刚柔、月之奇偶。日吉无害，刚柔相得，奇偶相应，乃为吉良。不合此历，转为凶恶。"也就是说，人死下葬必须讲究"日之刚柔，月之奇偶"，刚柔相得，奇偶相应，才算得上吉利；如果不合此法。则转为凶恶。古代以甲子纪日，天干地支按顺序逢单数为阳，逢偶数为阴，阳干阳支所纪之日如甲子、丙寅叫做刚日，阴干阴支所纪之日如乙丑、丁卯为柔日，十二月份也按顺序逢单数为奇月，逢偶数为偶月。人如刚日死，当择柔日下葬，奇月死，须择偶月下葬，总之要有刚柔奇偶的互相配合，这其实也是阴阳观念的反映。可见当时阴宅与阳宅的营建一样，不但要选择地形地脉，指正方位，而且还要确定合适的日月时辰。定得恰当，逢凶化吉；确定不当，转福为祸。《葬历》主要是当时的一种择日书，它通过对下葬时日的选择来占断吉凶，术法与后世阴宅风水还有很大差别，但却是择葬有法的一个先例。

二、秦汉宫殿与"象天"的营造原则

秦汉一统天下，为显大国天子之威权，统治者大兴土木，营建宫殿。秦始皇认为丰镐之间本是帝王之都，有帝王之都的形胜王气，于是在渭水南边的上林苑中建阿房宫；汉代帝王们又先后建有未央宫、新丰宫、德阳宫、柏梁台、寿宫等，并在汉武盛世时达到了这股营建热潮的顶峰。这股营建热潮历时长久，规模宏大，为当时的风水活动提供了广阔的空间，并发展出一些为后世尊奉的建筑原则。其中最重要的，就是"象天"的形法原则。

春秋时伍子胥提出的"象天法地"的营造理论，被秦汉建筑活动充分吸收和进一步发展。所谓象天，就是仿照天上的星宿来营造宫殿，包括其位置、朝向和布局等，以象征帝王是承乎天命的。这种把天象和人事联系起来的观念由来已久，《论语·为政》记孔子的话说“为政以德，譬如北辰，居其所而众星共拱之”，就是以天象来论德治。秦始皇时建阿房宫，竭力在建筑上展现天子之威，最主要就是借助对天象的模拟。《史记·秦始皇本纪》载，阿房宫“表南山之颠以为阙。为复道，自阿房渡渭，属之咸阳，以象天极阁道绝汉抵营室也”。“表南山之颠以为阙”，即把周旁之山巅作为城阙，堪称气魄雄伟的大手笔；跨过渭水，在阿房宫与咸阳之间修一条复道，以象征天极的阁道跨越银河直抵营室。其取象就是将咸阳比拟成天极，象征天上的紫徽宫，而其南建阿房宫，渭水就对应天河。后来皇帝所居的宫城叫作紫宸殿或称紫禁城，就出自这一取象观念。

汉代营造长安城时也力求象天极，其原则与上边所引孔子的譬喻一致，“城形似北斗”（汉·赵岐撰《三辅旧事》），以象二十八宿环北辰，运行无穷，所以当时长安城又叫斗城，也是古人天人合一，象天法地的改造典范。

三、董仲舒：风水术创立的理论推手

与大一统的中央集权政体相适应，汉代的各种哲学思想也表现出鲜明的时代特色。汉武帝时，大儒董仲舒集前人思想之大成，创造出一套符号系统和推演模式，用阴阳五行来统摄宇宙万物，使杂乱无章的事物、现象渐趋规范有序。就连抽象的时间、方位等也被整合进这套体系。汉代象数易学家们则以阴阳八卦符号系统来统一万物，以数字来说明自然万物的变化规律。以上思想，加上汉代流行的谶纬图说，为包括风水在内的术数提供了推断人事吉凶的理论和方法，推动了风水术的最终创立。

汉代对于风水思想的一个大发展，是在易学的基础上，以象数思维的方法，构筑了一个全息的思维模式。孟喜、京房等汉代易学家建立了以易卦入四时方位以及二十四节气、七十二建候和星象分野一一对应的象数体系，从而成功地使风水等神秘文化紧紧依附在以《周易》为代表的天道观思想之上。随着汉代象数易学的深入，五行与八卦方位被赋予了不同的象征意义，以五行、八卦、天干、地支互配演绎而成一个表象复杂无比的象数方术体系。八卦、五行和干支直接与方位、阴阳、日月方位组合在一起，这些抽象的“相”法归类与具体的方位吉凶结合，成为风水相宅的基本理论。

董仲舒（前 179—前 104）是西汉时期著名的哲学大师和今文经学大师，他以《公羊春秋》为依据，将周代以来的宗教天道观和阴阳、五行学说结合起来，吸收法家、道家、阴阳家思想，建立了一个新的思想体系，成为汉代的官方统治哲学，对当时社会所提出的一系列哲学、政治、社会、历史问题，给予了较为系统的回答。

董仲舒

董仲舒的思想对风水理论的最终成熟起了关键的推动作用。董仲舒之前的儒家，只讲阴阳，董仲舒是第一个将阴阳五行合流并用的人，他基本上把大部分的事物都用阴阳五行整合起来了。如时间，一年四季均有相应的五行属性：“木者，春，生之性，农之本也”。“火者，夏，成长，本朝也。”“金者，秋，杀气之始也。”“水者，冬，藏至阴也。”四季以阴阳来统一，则春为少阳，夏为老阳，秋为少阴，冬为老阴。又如方位，四方也可以用五行来统一：“东方者，木，农之本”；“南方者，火也，本朝”；

"中央者，土，君官也"；"北方者，水，执法司寇也"；"西方者，金，大理司徒也"。阴阳五行的整合，为风水的发展开辟了新的道路。

此外，董仲舒将庄子的天人合一思想引入，提出了"天人感应"的理论，从而构建了传统文化的主体。如在风水中，五行不仅是代表东、南、西、北、中五个方位，更由于受"人感应"理论的影响，五行被授以不同的属性，赋予不同的德行，从而有了不同的人文含义。天人合一思想的正统化，不仅使风水研究进入理论化阶段，对风水的推广也起到了积极的作用。

天人感应观是中国古代哲学中关于天人关系的一种重要思想，对古代风水术产生了深刻影响。这种思想认为，天与人同类相通，相感相应，天能干预人事，人也能感应上天。由此进一步引伸，自然界的现象，都是天神意志的表现，灾异怪变以及吉利瑞祥，也都是天受感应后而施加于人的奖惩。故一切人事均应顺乎自然规律，达到人与自然的和谐。

天人感应观是有其理论基础的，这就是"天人合一"的思想，因为唯有天人一体，方能相互感应。

那么什么是"天人合一"呢？所谓的"天"，也就是宇宙自然的代表。我们古人是以一种整体的眼光来看待世界的，他们认为天、地、人是一个有机的整体，天道与人事、自然界与人类社会在本质上具有一体性，是相类相通的，这就是"以类合之，天人一也"。

天人感应与天人合一的观念源远流长。它最早来自西周时期的天命观。周宣王时的尹吉甫作《烝民》之诗，有云："天生烝民，有物有则，民之秉彝，好是懿德。"（《诗经大雅荡之什》）这里含有人民的善良德性来自天赋的意义。《易经》云"穷理尽性以至于命"，"人以天地之气生，四时之法成"，这是典型的天人合一原则。在西周和《周易》那里，人与天地并称三才，被作为一个主体来看待。无论怎样谈天谈地，到最后总是归结到人和人的事业。天人之间存在着内在联系，故必借天例人，推天道以明人事。

《中庸》："国家将兴，必有祯祥；国家将亡，必有妖孽。"把天布祥降灾与国家治乱兴亡联系到一起，其实这就是一种以灾异说为内容的天人感应论。与此相类似，墨子有较为系统的天志理论，其重要内容之一就是灾祥论。他认为天志不可违，人若顺从天志，天就会降瑞祥；若违逆天志，天就会“下疾病祸害，霜露不时”。

春秋战国时期，对天人感应论表述最为系统的是阴阳家的代表人物邹衍。他肯定“物类相召”具有普遍性，而天人相召的表现形式是天通过降灾布祥，以对人作出回应；他还认为黄帝以来的历史反映了天人相召、相互感应的必然性和规律性。

在天人合一、天人感应观念的发展过程中，有一种观点是将天地自然与人的肌体作类比的。比如西汉前期成书的《黄帝内经》说：

> 天有日月，人有两目；地有九洲，人有九窍；天有风雨，人有喜怒；天有雷电，人有音律；天有四时，人有四肢；天有五音，人有五脏；天有六律，人有六腑。岁有三百六十五日，人有三百六十节。

董仲舒将这一观念推向极致，提出了他的“人副天数”观：

> 唯人独能偶天地。人有三百六十节，偶天之数也；形体骨肉，偶地之后也。上有耳目聪明，日月之象也；体有空窍理脉，川谷之象也；心有哀乐喜怒，神气之类也。……是故人之身，首，象天容也；发，象星晨也；耳目戾戾，象日月也；鼻口呼吸，象风气也；胸中达知，象神明也；腹饱实虚，象百物也。百物者最近地，故要以下，地也。天地之象，以要为带。颈以上者，精神尊严，明天类之状也；颈而下者，丰厚卑辱，土壤之比也。足布而方，地形之象也。天以终岁之数，成人之身，故小节三百六十六，副日数也；大节十二分，副月数也；内有五藏，副五行之数也；外有四肢，副四时数也；乍视乍瞑，副昼夜也；乍刚乍柔，副冬夏也；乍哀乍乐，副阴阳也；心有计虑，副度数也；行有伦理，副天地也。（《春秋繁露》卷十三，《人副天数》）

副，即符合及对应适度。“人副天数”观认为，在自然万物之中，唯独人的形体乃至各个部分，都与天数相副，化天数而成，“身犹天也”，因数而成象。同时人的心理如感知（乍视乍瞑）、计虑、情感、性格（乍刚乍柔）乃至于道德、行为等也都必须与天数相副，化天数而成。

在古代风水理论中，常常有将大地、山川等自然环境与人体相比拟的观念，这显然与董仲舒的“人副天数”说一脉相承。唐代曾文辿《青囊序》把人体中流动的血液比作自然界的水和气，认为“水是山家血脉精”。《黄帝宅经》在论述住宅周围形势时指出：“以形势为身体，以泉水为血脉，以土地为皮肉，以草木为毛发，以舍屋为衣服，以门户为冠带，若得如斯，是事严雅，乃为上吉”，将大地喻作人体。宋代蔡元定在《发微论》中，也把自然界的水、火、土、石分别比作人身上的血气骨肉。

总的来说，董仲舒正是古代天人合一、天人感应观的集大成者，他认为，天为“万物之祖，万物非天不生”。在其著作《春秋繁露》中，我们处处可见他对天人合一、天人感应的表述：

> 人之为人本于天，天亦曾祖父也。此人之所以上类天也。人之形体，化天数而成；人之血气，化天志而仁；人之德性，化天理而义；人之好恶，化天之暖清；人之喜怒，化天之寒暑；人之受命，化天之四时；人生有喜怒哀乐之合春秋冬夏也……天之副在乎人。人之情性有由天者矣。（《为人者天》）
>
> 天地之常，一阴一阳。阳者天之德也，阴者天之刑也。……天亦有喜怒之气、哀乐之心，与人相副。以类合之，天人一也。（《阴阳义》）

董仲舒将天与人都各自看作是天之一端，认为天人感应，就是作为一端的天与另一端的人之间的相互感应。而这种天人感应，又是通过天地之间的阴阳之气这一中介物得以实现的。董仲舒说：“天地之间，有阴阳之气，常渐人者，若水常渐鱼也。所以异于水者，可见与不可见耳，其澹澹也。”（《春秋繁露》卷十七，《天地阴阳》）。在董仲舒看来，人生活在阴阳之气中，就如同鱼生活在水中一样，阴阳之气与水的区别，只是在于水可见而阴阳之气不可见。认为正是这种阴阳之气，将人与天相连，起到天人感应的传导作用。

天人感应观作为中国传统哲学思想的一个主要观念，也为古代风水术所汲取。既然天人之间存在着一种深奥莫测的因果关系，天数变，人亦变，那么阴宅、阳宅环境的改变也必然能改变人的命运。所谓的风水宝地，首先就是顺天应人之地。

四、作为术数“显学”的形法相地术

秦汉时期，出现了最早的风水方面的两部专著。根据班固《汉书·艺文志》所录，一部是《堪舆金匮》（十四卷），专论堪舆方位之作，被班固列在六术之一的五行类；一部是《宫宅地形》（二十卷），专论城邑及房舍选址和规划之作，被归入形法类。这两部论著是对古代人们考察山川、聚落选址、都邑兴建的风水经验总结，很可能还融入了阴阳、八卦、五行和天干地支学说及其相生相克理论。有研究者认为，后世理气派与形势派的区分最早大约肇始于此。可惜这两部书久已失传，难以进一步考证。

据学者何晓昕推测，汉代的六壬术当为《堪舆金匮》的主要内容之一。其依据是，东汉赵晔所撰《吴越春秋》记载：六壬占的上文有“金匮第八”字样，很可能此“金匮第八”就是《堪舆金匮》的第八卷。另外，汉时盛行的图宅术也应该是《堪舆金匮》的内容之一。[①]

值得注意的是《宫宅地形》的形法相地术。顾名思义，“宫宅地形”既包括具体的宅屋形象、宅外周围的地形，也包括房屋所居处的聚落的自然地理环境、聚落选址。地形可能涉及九州地理形势，也可能是较小范围内的山川形貌。可以推测，当时的形法不外是根据山川地理形势，因势随形，择取形胜，避开凶险，以修筑城郭、建造房舍，类似后世的形势派风

① 何晓昕：《中国风水史》，九州出版社 2008 年版，第 25 页。

水术，与上古时公刘的“相其阴阳”，战国时《管子》的“因天材，就地利”是一脉相承的。

从秦始皇破坏金陵地形以散天子之气的传说来看，作为一种实际的占法，形法也存在已久。《史记·留侯世家》载，刘邦统一天下，在选择都城时，娄敬建议定都关中，而左右大臣因大多是山东人，主张定都洛阳。刘邦因此而犹豫不定。这时张良力排众议，支持娄敬的建议。他分析说：

> 雒阳虽有此固，其中小，不过数百里，田地薄，四面受敌，此非用武之国也。夫关中，左崤函，右陇蜀，沃野千里，南有巴蜀之饶，北有胡苑之利，阻三面而守，独以一面东制诸侯。诸侯安定，河、渭漕挽天下，西给京师；诸侯有变，顺流而下，足以委输。此所谓金城千里，天府之国也。

于是刘邦被说服，定都长安。张良的说法是强调关中的形胜，其东面有崤山、函谷关等险关，西面有陇蜀作后盾，加之土地肥沃，周围又“南有巴蜀之饶，北有胡苑之利”，所以适合定都。张良的分析，是典型的形法相地，与《汉书·艺文志》中“形法者，大举九州之势，以立城郭室舍”的方法是一致的。到汉代，形法相地法终成为当时盛行的六种数术之一。

此外，从班固的形法总序中分析，《宫宅地形》中的五行数术是形象占断的重要法则。相形之下，后世风水术在形法相宅相墓时，多以拟人化的手段来占断吉凶，而不用五行数术。

秦汉时期的地理学水平有了进一步的提高，人们积累了更为丰富的地形、地貌、土质、水文等知识。司马迁为写史踏遍名山大川，《史记》中的《河渠书》、《夏本纪》，可以看作地理专篇，其他许多篇章也涉及汉代中国各地山川河流的形势。班固《汉书》出，在历史上最先设《地理志》。各种地理概念在这一时期得到准确的认识。《尔雅》有《释丘》、《释山》、《释水》，都是解释地理现象的，如“下湿曰隰，大野曰平，广平曰原，高平曰陆，大陆曰阜，大阜曰陵，大陵曰阿”，“水注川曰谿，注谿曰谷，注谷曰沟，注沟曰浍，注浍曰渎”，等等，为形法相地提供了理论基础。长沙马王堆出土的西汉《地形图》、《驻军图》、《城邑图》，清楚地标明了山川地形，并且相当准确，足见当时地图知识的丰富。这些地理知识都为形法相地提供了充分的条件。

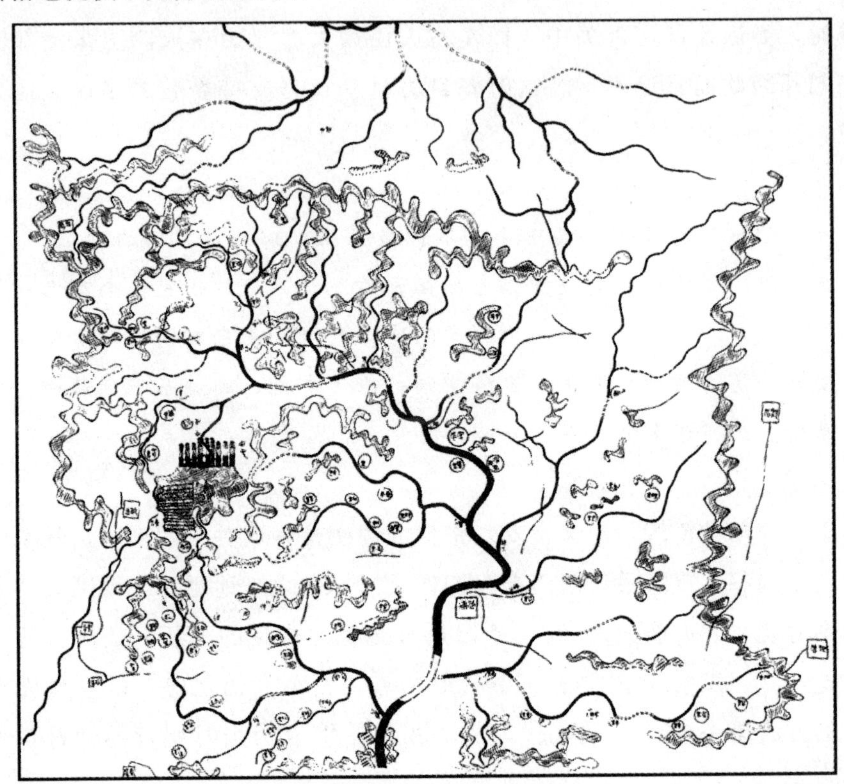

长沙马王堆汉墓出土的西汉《地形图》

五、图宅术与五音姓利说

东汉时期出现过两部较重要的与风水有关的术书：一部是《大衍玄基》，编者王景参考不同门类的术数著作，把“家宅禁忌、堪舆日相之属，适于事用者”搜集起来，编汇成一部综合性的术数著作；另一部是《图宅术》，一部专门叙述阳宅风水的著作，并且绘有图形。可惜这两部书都没有流传下来，后人难窥全貌，仅《图宅术》残留下少量佚文。

《图宅术》的佚文可见王充在《论衡》中的引述。王充（27—97）是东汉时人，所作《论衡》大约成于汉章帝元和三年（86年），现存文章有85篇。该书被称为“疾虚妄古之实论，讥世俗汉之异书”。王充对当时相宅活动中的一些荒谬理论进行了尖锐激烈的批判，他在批判时不免会引用相地相宅术的某些论述，我们可以从中了解汉代相宅择居活动的大致情况，包括前文提到的“西益宅”的禁忌等。

王充所提到的图宅术，很可能是汉代除形法之外的一种重要的风水占术。形法相地着眼于大的自然地理形势，而图宅术则以宅舍的方位为占断的重要对象。图宅术的占法据《论衡·诘术》云：

> 宅有八术，以六甲之名数而第之，第定名立，宫商殊别。宅有五音，姓有五声，宅不宜其姓，姓与宅相贼，则疾病、死亡、犯罪、遇祸。

按以上说法，图宅术将居宅的营建技术分为八种，其一是以干支相纪的办法，按六甲即甲子、甲寅、甲辰、甲午、甲申、甲戌顺序排列次第确定名称，于是得出宫、商、角、徵、羽五音的差别，再与房主姓氏的五音相配，从而得出生克关系。如果房主姓氏与住宅次第的五音相克，房主就会遭到不幸。按此，《图宅术》又说“商家门不宜南向，徵家门不宜北向”，即凡是姓氏为商音的人家，家门不宜向南；姓氏为徵音的人家，家门不宜向北。为什么？因为“商金，南方火也；徵火，北方水也。水胜火，火贼金，五行之气不相得”。商音在五行属金，南方在五行属火，按五行生克理论，火克金，不吉利，所以商姓的人家家门不宜南向。徵音在五行属火，北方在五行属水，按五行生克理论，水克火，所以徵姓人家不宜北向。“故五姓之宅，门有宜向。向得其宜，富贵吉多；向失其宜，贫贱衰耗。”

这种图宅术所尊奉的五音姓利说，与汉代盛行的五行生克和谶纬之学有很大关系。这种相宅术的出现，反映了风水术在创立过程中的繁琐化和玄奥化倾向，因此也遭到王充的质疑和批判。它的荒谬是显而易见的，比如王充提出了一个反证：匈奴人是没有汉人的姓氏的，那他们的住宅又怎么以此法占断吉凶呢？王充的批判是很有说服力的，然而图宅术的五音五姓占法还是流传下来，对后世风水术产生很大影响，直到唐宋之后才渐渐式微。

六、西益宅与太岁禁忌

从《论衡》中所记载的资料来看，汉代时“宅家言治宅犯凶神，移徙言忌岁月”已经是一种普遍现象。随着阳宅风水吉凶因果观念的兴盛，各种禁忌也出现了。前文提到当时流行的一种“西益宅”的禁忌，即认为在西边扩建住宅，是一种会招致祸端的不祥之举。

关于西益宅，王充的《论衡·四讳》记录有：

> 俗有大讳四。一曰西益宅。西益宅谓之不祥，不祥必有死亡，相惧以此，故世莫敢西益宅，防禁所从来者远矣。传曰：鲁哀公欲西益宅，史争以为不祥。

当时世俗有四种大的忌讳，而西益宅被排在首位，可见禁忌观念影响之深。为什么忌讳西益宅？王充认为，这种禁忌与自然条件是毫无关系的。主要是因为：

> 夫西方，长老之地，尊者之位也。尊长在西，卑幼在东。尊长，主也；卑幼，助也。主少而助多，尊无二上．卑有百下也。西益主益，主不增助，二上不百下也，于义不善，故谓不祥。不祥者，不宜也，于义不宜，未有凶也。

对此，《风俗通义》也有相同的解释：“宅不西益。俗说西者为上，上益宅者，妨家长也。”按古代的方位尊卑观念来说，西方是“尊长之位”，在西边增建房屋是对尊长的大不敬，会让尊长受损伤，所以应当禁止。此外，西益宅也被认为是犯了凶神，因为在传统观念中，西方神为太白，其正是凶神。

关于汉代建宅禁忌，王充在《论衡·调时篇》还曾提到：

> 世俗起土兴功，岁、月有所食，所食之地，必有死者。假令太岁在子，岁食于酉；正月建寅，月食于巳，子、寅地兴功，则酉、巳之家见食矣。见食之家，作起厌胜，以五行之物悬金木水火。假令岁、月食西家，西家悬金；岁、月食东家，东家悬炭，设祭祀以除其凶，或空亡徙以辟其殃。

这是将相地与观天相附会引出的禁忌。在天人感应学说的影响下，相地家就认为动土兴功要考虑天体如日（黄道）、月（建月）、太岁（依木星运行的相反方向虚拟的天体）、二十八宿等的运行情况，如有不符就要受灾。王充这段话的意思是说，假如动土年和月，正好是太岁在子之年，月建在寅之月，则地上子位寅位动土，就要殃及酉位巳位的居民。此即所谓“太岁头上动土”的禁忌。那么，要受祸殃的人家就要悬挂金木水火等五行之物来相克。殃及西家，西家就挂金，殃及东家，东家就悬炭。或者设祭祀来消灾，或者就搬走了事。

常言道，“不可在太岁头上动土”。风水中向来有避太岁的说法，而由上文可知，这种禁忌其实在汉代已经盛行。《论衡·难岁》对此也有记述：

> 移徙法曰：徙抵太岁凶，负太岁亦凶。抵太岁名曰岁下，负太岁名曰岁破，故皆凶也。假令太岁在甲子，天下之人皆不得南北徙，起宅嫁娶亦皆避之。

太岁是中国民间信仰中大名鼎鼎的凶神，与天上的岁星相对应。按风水家的说法，可以根据岁星的位置来推测地上太岁所处及出游之方，并认为在那里要忌修造掘凿，否则会遭殃。

此外，古人认为如果在太岁方位兴工动土，就会掘到球样的蠕动的土块，这就是民间常说的太岁土，建宅者应当避忌。汉代之后的很多文献如《酉阳杂俎》也都有太岁主凶的记载，让人对太岁心生恐惧。但现代科学研究发现，太岁土这种奇特的肉团，其实是一种白膜菌类，俗称“肉芝”，本身其实并无吉凶寓意。

第五章　魏晋：生于沃土的“风水大师”

乱世是术数滋生和繁衍的沃土，这一点在魏晋南北朝时期得到了充分的证明。社会动荡，战乱频仍，黄道思想盛行，佛教影响加深，这些都让风水术迎来一个黄金时代。不仅史书上多有记载，从考古也能得知，东汉以后的许多墓，特别是江南一带，上至帝王陵园，下至平民小墓，或背倚山峰，面临平川或溪流回绕，林木葱郁，地形环境都符合风水的要求，就是证明。渗入风水术中的，除了天文、地理、地质、气象、人类、生态、建筑等学问外，还融汇着古代哲学、历法、医学诸学科的观念。可以说，风水理论至魏晋南北朝时期而体备。《四库全书》说：“术数之兴，多在秦汉以后。”这个概括是有道理的。

一、动乱中的风水学盛世

六朝时期风水盛行的原因，除了风水术自身发展日渐成熟，有一套比较完备的理论外，更重要的是迎合了当时民众深层的心理和精神需求。

要理解这一时期人们的精神状态和思想观念，我们不妨品味一下《古诗十九首》中的一些诗句：

浩浩阴阳移，年命如朝露。人生忽如寄，寿无金石固。

生年不满百，常怀千岁忧。昼短苦夜长，何不秉烛游？

人生寄一世，奄忽若飙尘。

人生非金石，岂能长寿考。奄忽随物化，荣名以为宝。

《古诗十九首》的作者都是当时一些无名的文人，他们的诗句真实地表达了普通人在乱世中的境遇和感受。现实的黑暗，使人们都有一种朝不保夕的危机感，觉得人生苦短，命运又不可把握，倒不如切实一点，及时行乐，追逐名利。不光是普通人，即便心怀大志如一世之雄曹操者，有时也不由得会感慨："对酒当歌，人生几何？譬如朝露，去日苦多。"人们视"荣名以为宝"，可是政治险恶，门阀制度严格，大多数普通人是很难拥有"荣名"的。而且就算拥有"荣名"又如何？那些暂时还养尊处优的士族大夫也还是时时如履薄冰，担心一不小心脑袋不保，所以才出现了像阮籍那样的放浪佯狂、明哲保身的所谓"名士"。这些普遍性的心态和观念，让包括风水在内的各种术数有了乘虚而入的机会。在风水术士们的鼓吹下，现实中的种种需要，似乎都可以通过选择居宅、葬址来得到满足，于是风水也成为人们精神上的一根救命稻草。

这一时期的士族文人中盛行所谓"清谈"之风，内容当然不涉政治等"俗务"，只谈老庄等人生哲学和玄学。在玄学思潮的推动下，风水术也成了讨论对象。当时著名的"竹林七贤"的领袖人物嵇康与其友阮侃曾就住宅到底有没有吉凶的问题进行了争议。这次的讨论极为深入，直接关系到风水术存在的合理性问题。阮侃是晋代的一位医家，他是不相信风水的，于是写了《宅无吉凶摄生论》，说人的福祸寿夭都是天命决定的，现在却扯到宅子的选择上，岂不荒谬？针对阮侃的观点，嵇康写《难宅无吉凶摄生论》以问难，力主宅有吉凶之分，人当信天道所存，顺之则昌；同时提出应该修德积福，以成宅之吉，避凶免祸。随后阮侃又有《释难宅无吉凶摄生论》，嵇康为此又作《答释难宅无吉凶摄生论》。两人你来我往，最后嵇康胜出。阮侃的失败，在于他的"死生由命，富贵在天"的天命论不仅也是错误的，而且根本就没有打到风水术的致命之处。而嵇康的胜利，说明风水术已经得到当时主流文人在观念上的认可和支持。

话说回来，其实住宅有没有吉凶是一回事，人们到底相不相信又是另一回事。谈玄论道，对风水术并没有太大的实质性影响。即便嵇康在论辩中败下阵来，也阻止不了风水术在当时世俗社会中的迅猛的发展势头。其中阴宅风水更是大行其道，蔚然成风。

考察这一时期的丧葬制度，可以发现一个有趣的现象：上层统治者不止一次地提倡俭薄而葬，而世俗民间的追求择葬厚葬的风气却是长盛不衰。秦汉时代厚葬风气大著于世，尤其上层社会日益加剧的汲汲追求奢华丰厚的趋向，给社会经济和民众生活带来严重的灾难。这种陋习，在魏晋统治者那里有了一定程度的纠正。因为在战争不断、政权难固、哀鸿遍野的情况下，统治者实行厚葬不仅缺乏经济实力的支撑，也很容易失去民心。曹操有感于厚葬侵占田地，浪费钱财，曾下过一道诏令说："古之葬者，必居瘠薄之地，其规西门豹祠西原上为寿陵。因高为墓，不封不树。"而如今厚葬陋习是悖离古制的。建安二十三年，曹操为自己的后事作出安排，要求对选定的寿陵，因高为基，不封不树。他临终留下遗诏说，天下尚未安定，不得遵古厚葬。埋葬之后，一律除去丧服，守边将士不得擅离岗位，文武百官不得擅离职守。入殓时穿着一般的衣服，坟墓内一律不得埋入金银玉器珍宝。曹操对后事的处理，显然比秦汉帝王们要通达得多。

曹操之后的魏晋历代统治者也多延续了他关于薄葬的思想。魏文帝曹丕仿效其父而行之，力主薄葬。曹丕死后，后事均按遗诏俭约行事。魏明帝曹睿虽然崇尚奢华，但对于自己的身后事也仿照前辈，实行薄葬。据史记载，曹王的妻子郭皇后、陈思王曹植、中山恭王曹衮、司空王观、右将军徐晃等都实行薄葬。

然而，政治上的令行禁止并不能根本动摇人们思想观念上的信仰。生活是如此悲惨，而改变现实、出人头地的愿望又是如此强烈，使得人们深信先人墓葬周围的山川龙脉、河流形势、风向阳光等环境因素，能对葬者家人吉凶祸福产生影响，能够福荫后代。因此，专门的阴宅相士或掌握了择葬之术的高明之士自然受到人们的极大关注，史料中也不乏对他们风水活动的记载。

《晋书·羊祜传》中说了这么一个故事：有一个方士为羊祜家相祖墓，断言羊祜的祖墓有帝王之气，如果开凿破坏就会遭到断绝子孙的报应。羊祜听了很害怕，担心这些话传到皇帝那里自己不免有灭族的危险，于是就开凿祖坟，以破坏地形。那位相墓方士看了又说，“尚出折臂三公”。后来羊祜果然位列三公，只是一次骑马时摔下来了折断手臂，也绝了后裔。这就是风水中“折臂三公”典故的由来。

与此类似的，还有陶侃葬亲的传说。陶侃是东晋一代名将，一生颇具传奇色彩。据《晋书·周访传》记载，陶侃还是贫寒布衣的时候，一次家里要办丧事，死者还没下葬，家里的牛却不见了。陶侃出去找，途中遇到一个老人，告诉他牛就睡卧在前面山冈的一处沟中，如果人葬在那里，其后人肯定位极人臣。老人又指着附近的另一座山说，“此亦其次，当世出二千石”，也就是会出享俸二千石的大官。说完老人就不见了。陶侃依照老人的指点找到牛后，葬亲于牛所卧处，还把另一处风水宝地告诉了与他交好的周访。周访父亲死后便葬在那里。后来陶侃果然位极人臣，政绩颇丰；而周访也当上刺史，三代皆为显贵。

风水择葬以求福荫的风气不仅在民间盛行，也影响到上层的统治者。他们表面上提倡俭薄葬身，心里对风水那一套吉凶荫应的观念却是深信不疑的。《南史·齐本纪》载：

> 帝旧茔在武进彭山，冈阜相属，数百里不绝，其上常有五色云，又有龙出焉。上（按，指齐高帝）时已贵，宋明帝甚恶之，遣善占墓者高灵文往墓所占相。灵文先给事太祖，还诡答曰：“不过出方伯耳。”密白太祖曰：“贵不可言。”明帝意犹不已，遣人践踏，以左道厌之。

南朝宋明帝刘彧听说自己手下的大将萧道成家祖墓有五色云气，担心这是篡位之兆，便派当时的一位相墓高人前去察看。这位高人却知道萧道成将来必“贵不可言”，和萧悄悄打过招呼后，回来骗明帝说只不过出个大官罢了。明帝不放心，派人去践踏破坏，还用上了厌胜之法，可或许是因为仅仅浅表的破坏并不能损其帝王之气，他最终未能阻止萧道成灭宋建齐，当上皇帝。这一史料反映出当时风水术影响之巨，甚至已涉及政权的更替斗争。至此，风水之术已由个人生活需要的满足，发展而至吉凶祸福的趋避，并进而涉及家庭、宗族，甚至整个社会集团、国家的命运与皇权帝祚。

六朝时期逐渐兴起的山水自然审美情趣，也与风水术相互渗透、相互生发。东晋的建立，使汉人的政治经济中心向南转移。而南方山脉丘陵逶迤，河川沟壑纵横，地形地物远比一马平川的中原故地复杂，从而孕育出自觉的山水审美观念，为风水地理文化的发展提供了厚实的土壤。在我国艺术史上，这一时期也是山水诗、山水画兴起的重要时期。风水术在长期实践中总结出的对自然山水的处理技巧，可以说是合乎那些画家文士的审美情趣的，为他们所青睐和借鉴。山水诗的开山宗师谢灵运有这样的诗句："洒泪眺连岗。"（《庐陵王墓下诗》）其中的"连岗"，依唐代李善述此句文"青乌子《相冢书》曰：天子葬高岗，诸侯葬连岗"，显然是出自阴宅风水观念。

随着风水术的普及发展，不少文人开始参与这种社会时尚的著书立说，完备的风水理论体系也在这一时期建立起来。据《隋书·经籍志》著录，这一时期出现了大量的风水著作，如《五姓墓图》一卷，《宅吉凶论》三卷，《相宅图》八卷，《梁有冢书》一卷，《黄帝葬山图》四卷，《五音相墓书》五卷，《五音图墓书》九十一卷等。可惜这些书如今都已经失传了。

二、管辂："四灵"择地的先祖

魏晋南北朝是风水发展史上一个极为重要的时期，不仅仅因为风水是当时社会的显学和热门术数，有了完备成熟的理论，还因为在这一时期，两位对后世影响巨大的风水宗师也应运而生。

一位是管辂。管辂字公明，山东平原人。他是三国时期曹魏名声最响亮的方士，星占、历算、卜筮等无所不能，各种史料都载有他的占卜异事。《三国志·魏书·方技传》引《辂别传》云："辂年八九岁，便喜仰观星辰……辄画地作天文及日月星辰。"并谈到管辂在一次百余人的宴会上称："……唱大论之端，逆经于阴阳，文采葩流，枝叶横生，少之经籍，多发天然。”由此名声大振，时人号之神童。他能预测自己的年寿，说：“天与我才明，不与我年寿，恐四十七八间，不见女嫁儿娶妇也。”后来他果然在48岁死了。传得神乎其神的也包括他高超的相墓术法。《三国志·魏书·管辂传》记载：

> 辂随军西行，过毋丘俭墓下，倚树哀吟，精神不乐。人问其故，辂曰：“树木虽茂，无形可久；碑诔虽美，无后可守。玄武藏头，苍龙无足，白虎衔尸，朱雀悲哭。四危以备，法当灭族。不过二载，其应至矣。”卒如其言。

在这里，管辂通过“玄武藏头，苍龙无足，白虎衔尸，朱雀悲哭”这样的说法来预测吉凶，成为后世风水“四灵”（“四象”）择地模式的标准。所谓“四灵”，玄武、朱雀、白虎、青龙这四种动物形象，或称“四神”、“四象”。在图腾崇拜的原始社会里，先民们是相信万物有灵的，包括天上的星辰也是这样。他们仰观天象，把天上的二十八宿分为四方星座，分别看成是四种有灵性和神性的动物的形象，即东方苍龙、西方白虎、北方玄武、南方朱雀。据《三辅黄图》记载：“青龙、白虎、朱雀、玄武，天之四灵，以正四方。”这“四灵”后来运用到风水中，以确定方位、占卜吉凶，理想的“四灵”模式，即：北山为“玄武”；东山（或河）为“青龙”；西山（或路）为“白虎”；南山（或水）为“朱雀”。这就是所谓的“左青龙，右白虎，前朱雀，后玄武”。具体地说，就是选择的地方要依山面水，俯临平原，左右护山环抱，面前朝山、案山拱揖相迎。《葬书》很形象地把这种理想模式描述为：“玄武垂头，朱雀翔舞，青龙蜿蜒，白虎驯俯。”管辂所说的“玄武藏头，苍龙无足，白虎衔尸，朱雀悲哭”，应该是与理想模式相反的极凶的地形。

三、郭璞：被神化的“开山祖师”

魏晋时期的两位风水“鼻祖”，郭璞的名气更大，对后世的影响也更为深远。郭璞（276—324），字景纯，河东闻吉人。他学识渊博，多才多艺，好老庄哲学，对天文地理、龟书龙图、爻象谶纬、安墓卜宅等无所不能；既是文学家和训诂家，又是术数大师。他曾注释《周易》、《山海经》、《穆天子传》、《方言》和《楚辞》等古籍，现今的《辞海》或《辞源》上均到处可见郭璞注释。因为他的研究和注解，《尔雅》成为历代研究本草的重要参考书。郭璞在文学上也颇有造诣，词赋号称“中兴之冠”，是我国古代游仙诗的鼻祖。据史载，郭璞“好古文奇字，妙于阴阳历算”，曾从业于客居河东的一位人称郭公的“精于卜筮”的术士。郭公将九卷青囊之书传给了他，郭璞于是“洞五行、天文、卜筮之术”，术法远迈前人。传说他的门人赵载企图偷走他的青囊书，可是还没来得及读，此书就为天火所焚。

郭璞

关于郭璞在术数方面的神奇技能，史料文献中有许多记载。干宝《搜神记》记录了这样一个故事：郭璞看上了当时庐江太守胡孟康家的一个婢女，又不好意思跟人讨要，于是暗地施法，夜里将三斗小豆撒在胡家宅子的周围。第二天，胡太守发现有数千个穿红衣的人围住了他的家宅，待到走近看时，那些人却消失了。他觉得不对劲，请精通术法、名头在外的郭璞来看宅。郭璞趁机对他说："这和你家的那个婢女有很大的关系，你还是把她送往东南二十里处卖吧，而且价格要便宜些，这样就可以逃过一劫了。"待到胡孟康听他的话卖出这个婢女，郭璞又暗中派人将婢女以低廉的价格买了下来。这个故事反映郭璞具有高超的术法。

历史上有许多关于郭璞在卜地、相墓方面的传说。《晋书·郭璞传》记载：司马睿镇守建邺时，郭璞卜地，得咸卦之井卦，他据此断言，东北方向带有"武"名的郡县，可得铜斧，西南方带有"阳"名的郡县井水会沸腾。后来，武进县的田中果然发现了五枚铜铎，历阳县的井水沸腾了一天。司马睿为晋王时，又让郭璞卜地，遇豫卦之睽卦，于是说会稽的井口将得钟，上有勒铭，意即大功告成，待司马睿即位时，果然在会稽剡县井口得到一钟。

又据《晋书·郭璞传》记载，郭璞的母亲去世后，他在暨阳择了一块地葬母，而这块地离河水只有百余步。许多人都质疑他的做法，觉得离水太近的地方不适合墓葬，可是郭璞预测这里不久就会变成陆地。果然，后来河沙积淀，郭母之墓的周围数十里都变为桑田。在这里，郭璞看上去很神奇的择葬术很可能归功于他对地理知识的谙熟。《晋书》中的另一个故事则更为神奇：

> 璞尝为人葬，帝微服往视之。因问主人：何以葬龙角，此法当灭族。主人曰："郭璞云此葬龙耳，不出三年当致天子也。"帝曰："出天子邪？"答曰："能致天子问耳。"帝甚异之。

可见当时郭璞在为人择葬方面的名气之大，就连皇帝也惊动了。皇帝微服私访郭璞曾相过的墓地，不料此举却正应了郭璞的预言。

传说温州城是由郭璞亲自选址与规划设计的。据明嘉靖《温州府志》

记载：

> 初谋城于江北（今新城），郭璞取土称之，土轻，乃过江，登西北一峰（今郭公山）见数峰错立，状如北斗，华盖山锁斗口，谓父老曰："若城绕山外，当聚富贵，但不免兵戈水大，城于山，则寇不入斗，可长保安逸。"因城于山，号斗城。

由此可知，人们最初想在江北新城建城，认为那里坐南朝北，背山面水，是块典型的风水宝地，于是请来郭璞来相城地。郭璞取江北的土来称，却认为此地土轻，不宜建成城。于是渡过江，登上西北的一座山，眺望四周诸山，意外地发现数峰错立，华盖、海坛、松台、西郭四山罗列似北斗斗魁，积谷、巽山、仁王三山排列成北斗斗杓，总体呈北斗星象之状，为不可多得的风水宝地。郭璞便对人说："如果城建在山外，可以聚富贵，但不免有战争之扰，如果建在山内，则可以保证长久的安定。"于是，才有了依山而建的温州。郭璞登的那座山因此而得名"郭公山"，以纪念这位风水大师的功绩。

郭璞对温州城池的风水设计，其神奇的影响力常为后人传说。兹举两例：其一，温州建城七百多年后的1120年，北宋的方腊聚众起义，起义军三个月内先后攻陷了建德、歙县、杭州、金华、衢县、丽水等六个县市。当起义军攻至温州城时，因为温州城池坚固，始终不能攻破，围困了40余天后只得撤走，保证了城内黎明百姓的安全。其二，明嘉靖年间，日本倭寇屡屡侵犯我国沿海地区。嘉靖二十四年攻入杭州，烧毁雷峰塔。但自嘉靖三十一年至四十二年的11年中，温州府城遭日本倭寇六次侵犯，但倭寇始终未能攻破城池。

王袆《青岩丛录》说："择地以葬，其术本于晋郭璞。"和大多数"江湖"之气浓厚的风水术士不同，郭璞是当时一位著名的文人士大夫，才华横溢，却也精通风水，有大量的卜地相宅的神奇传说，无形中提高了这门术法的地位，这或许也是他被追认为一代宗师的重要原因。

管辂和郭璞都被后来的风水家追认为开山祖师，后世的两部较有影响的风水典籍《管氏地理指蒙》和《葬书》也分别归到他们的名下。不过，清代以来的考据已经证明了以上两部书只是后人托名的伪作。关于《管氏地理指蒙》，英国学者李约瑟已断定其成书年代为晚唐时期（约 800 年）。同样，认为郭璞在《葬书》最早提出系统的“风水”理论、是风水术的开山祖师，像这样的说法也是靠不住的。如赵翼《陔余丛考》卷三十四“葬术”条列与史料，正说明“葬术非起于郭璞”。只能说管辂和郭璞神奇的风水传说在民间流传久远，其中体现的一些风水观念和原则影响巨大，以至于后来的择地术士们很自然地以他们为宗，以表明所操的行当所自有古，大有来头。

第六章　隋唐：风水学走向成熟

在风水发展史上，隋唐，尤其是唐代是一个特殊的重要时期。有据可考的风水文献都是从唐以后形成的。这一时期的风水术承续汉晋以来的强劲势头，风水术书大量涌现，体裁多样，内容丰富，完善了风水术的理论体系；风水活动盛行于朝野，精于此道者所在皆是，巩固了风水观念在世俗社会中的地位。吕才对历代风水术书的整理刊正，一代宗师杨筠松的横空出世以及江西派的兴起，都是深刻影响了后世风水学的重要大事。

一、风水术与大兴城的营造

史料记载，隋朝开国皇帝杨坚在皇后死后，请了个术士为她卜择葬地。这位术士“历筮山原”，选了一处风水宝地，声称“卜年二千，卜世二百”，也就是说人葬在那里的话，隋可得福荫，享有两千年的国运。杨坚听后说道：

> 吉凶由人，不在于地。高纬父葬，岂不卜乎？国寻灭亡。正如我家墓田，若云不吉，朕不当为天子；若云不凶，我弟不当战没。

从这番话来看，杨坚对葬地吉凶的说法是抱有怀疑态度的。然而，怀疑归怀疑，杨坚最终还是遵从习俗，依术士所言葬了皇后，可见风水择葬在当时影响之深。

杨坚说“吉凶由人，不在于人”，听起来非常开明通达，实际上这一观念却没有贯彻到行动中。他不仅在葬皇后时卜择吉地，从他对都城的选址和营建来看，风水术也同样为他重视，在其中起着非常重要的作用。

隋文帝杨坚

杨坚开皇二年（582）开始谋建新都。当时的长安城自汉修建以来年代已久，排水不畅，生活用水污染，水碱太重，而且有被北边的渭河淹没的危险。据《隋唐嘉话》记载，杨坚有一晚梦到都城被水淹没，就下定决心建新都，这就是历史上有名的大兴城的营建。由于汉长安城在环境选择上存在一定的缺陷，所以杨坚不是简单地继续把汉长安城作为都城，而是弃旧图新。杨坚从一开始就强调“非谋筮从龟，瞻星揆日，不足建皇王之邑”，“以吉凶之土，制长短之命”。经过一番严格的勘察之后，新城地址选在了汉长安城东南二十里的龙首原之南。那里极目远眺，近可闻渭水声响，远可见终南山背影。由于地势高，位于山的阳面，干燥，居住在那里不易生病。东有灞水、浐水，水质好，为甜水，不论人畜饮用还是农业灌溉都优于渭水。由于大兴城环境条件好，故唐朝后来也定都长安城（大兴城改名为长安城）。

负责大兴城工程设计建造的是左庶子宇文恺。《唐会要》提到他按照《易经》八卦之说，选择龙首原之南坡兴建宫城。南坡有六座冈阜，人称六坡。宇文恺按易学原理，视之为乾卦六爻，并按上九至初九的六爻爻序来设计、布局和建筑宫城、皇城、郭城：最高的一条上九爻建筑宫阙，是皇帝居住的地方；稍低的第二条为九五爻，九五至尊，故在此盖庙宇，修玄都观、兴善寺等，供奉神仙菩萨；又低的第三条，为九四爻，因是阴位，不搞建筑；又低的第四条，为九三爻，在此立一百司，为中央各部门办公之地；又低的第五条，为九二爻，是阴地，不宜建筑阳宅；最下的一条，为初九爻，是百姓居住之地。这种设计，使统治机构处于全城制高点上，宫室、百官衙门都占据高地，显示出统治者高高在上，主宰天下，权势威严的气派。从安全方面考虑，处于监视下层百姓的位置，对统治者有利。城建好之后，为了避免泄掉帝王之气，杨坚还下令宫、皇城之南的居民里坊，取消南北门而仅开东西门。大兴城的营建过程，清晰地体现了风水术在当时建筑活动中的重要作用。

隋朝是个短命的王朝，只存在了二十多年的时间，不过也出了一位大名鼎鼎、对后世有重大影响的风水宗师——萧吉。

萧吉，字文休，是梁代王族后裔。史书上说他“博学多通，尤精阴阳算术”。他在隋朝建立之初官进上仪同，以本官太常考定古今阴阳书。一开始他性格孤峭，不懂得与公卿贵人周旋应酬，又与当时的重臣杨素不协，所以“摈落于世，郁郁不得志”。可是后来他发现当今圣上“好征祥之说”，于是抓住一个时机利用他的专长来献媚，说隋朝有瑞祥之兆云云，听得杨坚龙心大悦，“赐物五百段”。自此萧吉开始受到重视。

按照史料的说法，杨广被选立为太子及登上皇位，都和萧吉有很大的关系。当时的太子还是房陵王，有一天在他所住的东宫发现有鬼魅鼠妖为祸，杨坚让萧吉到那儿去禳邪气。萧吉登坛经过一番作法，成功地赶跑了鬼妖，受到重赏。可他又趁机上言，说这是“太子当不安位”的先兆。这很可能是因为他善于察言观色，发现杨坚当时有另立太子的想法。而他的占兆之言正中杨坚下怀，杨广就这样成了新太子。

前面提到的那位为皇后卜择葬地的术士也正是萧吉。杨坚虽怀疑葬地吉凶的说法，可是萧吉此前显示出来的高超术法，却不由得他不信。那么，萧吉预言隋朝有两千年的国运，今天看来这显然错得离谱，是否可以说他占术不精呢？我们可以看看他私下里同族人说的话：

皇太子遣宇文左率深谢余云：“……今卜山陵，务令我早立。我立之后，当以富贵相报。”吾语之曰：“后四载，太子御天下。”若太子得政，隋其亡乎！吾前给云“卜年二千”者，三十字也；“卜世二百”者，取世二传也。

可见萧吉这次择地真正的目的不是为了隋朝国运长久，而是受太子杨广所托，通过卜地荫护杨广早日登基。四年之后，杨广果然登上皇位，说明萧吉的卜葬是颇具“神效”的。但萧吉同时也断定一旦杨广成了皇帝，隋朝的日子也很快要到头了。所谓“二千”者，可拆字为“二十”也，不过是萧吉应付杨坚而玩的一个文字游戏。

皇位的得失乃至一国之命运仅仅取决于一位术士，这样的传说显然神化了风水的作用。但无论如何，隋炀帝杨广继位后，居功至伟的萧吉自然也得到了重用，“拜太府少卿，加位开府”。一旦得志，萧吉也开始清算旧账，报复与他有过节的杨素。杨素这时已经去世，萧吉要的是父债子偿。他用以报复的手段，仍是他的术数专长。《隋书》有记载：

> （萧吉）尝行经华阴，见杨素冢上有白气属天，密言于帝。帝问其故，吉曰：“其候素家当有兵祸，灭门之象。改葬者，庶可免乎！”帝后从容谓杨玄感曰：“公家宜早改葬。”玄感亦微知其故，以为吉祥，托以辽东未灭，不遑私门之事。未几而玄感以反族灭，帝弥信之。

杨素的墓上是不是真的有冲天白气，也许除了萧吉本人外，只有天知道了。隋炀帝对手握重权的杨素一家颇有犯忌和戒备，却是明眼人都可能看出来的。萧吉的进言，是利用了杨广的这种心理来达到报私仇的目的。杨玄感不肯改葬，是因为他认为先人墓地有吉气，不料却正应了萧吉之“预言”。在这里，风水的术法与对人的心理的利用结合起来，这才是萧吉的高明之处。

从以上传说来看，萧吉为一己之荣华而置国家之福祸而不顾，又恃术法以报私仇，说明他在人品上并不值得称道。但他术法精深，却为后人推崇。他在担任太常令时有机会遍览历代各种术书，在考订整理前人著作的基础上，自己也结合实践，著撰颇丰。史载他“著《金海》三十卷，《相经要录》一卷，《宅经》八卷，《葬经》六卷，《乐谱》二十卷及《帝王养生方》二卷，《相手版要诀》一卷，《太一立成》一卷”，对后世风水术发展有非常深远的影响。

隋朝除萧吉外，还有一位叫舒绰的风水术士，他的名气也不小。据《浙江通志》记载，当时的吏部侍郎杨恭仁想要为亲人迁葬，遍请当时海内知名的一些相地术士来择地，舒绰也在邀请之列。术士们各指吉地，各有说法，争执不下，让杨恭仁一时难以定夺，于是想出了一个办法。他派人把术士们所指的其中几处地方的土壤各取一斗，把取土处的地理形势全部记录下来，密封送回。他把取回的土出示让众人鉴别，让他们说出取土之处的地形环境，以及该处是否吉地等等。这回总算高下立判：众人均不得要领，唯有舒绰分析得与实际情况丝毫不差。他还定下一处吉地，告诉杨恭仁说：“此土五尺外有五谷，得其一即是福地，世为公侯。”杨依舒绰的指点到那块地下掘七尺，果然发现一个洞穴，里面有谷物七八斗，很可能是田蚁所贮。杨恭仁对舒绰的神术佩服得五体投地，遂将亲人改葬于此地。此事传开后，舒绰名震朝野，被时人视为神人。其实在今天看来，舒绰高超的相地术并不玄奥神秘，而是建立对地形、地貌、地质环境等知识充分了解的基础上。这也反映了风水术与古代地理学之间的密切联系。

二、走向繁盛的风水信俗

进入唐代以后，风水之风有愈吹愈烈之势。吕才在《叙葬书》中提到，择葬活动之泛滥，“遂使葬书一术乃百二十家，各说吉凶，拘而多忌”。不论达官贵人还是平民百姓，只要死了，都要择葬求吉，这成了一种普遍的社会习俗。究其原因，上层统治者对道教的极端重视、佛教的广泛流行，宗教的昌盛为迷信的繁殖增生提供了肥沃的土壤，加上天文地理学的发展，这些都使唐代风水盛极一时。

何晓昕指出，唐代的一个重要制度——科举制，与风水的繁盛也有密切关系，对风水的影响是深远的。科举制的出现使人们产生了一个根深蒂固的念头，以为读书中举便可做官，做官便可发福发财。于是：

> 一，受风水遗体受荫说的影响，认为受荫于已故的先祖，便可发达，随之，坟墓厚葬之风愈刮愈烈，这种厚葬之风又反过来刺激促进风水。无怪自唐代开始，出现如此之多的《葬书》……二，认为吉利的住宅可以发人，遂对于住宅的吉凶异常重视。三，运用一种特殊类型的建筑，即风水与宗教建筑相融而成的一种乡村公共建筑——文楼、奎阁、文塔，等等，振兴文风、昌盛文运。这种独特的人文建筑往往成为一乡之标志，含有种种的象征意味。此类建筑的出现无疑丰富了风水学说。①

有关风水活动的记载，在这一时期的史料上比比皆是。如唐朝开国功臣徐勣请人卜择葬地，术士得到的占辞说“朱雀和鸣，子孙盛荣”，是吉兆。当时有个叫张景藏的术士，却持相反的看法，他认为葬地之象应该是“朱雀悲哀，棺中见灰”，徐家后人会有厄运。后来的事实证明张景藏的占断是准确的。徐勣之孙徐敬业后来起兵造反，武则天迁怒于徐家先人，派人刨开徐勣的坟墓，焚其尸骨为灰，应了“棺中见灰”的预言，徐敬业后来也兵败被杀。

据《新唐书·温大雅传》载：

> （温大雅）转礼部，封黎国公，改葬其祖，卜人占其地，曰：“弟则吉，不利于君，若何?”大雅曰：“如子言，我含笑入地矣。”岁余，卒。

温大雅是唐初的大学问家，他和弟弟温大临、温大有都贵为公卿。温大雅改葬先人，所占的地对他弟弟有利，对他却不利，可见葬地不是荫庇每一个后人的。

在段成式的《酉阳杂俎》中有这么一个传说：唐代潞州军校郭谊为他

---

① 何晓昕：《中国风水史》，九州出版社 2008 年版，第 94—96 页。

的哥哥选择葬地，选中了磁州滏阳的一块地。那里与山相连，泥土里有很多石头。当地富贵之人去世，有凿石为穴墓的风俗。郭谊所选的墓穴也在那里开凿。他督促墓工每天用力打凿，这天忽然凿透了一个地穴，穴中有一块形状像壁虎一样的石头，有头有尾，非常逼真，可是却被墓工失手打断了。郭谊把这视为一种不祥之兆，想要到别的地方再找一处墓地，却遭到上司刘从谏的反对，他只好把哥哥葬在了那里。过了一个月，郭谊有一天掉进茅厕中，差点丢了性命，家人和奴仆也莫名其妙死了二十多口。最后，郭谊因参与叛乱被杀，一家老小也全都被投到井里淹死。

人们认为不仅墓葬要注意吉凶，建宅动土也有诸多禁忌，违犯了是要倒霉的。又据段成式同书记载：

> 莱州即墨县有百姓王丰兄弟三人。丰不信方位所忌，常于太岁上掘坑。见一肉块大如斗，蠕蠕而动，遂填其肉，随填而出。丰惧，弃之。经宿，长塞于庭。丰兄弟奴婢数日内悉暴卒，唯一女存焉。

在民间，宅子方位中“太岁”的禁忌由来已久，我们今天常说的“在太岁头上动土”，就是出自阳宅风水。当时的人们认为，王丰一家的厄运，就因为他们敢在凶神太岁动土。他们所挖出来的东西，很可能就是我们现在俗称的太岁土。现代研究已经证明了所谓的太岁土只是一种稀有的菌类，古人自然不会有此认识，所以才会将它与凶神太岁联系起来。从这一传说中可以看出，阳宅风水中的方位禁忌在当时也成了一种得到普遍认可的观念。

在崔尧封以风水术败黄巢军的传说中，风水的神奇作用也被夸大到极致。唐僖宗年间，黄巢起义爆发。当时，金州有一位异人，自号“太白山人”，不拘礼则，谁也不知道他究竟是什么来历。传说他容颜不老，显然是个得道高人。太白山人去拜见金州刺史兼御史大夫崔尧封，说金州的北面有一座牛山，山崖上有黄巢谷金桶水。黄巢攻占许多州县，定都洛阳已经六年了，建号大齐，年号为金，他的王气肯定在牛山。如果派军队占据牛山，那么黄巢必定败亡。崔尧封依他所言，动用了万余名壮劳力昼夜挖掘牛山。一个月以后，牛山的后崖崩塌，离地面十来丈的地方，发现一只石桶，桶深三尺，口径也是三尺，桶中盘着一只黄色腰背的怪兽；桶中还有一柄宝剑，长三尺。黄腰兽见山崖已倒塌，哀嚎了几声，自己撞死了。崔尧封将宝剑封好，把现场的石桶画下，上奏朝廷，得到封赏。这年秋季，黄巢果然势败。

以上这些传说虽多有荒诞不稽的成分，没有可信度，却生动地表现了当时民间对风水的尊崇和沉迷。事实上，风水的信俗不仅在民间盛行，帝王葬地与国运的联系为上层统治者所信奉。唐代帝王陵墓，气势雄壮异常，尤其“依山为陵”，在风水史上首开“山陵”之先河，具有重要地位。唐陵中，仅献陵、庄陵、端陵位于平原，余均利用天然山丘，每陵各占一座山头，建筑在山岭顶峰之下，居高临下，形成“南面为立，北面为朝”的形势。

如考察唐太宗李世民的昭陵，可以发现，昭陵背倚九嵕山，而九嵕山又起始于黄土高原，因而黄土高原为祖山，九嵕山则为主山（来龙）。玉皇殿山与凤凰山分列左右，是为左辅右弼的青龙砂与白虎砂。昭陵前方近有汉家陵阙咸阳原，远有秀丽的秦岭主峰太白、终南诸峰，分别为案山与朝山。更有泾水环绕其后，渭水萦带其前。主山之前，山水环抱之中，来龙结穴之地，正是昭陵地下玄宫所在之处。这些都与风水学中的上佳格局切切相合。

又据《唐书·严善思传》记载：武则天驾崩后，朝廷准备将她合葬到太宗的乾陵里。时任给事中的严善思认为，皇帝为尊，皇后为卑；尊者既然已经先葬了，卑者是不可以后进的。乾陵的元阙石门是用铁水浇铸的，不用攻凿难以打开，一旦攻凿又会惊动神道。从其他方向掘隧进入墓室，也会改变当初下葬时的神位，更加有害。从古制来看，帝后合葬也是不合规矩的，如像实行帝后合葬的魏晋两朝都成了短命的王朝。综合以上理由，为了国运长久，不改另选一处葬地为宜。但严善思的建议并没有得到采纳，神龙二年（706）重启乾陵墓道，将武则天合葬于墓中。以后唐代盛极而衰，似乎应验了严当初的预言。

三、吕才对风水术书的整理刊正

与繁盛的风水活动相应，隋唐时期，风水类著作尤其是择葬术书大量流传，有泛滥之势。除萧吉的《宅经》、《葬经》等见载于正史的“登堂入室”之作外，尚有江湖术士胡编乱造的大量劣作，就像前边吕才《叙葬书》所提到的，光葬书就有一百多家，一时泥沙俱下，良莠庞杂。而自隋朝以来术数活动日益猖獗，对社会的政治经济有很多的负面影响，也引起了统治者的不满。如吕才对当时择葬陋俗有一段批判，其中云：

> 野俗无识，皆信葬书。巫者诈其吉凶，愚人因而徼幸。遂使擗踊之际，择葬地而希官品；荼毒之秋，选葬时以窥财禄。或云辰日不宜哭泣，遂莞尔而受吊问；或云同属忌于临圹，乃吉服不送其亲。圣人设教，岂其然也？葬书败俗，一至于斯。

当时的一些术士们欺骗愚昧无知的人说葬地能够导致吉凶，那些人因此心存侥幸。在应该哀悼先人的时候，他们却还想着选好下葬的地方和时辰，好为自己获得官禄。有人说辰日不宜哭泣，他们就微笑着接待前来吊唁的宾客；有人说属相相同不宜去墓地，他们就穿着喜庆的服装不去送葬。这样，应该寄托哀思的葬礼日益沦为一种自私的祈福仪式，这和儒家推行的孝道是背道而行的，也严重影响社会的安定。正是在这样的背景之下，唐太宗令吕才主持整理历代包括葬书在内的各类术数著作，以正本清源，重整教纲。

吕才（606—665），山东博州清平（今山东夏津西）人。他出身寒微，自学成才，其“学术之妙”颇受魏征、王珪等唐初名臣的十分赞赏。唐太宗时，吕才曾治直弘文馆，累迁太常丞，转太子司更大夫。据《旧唐书·吕才传》记载，吕才于唐太宗贞观十五年（641）奉命刊正历代术书，历时 15 年，“勒成五十三卷，并旧书四十七卷”。他的整理原则是“以典故质正其理”，即以古今史实为依据，批判整理当时流行的各种术数观点。这种实事求是的态度遭到了术士们的反对，但“颇合经义”，无疑达到了唐太宗的要求。

吕才一生著述甚丰，但或许是由于他的学术观念并不怎么合乎儒家正义，“诸家共诃短之”（《新唐书》本传），他的著述大都难容于世，很快散失。其中保留下来的《叙宅经》、《叙禄命》及《叙葬书》等三篇残文，可让我们一窥他对当时阴阳术数的看法。

针对当时流行的择葬求吉的观念，吕才在《叙葬书》中指出，“官爵弘之在人，不由安葬所致”，所谓的“富贵官品，皆由安葬所致；年命延促，亦由坟垅所招”，不过是巫者出于骗取钱财的目的而杜撰出来的。于是，吕才列举了七条论据集中批判择葬之术。他认为，古人对待安葬采取的是朴素的态度，“衣之以薪，不封不树”，后来才易之以棺，有了卜葬的仪式，而那是为了全面而审慎地对待葬礼，并没有吉凶方面的含义。后来的丧葬风俗讲究选择葬日，把葬地和后代的荣华富贵及年寿长短联系起来，又以五姓音利相墓，这些在古代葬法中都是没有依据的，不过是术者的妖妄之言。

> 《易》曰：“古之葬者，厚衣之以薪，不封不树，丧期无数。后代圣人易之以棺椁，盖取诸大过。”《礼》云：“葬者，藏也，欲使人不见之。”然《孝经》云：“卜其宅兆而安厝之。”以其复土事毕，长为感慕之所；窀穸礼终，永作魂神之宅。朝市迁变，岂得先测于将来；泉石交侵，不可先知于地下。是以谋及龟筮，庶无后艰，斯乃备于慎终之礼，曾无吉凶之义。暨于近代以来，加之阴阳葬法，或选年月便利，或量墓田远近，一事失所，祸及生人，巫者利其货贿，莫不擅加利害。遂令葬书一术，乃有百二十家，各说吉凶，拘而多忌。且天覆地载，乾坤之理备焉；一刚一柔，消息之义详矣。或成于昼夜之道，感于男女之化，三光运于上，四气通于下，斯乃阴阳之大经，不可失之于斯须也。至于丧葬之吉凶，乃附此为妖妄。（《叙葬书》）

在《叙宅经》里，吕才着重批判了以五音姓利之法来占卜住宅方位的迷信观点。吕才本人于声乐之学颇有研究，对姓氏之学也有很深的造诣。针对阴阳家宣扬的“五姓者，谓宫、商、角、徵、羽等，天下万物悉配属之。行事吉凶，以此为法”，吕才以自己丰富的音律知识，指出这种搭配“事不稽古，义理乖僻”，且“验于经典，本无斯说”，从根本上否定了五音相宅的合理性。五音姓利这一自汉代以来流传久远的迷信观念自唐宋以后渐渐式微，可以说与吕才的批判有很大的关系。

在唐代，除吕才之外，许多有识之士也不吃风水择葬那一套。如有名的大将郭子仪的祖坟被人挖了，很多人认定是不祥之兆。可是郭子仪毫不在意，不信此邪，结果照样人丁兴盛，自己也活了84岁。唐玄宗即位后，有感于当时世人丧葬奢靡之风日盛，严重影响经济，下诏限制厚葬习俗，其诏云：“魂魄归天，明精诚之已远；卜宅于地，盖思慕之所存。”这与吕才的观点实质上是一致的。

四、唐代风水大师

唐代风水活动的空前盛行，自然会催生一大批精通这门术法的高手。他们身份庞杂，有的同时也是官卿士大夫，如前面提到的严善思；有的纯为术士，却也闻达朝野；更多的人则寂寂无名，隐落民间。传说唐玄宗有一次带着他的御用术士张约外出打猎，到了一个山头，走过一处墓地。张约看出这墓葬得不简单，凝视良久，玄宗问他怎么回事，他答道：“葬失其地，安龙头，枕龙角，不三年，自消铄。”就是说，墓地选得不是地方，压在了龙脉的角上，犯了大忌。这时正好有樵夫路过，玄宗问他这是谁家的墓地，樵夫说是山下崔巽家的。玄宗和张约找到崔家，告诉崔巽的儿子：你家的新坟择地不吉，会倒大霉的。巽子却告诉他们，父亲临终前说过“安龙头，枕龙耳，不三年，万乘至”。二人听了非常惊讶。在这个传说中，同样的墓象，天子之侧的术士却不如一个寻常百姓断得准确，似乎民间确实有很多这方面的“无名高手”。

据《古今图书集成》“堪舆名流列传”以及一些民间传说，当时的风水大师有李淳风、一行禅师、司马头陀、浮屠泓、杨筠松、丘延翰、曾文辿等。其中，浮屠泓是当时名气很大的一位术士。他是湖北黄州人，精通阴阳之术，曾预言李林甫只能当十九年的宰相，其验如神。《旧唐书》说他“善葬法，每行视山原，即为之图，张说深信重之”。能得到张说的信服和尊重，说明浮屠泓非常不简单，因为张说本人也精通风水，在唐玄宗的大臣中堪称第一高手。《大唐新语》中有张说为集贤学士徐贤的妻子择葬的记载，他论择葬之法，说得头头是道。但强中自有强中手，张说遇上了浮屠泓也只能自叹弗如。据《湖广通志》载，浮屠泓为张说买宅子，告诫他“无穿东北隅地”。过了些日子浮屠泓再来看时，却发现“宅气索然”，于是到宅子的东北角察看，竟发现了三个坑洞。浮屠泓大惊，说：张公只能得一世富贵，而“诸子将不终”。张说想要补救，浮屠泓却摇头叹息，说宅土无气，与地脉不连，就像病入膏肓，无药可救了。后来张家子孙果然不得善终。

丘延翰也是唐代一位倾誉宇内的风水术士。传说他曾游泰山，在一个石室中遇上仙人，授他一本《海角经》，他因此“洞晓阴阳”，为人择葬求吉屡屡中的，名声很快传开了。或许太过得意忘形，他的高明术法也给自己招来了麻烦。当时的司天监发现丘延翰的家乡有天子气，奏报上去，朝廷赶忙下令掘断地脉，泄掉天子气。这事非同小可，追究下来，发现与丘延翰为同乡择葬时所施的术法有关，于是下诏逮捕他。丘延翰赶紧躲了起来，朝廷折腾半天，没能逮着他。后来或许圣上觉得他确实是个人才，又下诏宽恕了他的过错，既往不咎，于是丘延翰又主动到皇宫“陈阴阳之说”，进献天书，获拜官晋爵之荣。他死后还享祀三仙祠，在当时人心目中简直成了神仙。据说丘延翰传下不少风水术书，《宋书·艺文志》中归到他名下的有《金镜图》一卷、《五家通无局》一卷及《铜函记》一卷等。

唐代佛教兴盛，这一时期佛寺的营建，不论在寺址的选择还是寺庙的格局上，都往往遵循风水原则。后世佛寺的兴建有意识地与风水观念结合起来，可说原本于唐。在这种风气之中，唐代出现了一些精通风水的僧人，其中名声最著者当为僧一行。传说他曾撰《五音地理新书》三十卷，这是一部典型的以五音姓利来讲风水的术书。他所发明的子午线测地术不仅极大推动了我国古代地理学的发展，还对后世风水产生了重大影响。除僧一行外，还有一个叫司马头陀的和尚也是当时有名的风水家。《江西通志》说他“习堪舆家言，历览洪都诸山，钤地一百七十余处，迄今犹验”，可见术法高明。当时著名的同庆寺，据说就是司马头陀选的址。

五、杨筠松与江西派的兴起

在唐宋遍地的风水大师中，杨筠松有着特殊的地位。风水术历经千百载，至唐代业已成为一种普遍信奉的习俗，理论也渐趋成熟，但真正亮出开山立派的大旗，却是在杨筠松出现之后。

关于杨筠松的生平经历，整个正史都没留下什么记载，也没有收录他的任何著述，《宋史·艺文志》也只载有“杨救贫《正龙子经》一卷”寥寥几字，只在一些方志、族谱与杂录中可见他的事迹。最早提及他著作及行事的是陈振孙的《直斋书录题解》，而当时已经是南宋时期了。明朝天启年间修的《赣州府志》卷九《方伎》记载较详细，其记曰：

> 杨筠松窦州人，唐僖宋朝国师，官至金紫光禄大夫，掌灵台地理。黄巢破京城，乃断发入昆仑山步龙。一过虔州，以地理术授曾文迪（即曾文辿—笔者）、刘江东诸徒，世称救贫仙人是也。卒于虔，葬雩都药口。

在《古今图书集成》的“堪舆名流列传”中，杨筠松也名列其中，可是对他的生平介绍也是语焉不详。后来的《四库总目提要》这样写道：

> 筠松不见于史传，唯陈振孙《书录解》题载其名氏《宋史·艺文志》则称为杨救贫，亦不详其始末。唯术家相传，以为筠松名益，窦州人，掌灵台地理事，至金紫光禄大夫。广明中，遇黄巢犯阙，窃禁中玉函秘术以逃，后往来于虔州。无稽之谈，盖不

足信也。

正统文化对方家术士的轻视，使得这样一位影响巨大的风水宗师也鲜见史载，但在民间，杨筠松却享有极高的知名度。赣、湘、闽一带至今还流传许多有关他的传说。传说代代相传，他已经被神化为一个仙人。如赣县有杨仙岭，赣州市有杨仙庙，于都县宽田乡杨救贫墓所在地称杨公坝，号称“中华风水第一村”的兴国县梅窖乡三僚村据说由杨筠松亲自风水选址，当地还有许多杨公祠，等等。

三僚村杨公祠

综合目前已知的史料，我们大致可以勾勒出杨筠松的生平轮廓：杨筠松本名杨益，字叔茂，“筠松”是他的号。由于民间关于他以风水术来扶危救贫的传说很多，他又被世人尊称为“杨救贫”。他祖籍庐陵，生长在窦州（即今广东信宜县），十七岁即登科第，辗转至京城长安任职，到唐僖宗时，拜国师，官金紫光禄大夫，享正三品，掌灵台地理事，也就是专管皇陵的勘察营建工作。到公元880年，黄巢起义军攻破长安时，杨筠松与知友仆都监一道携宫中风水等术数秘籍离开京城。杨筠松入昆仑山，辗转步龙南下，至虔化（今江西宁都）怀德乡（今黄陂一带）黄禅寺，为当地风水胜境所吸引，遂定居下来，传徒授业直至去世。

三僚村是位于赣州市兴国县梅窖镇境内的小山村，本来默默无闻。但传说杨筠松看中这里优越的风水形势，在这里定居下来，并授徒传业之后，这里就成为了古代风水文化重镇。三僚村某山山腰上有一棵形似伞盖的大杉树，树底下有两块形似包裹的巨石。传说杨筠松的弟子曾文辿对此评价说："这是一个好地方，前有金盘玉印，后有华盖遮荫，代代能文武，世世好为官。"杨筠松却当即断言为："前有罗经吸石，后有包裹随身，住在这里，子孙世世代代端着罗盘，背着包裹出门。"这一"预言"后来成了现实，替人看风水成了世世代代三僚人谋生的祖传技艺。自五代十国起，这里先后出了27位风水国师，明师72位。在明代，兴国三僚村的风水先生，更成为皇家御用风水师，先后有数十人奉诏供职于钦天监衙门，专司皇家风水职事。他们因有勘定明十三陵、故宫紫禁城、明代长城等建筑杰作，使三僚在中国风水文化历史上占有重要位置，被后人誉为"中华风水第一村"。

据说杨筠松最后是被唐末割据赣南的卢光稠毒死的，有关这一传说，《赣州府志》有详细记载，其中表现了杨筠松神奇的风水术法：

> 唐都监杨筠松值僖昭之乱，避地于虔，因谒郡帅卢光稠，为卜地，云："出天子。"卢遂改葬其父母，复问："还有此地否?"曰："有，一席十八面。"曰："何面出天子?"曰："面面出天子。"卢恐他姓得之，遂毒杨。杨觉，携其徒曾文辿亟去之。至一处所，问何地名，曾答曰："药口。"曰："药到口死矣！仇不可不报也，小子志之：说卢王于州之磨车湾安一水碓，十字路口开一井，则世世为天子矣。"曾曰："何谓也?"曰："磨车湾安碓，单打卢王背。十字路开井，卢王自缢颈。"后卢果疽发背，痛不能忍，缢死。

杨的足迹遍及赣南山山水水，远至湘闽粤相邻的部分县。传说他在赣南行风水的过程中，把风水术传授给曾文辿、刘江东等人。赣南地方志上可考的杨氏弟子仅此二人。清道光《宁都直隶州志》卷二十六《方伎志》

载："曾文辿，居会同里同口。师事杨筠松，熟究天文、谶纬、黄庭、内经诸书，尤精地理……著有《寻龙记》上下篇行世。"清同治《雩都县志》卷十二《方伎》载："刘江东，上牢人。杨筠松避黄巢之乱来虔州，江东与同邑曾文辿师之，得其术…"可以说，曾文辿、刘江东是杨救贫弟子中最出色的两位，也是赣南地方志中有记载的人物。经由他们师徒的出色的风水实践，江西一带风水盛行、影响遍及海内的局面从此开创。陈振孙说："江西有风水之学，往往人能道之。"在这种背景下，风水史上的第一个流派江西派也渐渐兴起，至宋代而最终形成并达极盛。

后世归到杨筠松名下的著述有《撼龙经》、《疑龙经》、《青囊奥旨》（或称《青囊经》）、《立锥赋》、《三十六龙》等。杨筠松的风水术仍尊袭汉晋以来的阴阳五行之说，但他结合自己的踏勘山水实践，更注意自然环境中地形、地势及地物的影响，后人赞颂他的风水术"曲尽地理造化运行之机，真参赞化育之大道"（《地理正宗·青囊奥旨序》）。这种主张因地制宜、因形择穴、观察龙脉、分析地势、方位，从而择定阴宅、阳宅的最佳位置的风水理论，正是后来风水中的形势理论。清代著名学者赵翼在《陔余丛考》中说"江西之法，肇于赣州杨筠松、曾文辿、赖大有、谢子逸辈，其为说主于形势，原其所起，即其所止，以定向位，专指龙、穴、砂、水之相配。"所以江西派又称形势派或峦头派。

第七章　宋代：风水学发展的鼎盛时期

宋代是古代风水术发展的鼎盛期。在这一时期，风水延续了唐代以来的强劲势头，尤其是择葬术空前盛行，在民间和宫廷都得到人们虔诚的信奉，风水术书比之前代有增无减。在此风气中，包括朱熹、程颐在内的名士都成了风水坚定的支持者。在发展过程中，宋代理学更为风水存在的合理性提供了有力的理论支持。古代风水史上两大流派——形势派和理气派也在这一时期最终形成。

一、宋代风水的盛行

与隋唐一样，宋代民间也普遍讲究择葬求吉。《朱子家礼》里记载，老百姓家里死了人，先要把地形选好，再“择日开茔，三月而葬”。甚至还有人不惜一切代价，就像隋朝那位大官杨恭仁一样，“广招术士，博访名山，参互比较，择其善之尤者，然后用之”，对风水的迷信极为狂热。对此罗大经在《鹤林玉耳》卷六《风水》中评价说：

> 世人惑璞之说，有贪求吉地未能惬意，至十数年不葬其亲者；有既葬以为不吉，一掘未已，至掘三掘四者；有因买地致讼，棺未入土而家已萧条者；有兄弟数人惑于各房风水之说，至骨肉化为仇仇者。凡此数祸，皆璞之书为之也。

《挥麈后录》记载有宋人范择善择葬的故事。范择善中举到江西做官后，想把父母接到自己身边来奉养，不想他的父亲没福享，走到上饶就生病猝亡。范择善把父亲的尸骨寄寓在路边的一座破落寺庙里，一时不知该怎么办。这时，庙里有个老和尚是懂阴宅风水之道的，他告诉范择善，后山恰好就有一处吉穴，范可把父亲葬在那里，既可免搬迁之累，又能因此而得福荫。于是范择善就把父亲葬在那处宝地。后来范择善飞黄腾达，做了高官，就又想把父亲的遗骨迁回祖地。那位老和尚劝他不要这么做，但范择善不听，请朝假迁了父冢。不久，范择善因得罪朝中权贵秦桧，被人弹劾，说他借迁葬之机"骚扰州县"。范择善因此被贬官流放，郁郁而终。这里透露出当时一种普遍的墓葬观念：人们相信葬地有决定吉凶福祸之效，如果轻易改变葬地，吉凶也会立时逆转。

崇尚风水的现象不仅在民间极为普遍，而且在上层社会也很风行寻龙择穴之术。宋仁宗时，组织编纂有名的《地理新书》作为官书。传说他一度为没有子嗣而烦恼，这时有个术士告诉他，皇城西北角的地势过低，影响到皇家子孙繁衍，如果筑高那里的地势，便会得到多子之福。此传说见于宋代张淏的《艮岳记》：

> 徽宗登极之初，皇嗣未广，有方士言："京城东北隅，地协堪舆，但形势稍下，倘少增高之，则皇嗣繁衍矣。"上遂命工培其冈阜，使稍加于旧，已而果有多男之应。

宋徽宗依术士所言大兴土木，在皇城西北垒起冈阜，果然不久就生了儿子。经过此事，宋徽宗对风水术更加深信不疑，以后修建延福宫、上清宝箓宫等，都是在风水观念驱使下的营建活动，可谓劳民伤财，也是导致后来靖康之耻的原因之一。

宋代皇帝建陵墓时，必定会依据阴宅风水的术法选址。北宋帝王陵墓，从宋太祖赵匡胤父亲的永安陵起，至哲宗赵煦的永泰陵止，共计八陵，集中于河南巩县境内洛河南岸的台地上。陵区以芝田镇为中心，在相距不过十公里的范围内，形成一个相当大的陵区。

北宋王朝建都开封，陵区却设在巩县，远离京师汴京，其主要原因是按风水的眼光看，这里山水秀丽，土质优良，水位低下，适合挖墓穴和丰殓厚葬。陵区南有嵩岳少室，北有黄河天险，可谓“头枕黄河，足蹬嵩岳”，是被风水家视为“山高水来”的吉祥之地。

不过，宋代帝陵在地形选择上与其他各代迥异。历代帝陵或居高临下，或背山面水，而宋代帝陵则相反，它面嵩山而背洛水，成了“面山背水”之势，而且各陵地形南高北低，置陵台于地势最低处，一反中国古代建筑基址逐渐增高并将主体建筑置于最崇高位置的传统做法。这种反常，与宋代皇帝信奉五音姓利说有关。

北宋时五音姓利相墓之法仍很流行，在宋仁宗敕王洙编纂《地理新书》并定为官书前，当时皇家术士所用的就是此法。承袭唐僧一行的《五音地理新书》，宋初钦天监杨惟德的《茔原总录》，以及当时的许多风水术书如《五音地理经诀》、《五音三元宅经》等，仍信奉五音姓利说。按照五音相墓法，宋代皇帝姓赵，在五音中属角声，利于壬、丙方位，必须“东南地穹，西北地垂”，也就是当在南偏东、北偏西的轴向定址为宜。因此，宋代帝陵地形皆东南高而西北低。如《宋会要辑稿》中对宋真宗的葬礼记述云：“按经书，壬、丙二方皆为吉地。”对宋代皇陵所体现出来的风水原则，赵彦卫《云麓漫钞》中也有详细记载：

> 永安诸陵，皆东南地穹，西北地垂；东南有山，西北无山，角音所利如此。七陵皆在嵩少之北，洛水之南，虽有冈阜，不甚高，互为形势。自永安县西坡上观安、昌、熙三陵在平川，柏林如织，万安山来朝，遥揖嵩少。三陵柏林相接，地平如掌，计一百十三顷，方二十里云。今绍兴攒宫朝向，正与永安诸陵相似，盖取其协于音利……

风水中的五音姓利说流行久远，经过王充、吕才等历代有识之士的批判，虽在宋代一度回光返照，但以后就渐渐衰落了。

二、宋代理学与风水之渊源

宋代理学与风水的渊源关系，可追溯到宋初著名的道家人物陈抟那里。陈抟在宋代理学具有开创性地位，而在风水术的传承中，陈抟同样有着重要地位。《四库全书总目提要·子部·术数类》考证《青囊奥语》一卷及《青囊序》卷提到："文辿因得筠松之术，后传于陈抟，是书即其所授师说也。"如此，则陈抟正是杨筠松的再传弟子。据《入地眼全书》记载："陈希夷作《河洛理数》而推命，定知人生一世富贵贫贱，寿夭穷通。又作《辅星水法》定阴阳二宅，则知其家吉凶禄福，了然心目。……陈希夷作《辅星水法》乃从向上起辅、武、破、廉、贪、巨、禄、文，仍用翻卦掌诀，此即后天八卦。"

陈抟的风水术传人有吴景鸾。据《江西通志》记载，吴景鸾的祖父吴法旺"志天文地理之学"，送儿子吴克诚跟从华山道士陈抟受业。一天，陈抟把所有的风水术书都送给吴克诚并让他回去，还告诉他说："汝子仙才，能绍业。"后来吴克诚之子吴景鸾果然如陈抟所料，成为当时享有盛名的风水大师。此外，陈抟不仅传授《先天图》及易学思想给种放，而且为其先人卜葬地，预言种氏族人名将辈出。相传他还撰有《玉尺经》四卷，收入元代刘秉忠所编《地理大全》。所有这些，都说明陈抟与宋代风水确实有着极深的渊源关系，甚至可以视为宋代风水理气宗与形势宗的源头。

陈抟之后，宋代一些理学大家也笃信风水。如程颐在《葬说》中认为："地之美者，则其神灵安，其子孙盛，若培壅其根而枝叶茂，理固然矣。地之恶者，则反是。……父子祖孙同气，彼安则此安，彼危则此危，亦其理也。"其观点与历来葬地荫应的观念是一致的。而朱熹对风水的信奉要比程颐更胜一筹，这位大儒与风水的关系也为后世的术家津津乐道，作为风水可登大雅之堂的论据之一。

朱熹本身就是江西人，在风水之术"往往人能道之"的环境中生长，耳濡目染之下，他不可能没有受到影响。有关他为安葬父母而觅地甚苦的事情，在民间流传甚广。事实上，朱熹不仅相信风水，而且也颇通门道。如程颐曾说过选择葬地要考虑周全，要保证葬地日后不会变成道路、城郭、沟池、耕地，亦不会为权贵所侵夺等。朱熹对此发表意见说，程颐“力破俗说，然亦自言须是风顺地厚处乃可，然则亦稍有形势，拱揖环抱无空细处，乃可用也，但不用某山某水之说耳”。与他有师友之谊的蔡元定（蔡季通）更是一位为后世推崇的精通术数之学的风水大家，颇受朱熹厚待。朱熹与蔡元定一同确定了河图洛书的版本，明代人田汝成的《委巷丛读》认为朱熹的风水思想即得蔡元定的传授：“考亭朱文公，得友人蔡元定而后明天地之数，精识钟律之学，又纬之以阴阳风水之书，乃信用蔡说，上书建议，乞以武林山为孝宗皇堂，且谓会稽之穴，浅狭而不利，愿博访草泽，以决大议。”在宋代，朱熹上状议孝宗山陵是一个重要事件，“信用蔡说”是一个很重要的原因。

朱熹敢于上书就皇陵择葬之事说明自己的意见，可见他对自己的风水造诣是很有自信的。这件事在《宋史·朱熹传》中有较详细的记录。当时朝官们在孝宗山陵事上论战不休，日官荆大声卜地于思陵旁边，而按察使赵彦逾踏勘后认为那里“土肉浅薄，下有水石”，风水不好，后又有孙逢吉奏请重择吉址。刚刚在朝供职的朱熹加入到混乱之中，要求“博访名山，不宜偏信台史，委之水泉沙砾之中”，另择最吉之处，以“使寿皇遗体得安于内，而宗社生灵皆蒙福于外矣”，将皇陵地址的选择与国势的盛衰联系起来。这就是有名的《孝宗山陵议状》，是朱熹身为朝官的第一个奏状。

朱熹

朱熹建言弃会稽皇陵，而于严州富阳县武林山一带另择吉地。他的建议虽不为朝廷所重视，却使我们清楚地了解他对于风水的看法。朱熹考证了古今墓葬制度的沿革，认为墓葬择地的必要性在于：“其或择之不精，地之不吉，则必有水泉蝼蚁地风之属，以贼其内，使其形神不安，而子孙亦有死亡绝灭之忧，甚可畏也。”他还阐述了墓地安定的重要：“虽得吉地而葬之不厚，藏之不深，则兵戈乱世之际，无不遭发掘暴露之变，此又其所当虑之大者也。至于穿凿已多之处，地气已泄，虽有吉地，亦无全力；而祖茔之侧，数兴土功，以致惊动，亦能挻灾。此虽术家之说，然亦不为无理。”

朱熹并不反对当时择皇陵所持的五音姓利之说，但又进一步指出：要按这种原则选择“坐丙向壬之穴”（即“坐南向北之穴”），应该有个前提，即在大环境的选址上，依照“主势之强弱，风气之聚散，水土之浅深，穴道之偏正，力量之全否”这五个准则选定“形胜之地”后。他所持的显然是宋代渐成气候的形势派理论。朱熹还建议在江西、福建这一带选择精神相地之术的专家去为皇室择地，“若欲求之，则臣窃见近年地理之学出于江西、福建者为尤盛。政使未必皆精，然亦岂无一人粗知梗概大略平稳优于一二台史者？欲望圣明深察此理。”这反映了朱熹对当时兴起的理气派和形势派的支持。

值得一提的是，朱熹曾经分析过北京（即当时金朝燕京）的山川形势，赞叹曰“冀都是正天地中间，好个大风水”，这样的评价也深刻地影响了后世元明清王朝的择都观念。

宋代理学更为风水存在的合理性提供了强有力的理论支持。如著名理学家张载对古代的“气”论思想进行了前所未有的发挥，赋予“气”许多特别的性格。他在《正蒙·太和》篇中说：“太虚无形，气之本体，其聚其散，变化之客形尔。”气是万物之原，处于千变万化的状态之中，而且是不生不灭。“气之为物，散入无形，适得吾体；聚为有象，不失吾常……聚亦吾体，散亦吾体，知死之不亡者，可与言性矣。”这种可聚可散、不生不灭的“气”的理论，体现在地理方位中便是所谓的生气、死气、阳气、阴气、土气、地气、乘气、聚气、纳气等等。这实际上是对古代“葬者，聚生气也”观念进行的一种哲学解释。

在理学家那里，“气”是与“理”同等重要的一个概念，“气”包括了一切空幻观念，是有个性的，又是有价值属性的，包括正邪、清浊、厚薄，等等；“气”又是与人们相感相应的，决定了人的命运。朱熹以下关于“气”的论述，几乎可以一字不动地照搬到风水理论中：

人气便是天地之气，然就人身上透过。

有人禀得气厚者，则福厚，气薄者，而福薄。禀得气之华美者，则富盛；衰飒者，则卑贱。气长者则寿，气短者则夭折。此必须之理。

自天地言之，只是一个气；自一身言之，我之气即祖先之气，亦只是一个气，所以才感才应。

数，只是冥气之节候，大率只是一个气。……人之生活遇其气，有得清者，有得浊者。贵、贱、寿、夭均然。故有参错不齐如此。人之所生，理与气合而已。

鬼神只是气，屈伸往来者，气也。天地间无非气，人之气与天地之气常相接。无间断，人自不见。人心才动，必达于气，便与这屈伸往来者相感通。如卜筮之类，皆是心自有此物，只说你心上事，才动必应也。

程颐和朱熹等理学家都身为一代儒宗，儒家正统文化的代表，曾经痛辟佛老，却偏迷信于风水等阴阳之学，这是很让人费解的。其实细加分析不难看出，他们信奉风水，目的在于死者神灵之安宁，而这恰能体现儒家孝道之本义。对于那些荒诞不经的择葬禁忌，他们是不以为然的，所以程熙才说："拘忌者惑以择地之方位，决日之吉凶，不亦泥乎?"

当然，宋代的士大夫们并不都是迷信风水的，也有司马光这样的坚决反对风水的斗士。他写过葬论之文，痛斥择葬陋俗，言明葬书不可信。他曾指出：

世俗信葬师之说，既择年月日时，又择山水形势，以为子孙贫富贵贱，贤愚寿夭，尽系于此。又葬师所有之书，人人异同，此以为吉，彼以为凶，争论纷纭，无时可决。其尸柩或寄僧寺，或委远方，至有终身不葬，或累世不葬，或子孙衰替，忘失处所，遂弃捐不葬者。(《司马氏书仪》卷九《卜宅北葬日》)

司马光认为，如今的葬书宣扬考察山川形势，研究下葬时辰，认为子孙将来的贵贱、贫富、寿夭、贤愚都要取决于此种葬地与葬时的选择，不在择定的时地便不可下葬。世俗之人普遍迷信这种主张，于是有的人为了选择合适的处所或时间，往往将葬事拖延很久，以至于有的人终其身而不葬其父母，更因此弄丢了父母的遗骸。这种大逆不道的事就是择葬陋俗带来的后果。可见司马光反对风水，其实与朱熹等人相信风水的动机并没有什么不同，都是以礼教纲常、正统大义为旨归。

三、理学家中的风水大师——蔡元定

蔡元定（1135—1198），字季通，号西山，世称“西山先生”。福建省建阳麻沙人。他的父亲蔡发是著名理学家。蔡元定曾筑室于西山山顶，刻苦读书。他与朱熹亦师亦友，被誉为“朱门领袖”、“闽学干城”。庆元二年（1196），韩侂胄专权，打击理学党徒，朱学被称为伪学，蔡元定谪居道州（今属湖南）。两年后，客死春陵。朱熹亲往致祭，祭文曰：“呜呼季通，而至此耶。精诣之识，卓绝之才，不可屈之志，不可穷之辩，不复可得而见矣。”

蔡元定

蔡元定是一位颇有建树的理学家，同时也是对道教内丹术、阴阳风水术、乃至于天文地理、音律之学无一不通的大师。他著有《大学说》、《大衍详说》、《律吕本源》等书，曾助朱熹撰成《近思录》、《易学启蒙》、《太极图说解》、《资治通鉴纲目》、《周易参同契考异》等重要著作。朱熹在《易学启蒙》中云：

> 蔡元定曰：古今传记，自孔安国、刘向父子、班固皆以河图授羲、洛书赐禹。关子明、邵康节皆以十为河图，九为洛书。盖《大传》即陈天地五十有五之数，《洪范》又明言天乃赐禹《洪

范》九畴，而九宫之数戴九履一，左三右七，二四为肩，六八为足，正龟背之象也。惟刘牧臆见以九为河图，十为洛书，托言出于希夷，既与诸儒旧说不合，又引《大传》以为二者皆出于伏羲之世。其易置图书，并无明验，但谓伏羲兼取图书，则《易》、《范》之数诚相表里，为可疑耳。

由此可见，蔡元定也是后世河图洛书传承的关键人物。

欽定四庫全書
發微論
剛柔篇
宋 蔡元定 撰
易曰立天之道曰陰與陽邵氏曰立地之道剛柔盡之矣故地理之要莫尚於剛柔剛柔者言乎其體質也天地之初固若漾沙之勢未有山川之可言也既而風氣相摩水土相盪則剛者屹而獨存柔者淘而漸去於是乎山川形焉山體剛而用柔故高聳而凝定水體柔而用剛故卑下而流行此又剛中有柔柔中有剛也邵氏以水為太柔火為太剛土為少柔石為少剛所謂地之四象也水則人身之血故為太柔火則人身之氣故為太剛土則人身之肉故為少柔石則人身之骨故為少剛合水火土石而為地猶合血氣骨肉而為人近取諸身遠取諸物無二理也若細推之凡涸燥者皆剛夷坦者皆柔然涸燥之中有夷坦夷坦之中有涸燥則是剛中有柔柔中有剛也凡强急者皆剛緩弱者皆柔然强急之中有緩弱緩弱之中有强急則是柔中有剛剛中有柔也自此以往儘推無窮知者觀之思過半矣

《发微论》书影

蔡元定精于风水之学，他的《发微论》被公认为风水学史上的一部名作。该书有十六篇，用朴素的辩证法说明风水原理，强调事物的两重性、对立性，以刚柔、动静、聚散、向背、雌雄、强弱、顺逆、生死、微著、分合、浮沉、浅深等相对的哲学范畴说明山形地势。在众多的风水著作中，这本书所表现出的辩证思想是最丰富的。《四库总目提要》对这本书的评价亦颇高：

元定之学，旁涉术数，而尤究心于地理。是编即其相地之书。大旨主于地道一刚一柔，以明动静，观聚散，审向背，观雌雄，辨强弱，分顺逆，识生死，察微著，究分合，别浮沈、定浅深，正饶减，详趋避，知裁成，凡十有四例，递为推阐，而以原感应一篇，明福善祸淫之理终焉。盖术家惟论其数，元定则推究以儒理，故其说能不悖于道。如云水本动，欲其静，山本静，欲其动。聚散言乎其大势，面背言乎其性情，知山川之大势，默定于数理之外，而后能推顺逆于咫尺微茫之间。善观者以有形察无形，不善观者以无形蔽有形。皆能抉摘精奥，非方技之士支离诞谩之比也。

《发微论》认为，万事万物就其体质而言有刚柔之分，就其变通言有动静之别，就其情性言有向背之分，就其禀气而言有强弱之别。选择葬地时尤其要注意对立面之间的和谐配合。首先要注意动静配合（动静者，言乎其变通也），第二要看聚散（聚散者，言乎其大势也），第三要注意向背（向背者，言乎其情性也），第四要注意雌雄（雌雄者，言乎其配合也。夫孤阴不生，独阳不长。水属阴，山属阳，故山水相对有雌雄。而山之与水各有雌雄：阳龙取阴穴，阴龙取阳穴。雌雄相喜，天地交通，此自然之理），第五注意强弱（强弱者，言乎其禀气也，夫天下之理中而已矣。太刚则折，故须济之于柔；太柔而弱，故须济之于刚），第六注意顺逆（顺逆者，言乎其来去也……立穴之法，要顺中取逆，逆中取顺），第七注意生死（生死者，言乎其取舍也），第八注意分合（分合者，言乎其出没也），第九注意浮沉（浮沉者，言乎其表里也），如此等等。宋以后的风水学著作，尤其是形势派风水著作，理论多不超出此书所论。

此外，蔡元定并不确信葬地的选择能够完全决定人的吉凶福祸，而认为要获幸必须先积德行善之后才会有好报。“谚云：阴地好，不如心地好。此善言感应之理也。是故求地者必以积德为本。若其果德厚，天必以吉地应之。”可见他的风水观念骨子里是以儒家善恶观念为原则的。《四库总目提要》认为“盖术家惟论其数，元定则推究以儒理，故其说能不悖于道”，确是的论。

四、形势与理气的分宗

以唐末杨筠松入江西收徒授术、江西派逐渐兴起为标志，风水界有了流派分宗的趋势。到宋代，我国古代风水界终于形成两大流派：形势派与理气派。这一流派分宗的格局一直延续至后世，以致丁芮朴在《风水祛惑》中说："风水之术，大抵不出形势与方位两家。言形势者，今谓之峦头；言方位者，今谓之理气。唐宋时人，各有宗派授受，自立门户，不相通用。"

王祎的《青岩丛录》对两大流派分宗的大致源流记述道：

> 后世言地理之术者分为二宗：一曰宗庙之法，始于闽中，其源甚远，至宋王伋乃大行。其为说主星卦，阳山阳门，阴山阴向，不相乖错，纯取八卦五星，以定生克之理。其学浙间传之，而今用之甚鲜。一曰江西之法肇于赣人杨筠松、曾文辿，及赖大有、谢子逸辈，尤精其学。其说主于形势，原其所在，即其所止以定位向，专注龙穴砂水之相配，其他拘忌，在所不论。其学盛行于今，大江南北，无不遵之。

风水术中形法和理法的区别由来已久。《汉书·艺文志》所录的两部早期的风水术书，《宫宅地形》侧重形胜相地之法，《堪舆金匮》则以阴阳五行原理占宅，这可以说是形法和理法分野的开端。而在以后漫长的发展过程中，风水术的具体应用大多数时候是将形法和理法相配合，你中有我，我中有你。直到唐宋时期，风水实践经验的极大丰富，理论与操作方式的日益复杂化，使得风水方家们渐渐难以执其两端，这就有了分宗别派的必要。

从应用范围来看，形法主要为择址选型之用，理法则偏重于确定室内外的方位格局。二者相比，形法更为宏观一些，因为它服务的对象并不仅仅局限于某个人，而是一个家庭、家族甚至一个城市；理法则更为具体到某个人或者某个家庭。但无论是哪一种方法，其目的都是一致的，那就是趋吉避凶。

形势派源自江西，承续唐末兴起的江西派发展而来，故又名赣派风水。形法派的代表著作有除了前边提到的《葬书》、托名杨筠松的《疑龙经》《撼龙经》，还有谢和卿的《神宝经》《天宝经》等。这一流派着眼于对山水形势的观察，山川形胜和建筑外部自然环境的选择，其理论主要与土地、山脉、河流的走向、形状和数量等自然环境有关。形势派术语通常有形势、形法、峦体等，该派术士以“觅龙、察砂、观水、点穴”为主要内容，特别看重分析地表、地势、地物、地气、土壤及方向，因而需要掌握传统地理学知识。

相比较理气派而言，形势派更加崇尚自然因素，注重自然环境的“辨方正位”，包括对生态与景观诸多因素的讲究。讲究因地制宜，因形选择，原其所起，即其所止，专注山川形势及其构成要素的配合，尽可能使宅基位于山灵水秀之地。

由于形势派理论少有无稽拘忌，因而其学较盛，一直是风水术的主流。《古今图书集成·堪舆部》所辑录的风水书目中，收录的托名为宋代的风水书如廖瑀的《十六葬法》、胡矮仙的《至宝经》、谢和卿的《神宝经》、刘见道的《天宝经》、孙百刚《璚林国宝经》，赖太素的《催官篇》，以及蔡元定的《发微论》，等等，皆为形法文献。宋代以前，各代帝王陵寝已经多讲究形势，唐代诸陵尤其典型，传说唐玄宗一日到金粟山，“睹岗峦有龙盘凤翔之势”，于是将该处作为自己日后的山陵。这里体现的显然是形势派的择地方法。宋代帝王建陵虽仍尊五音姓利说，但同时也重视形势因素。朱熹《山陵议状》就说道：“看山第一是峦头，有了峦头穴可求。”到了明清，形势派风水更是大行于世，皇家墓陵俱以形势为宗。

理气派则注重于住宅或墓地营建的方位、朝向和布局。它源自汉代的图宅术，开始也讲究五音姓利，宋代以后才逐渐摒弃这种占宅方式。理气派注重天地人的种种感应，强调方位的重要性，相信方位与人事的吉凶福祸有密切的关系，这是它最核心的理念。在这一理念的指导下，理气派风水引入阴阳、八卦、河洛、天星、生肖和干支等一系列分析工具，将方位度量细致化。它虽然也讲“辨正方位”，但更侧重于建筑的方位理气的推演，方位的鉴定必须综合主人的生辰八字，以阴阳五行之生、克、制、化以及《易经》八卦之爻变而论得失吉凶。在阴阳、五行、八卦等大原则之下，理气派又分出许多具体操作方法，如福元法、大游年法、穿宫九星法、二十四山法、九宫飞星法，等等。为了将复杂的理论付诸实践，理气派术士将罗盘作为占地相宅的一种必备工具。这一派的代表著作有《青奥语》《天玉经》等。

宋代的王伋被认为是理气派承前启后的一个大宗师。王伋字肇卿，一字孔彰，原籍河南开封。其祖父王讷因论历法有差，受到排挤，贬居到江西赣州。王本人早年致力于科举应试，但屡试不第。于是他开始潜心于风水之学，后弃家流浪江湖。后因喜爱欧江龙泉山水，便在此定居下来。

王伋为人相地，获福者甚多，人们称他为“地仙”。据说他葬母舅刘氏于薰山下，记曰：“魏溪坑口望薰冈，黄蛇捕鼠是真龙，但看七寸安正穴，四柱擎天将相峰。若问子孙官职位，寅、申、巳、亥产英雄。”果然在大观四年，刘氏后代刘知新状元及第，真是其验如神。他死后，门人叶叔亮传其所著《心经》及《问答语录》。时人范纯仁为书作跋说：“先生通经博物，无愧古人。异乎太史公所谓阴阳之家者矣!”王伋从江西移居福建后，对福建派（理气派）风水的形成有决定性影响。“其为说主于星卦，阳山阳向，阴山阴向，纯取五星八卦，以定生克之理”，因此，他被后世尊为理气派的祖师。

由于理气派过于繁杂，流派甚为众多，由古至今主要发展有以下六派：

（1）八宅派。八宅派综合起来只有两点：一是将坐山配游星论吉凶。所谓游星就是：伏位、天医、生气、延年四吉星和五鬼、绝命、祸害、六煞四凶星。以此八星根据住宅的八卦山起伏位，分别将此游星配在先天八卦方位，配吉则吉，配凶则凶。二是根据住宅八卦坐山，分为东四宅与西四宅，然后与人命结合，即东四命配东四宅，西四命配西四宅而论吉凶。

（2）命理派。以宅主命局中的五行喜忌配合廿四山方位的五行及玄空飞星进行风水布局，配合装饰颜色等，对各类阳宅的室内装潢以及风水调整具有很大的指导作用。

（3）三合派与二十四山头派。以山水为主，将廿四山与坐宅配山论生克关系，所谓坐宅山，实际上是指坐宅在罗盘上的五行与宅外山峰或各个建筑物之间构成的五行生克关系。配水则以十二长生位来论吉凶。十二长生就是命理学中长生、沐浴、冠带、临官、帝旺、衰、病、死、墓、绝、胎、养。一般都以向上配水和水的来去论吉凶，主要是用于阴宅。

（4）翻卦派。以八卦翻出九星卦为主，然后再配合山水以论吉凶。翻卦派有几种翻法，如辅星翻卦，又名黄石公翻卦法，它是根据纳甲起以贪狼、巨门、禄存、文曲、廉贞、武曲、破军、左辅、右弼九星来推断吉凶。

（5）玄空飞星派。是将山向配合元运挨排山向，元盘九星，从而看水山配合室内布局论旺衰吉凶。所谓玄空九星指的是：一白在坎为贪狼，二黑在坤为巨门，三碧在震为禄存，四绿在巽为文曲，五黄中央为廉贞，六白在乾为武曲，七赤在兑为破军，八白在艮为左辅，九紫在离为右弼。玄空学的实质就是注重元运的旺与衰，以及1—9九个数字的生克制化与命局中喜忌配合。

（6）星宿派。星宿派指的是二十八宿，如亢金龙、氐土貉、房日兔、心月狐、尾火虎等，分别代表五行属性。根据坐向论生克，主要是用来确定二十四峦头的理气吉凶。

理气派风水术发展到后来，复杂化和玄奥化的倾向越来越严重，使它遭到激烈的批判。在古代上层文人那里，理气派理论远不如形势派受欢迎。它的影响范围也非常有限，只在浙闽粤等东南沿海地区较为流行。

第八章　元代：风水学的低潮期

元代是风水术发展相对低落的时期。蒙古人的统治，给正统中华文化带来巨大的冲击，风水也在受影响之列，甚至曾遭到官方的明令禁止。据《新元史·礼志》记载，元泰定二年（1325）官方即下令禁用阴阳相地邪说："泰定二年，山东道廉访使许师敬，请颁族葬制，禁用阴阳相地邪说，时同知密州事杨仲益撰用周制国民族葬昭穆图，师敬韪其言，奏请颁行天下焉。"

何晓昕曾以《鲁班经》元明不同版本的变化为例，说明风水在元代的低潮状况：

> 天一阁本《鲁班营造正式》内容比较古朴，含有较多的宋元做法，插图尚用平面表示，即散点透视。郭湖生先生曾推测其可能成书于元末明初。该本几乎没有涉及风水及符镇方面的内容，而后天一阁本的明代版《鲁班经》的最大变化，就是增加了如下几个方面：各工序的吉日良辰、门的尺度、建筑构件及家具的尺度和要点，压镇禳解的符咒与镇物等阴阳风水内容。于是推测，元代风水并不盛行，抑或可以这么说，元代是风水历史上的低潮期。[①]

在这一时期，尚有一位人物在风水史上有一席之地，就是刘秉忠。刘秉忠初名侃，字仲晦，号藏春散人。元代的国家典章制度，他都曾参与设计草定。据史料记载，此人博学多才，天文、地理、律历、术数无不精

① 何晓昕：《中国风水史》，九州出版社 2008 年版，第 119 页。

通，尤邃于《易》及诸儒家经典。他所编的《地理大全》即收有陈抟所撰风水术书《玉尺经》四卷，可以说是一位深通风水的人物。

刘秉忠

元代值得关注的与风水有关的大事，就是元大都的营建，这一工程就是由当时的太保刘秉忠主持。

《元史·巴图鲁传》记载，元世祖忽必烈的近臣巴图鲁建议定都燕京，其理由是："幽燕之地，龙蟠虎踞，形势雄伟；南控江淮，北连朔漠；左环沧海，右拥太行；北枕居庸，南襟河济，形势甲于天下。"在建造元大都的过程中，刘秉忠从选择基址，到全盘规划，都体现出古代风水"象天法地"的原则。吴庆洲先生指出：

> 元大都以《周易》象数哲学为规划指导思想，另将宫城置于三垣中之太微垣之位。太微乃三光之廷。三光为日、月、五星。太微垣实为太阳神之宫。这与蒙古人信奉的喇嘛教尊崇吡卢遮那佛即太日如来有关，也与蒙古人为东夷族的后裔有关。崇尚白的民族特色，使元人选择太微垣为宫城之位，不用北辰宇宙模式。①

据《析津志辑佚·朝堂公宇》记载："至元四年，世祖皇帝筑新城，命太保刘秉忠辨方位，得省基，在今凤池坊之北，以城制地，分纪于紫微垣之次。""枢密院。在武曲星之次。""御史台。在左右执法天门上。"位于钟楼之西的中书省居紫微垣的位置；下属六部等衙排列于中书省周围，成为紫微垣的众星；元大内在钟鼓楼正南，地当太微垣。紫微星是天上星辰之至尊，天之枢纽，受众星朝贡。刘秉忠将宫城及中书省比作紫微垣星，可谓恰如其分。以此为基点，他确定了全城的中轴线位置，使得宫城的中心位于全城的中轴线上，从而突出了大都以宫城为中心的规划格局。

---

① 吴庆洲：《建筑哲理、意向与文化》，中国建筑工业出版社 2005 年版，第 356—358 页。

第九章　明清：风水学的又一盛世

风水在元代经历过短暂的低潮期。到明清时期，又强势复兴。明清是风水学集大成的时代，历代风水理论得到整理和总结。在实践方面，风水活动不唯民间盛行，在明清皇室大规模营建皇城和陵寝的过程中，对风水术的重视和运用，更可以说远迈前代，影响深远。

一、持续兴盛的风水信仰

明清两代，随着书籍刊刻业的繁荣，一大批风水著作得以广泛印行和传播。同时潜心于风水之学的学者也日益增多，风水观念愈趋深入人心。一般文人雅士或多或少都懂得一点择地相宅方面的知识，更有一些落第文人在举业无望后转作风水先生，无形中提升了这一行当的整体知识水平。在当时所谓的三教九流中，有俗谣曰“一流举子二流医，三流丹青四地理，五星六爻，七僧八道九行棋”，风水术士（地理）仅次于读书人、医家和画师，足可见其社会地位不低，也体现了民间对风水的重视。

明清时科举制度达到极端的地步，当时文人纷纷拥上举业这一独木桥，竞争激烈残酷。渴望金榜题名的文人们除了寒窗苦读，也将希望寄托在风水上。在当时社会历史条件下，科举入仕是读书人改变自己乃至整个家族命运前程的主要途径，所以各地也非常重视。如一向盛行风水的赣南地区就兴起了修建文峰塔的热潮，希望通过行风水之术而文运昌盛。据清代乾隆年间的《瑞金县志》记载，当地曾修建文峰塔达三座之多，其中“龙珠塔”与“巽塔”遥相呼应，瑞邑人士认为：“巽辛二塔对峙，屹然凌霄，后日必有人文振起，秀甲寰区者矣。”由此一例，可见风水事实上已成为一种风俗而深入人心。

明清时期，商业渐趋发达。一些巨商大贾在富积百万、千万，衣锦还乡之际，往往不惜巨额资金，用于寻觅和购置所谓的“吉壤良穴”。史载，清嘉庆年间，歙县棠樾的鲍氏宗族因经营盐业暴富，分析原因，认为是祖坟风水吉祥遗泽后世所致。因此，其祖坟右侧尚可“附葬一穴”，便由鲍氏宗族公议“族内愿附葬者输费银一千两”。一处墓穴，居然价值千金，足见风水思想影响之大。据记载，在这种竞相寻觅购置所谓风水宝地之风的推动下，当时徽州地区卷起了一股寻购“龙脉吉穴”的狂潮，人尚健在时即营造坟穴者有之，死后因未觅到“真穴”而停柩于原野十年乃至数十年暴露骨骸者有之，为争觅“真穴龙脉”，不惜倾家荡产诉诸庭讼乃至诉诸武力者更有之，所谓“风水之说，徽人尤重之，其时构争结讼，强半为此”，可见时人对于风水的痴迷几达疯狂的地步。

在这种风俗中，一些公认的风水宝地往往受到人们的追捧。有人为得到一块吉地而不择手段，也出现了不少闹剧。如朱元璋的第六个儿子朱桢，看中了湖北武昌县龙泉山的一处宝地，该宝地号称“五龙捧圣”，贵不可言。可是早在汉代，这块地就被汉高祖刘邦赐给了他的爱臣舞阳侯樊哙，樊哙死后就葬在那里。朱桢要得到那块宝地，得让樊哙的墓挪挪位，可是樊哙后人当时还在，朱桢又不想让自己背上强迁他人墓地的恶名，怎么办呢？朱桢手下一个叫王化龙的风水师想出一计。他刻了一块石碑，上题一诗：“此处本是昭王地，暂借樊哙千余年。今日时至期已满，樊哙迁移到东边。”他暗地里将石碑埋在樊哙墓前的土里。有一天，当着众人的面，王化龙装模作样推算一番，说某处埋有石碑云云，结果就挖出那块石碑。这种谶言的把戏很老套，可是人们还是相信了。在“天意”面前，樊家后人也无话可说，只好把先人的棺椁往东移了数百步。朱桢死后就葬在那里。

然而也有不少有识之士是坚决反对风水之学的。如一代名相张居正就说道："世言葬地能作人祝福，谓葬得吉壤，家必兴隆，得恶地家必衰替，若影响桴鼓之符应者，悉妄也。"又据明代做过吏部尚书的张瀚《松窗梦语》一书自述，年少时在家葬祖，有风水先生声称他选的那块地不吉利，极力劝他改葬，否则难逃祸事。张瀚根本不吃这一套，他答曰："子孙福泽有命，不敢以枯骨求荫庇!"后来张当了大官，又有人说："你祖坟葬得好，应当出大官的。"张瀚幽默地答道： "我在五十年前可没听到这样的话。"

但历史证明，不从根本上以科学来普遍提高民智，摒弃鬼神信仰，只依靠少数有识之士的反对或一两道政令的限制，是很难有移风易俗之效的。直到19世纪中后期，风水观念仍在世俗社会根深蒂固。当时外国人在中国修建教堂、开矿、修路等活动逐渐提上日程，却在中国各地因破坏"地脉"而不断遭到民众的强烈抵制，他们才突然意识到风水的存在以及它在民间强大的影响力。不惟普通民众，就连当时的上层官僚也以风水为武器阻挠"现代文明"的进程。1880年，直隶提督刘铭传上奏建议修筑由清江浦到北京的铁路，引起了顽固派与洋务派的一场交恶，其焦点正是"风水"。翰林院侍读学士张家骧认为，这段铁路有一千数百里，其间肯定会有田亩、屋庐、坟墓、桥梁等阻隔不通之处，如果平毁庐墓就会破坏所谓阳宅、阴宅之风水；若强令迁徙，则百姓会闹事。就连有过出洋经历的通政使司参议刘锡鸿也提出修筑铁路"不可行者八，无利者八，有害者九"，破坏了沿途风水即为其列举的八项"不可行者"之一。针对张家骧的"风水论"，李鸿章提出，"万一有民间坟墓及田庐不愿迁售者，自无难设法绕避"。在这里，风水成为政议中的一个重要内容，可见它在清末世俗社会中仍有强大影响力，使得当时一些政治经济措施的出台也无法忽略它的存在。

明清两代都设有司天监（钦天监），除负责观天象记天文外，还负责修建陵墓的堪舆工作，因为明清各皇帝都笃信风水，很重视陵墓方位。据《大清会典》记，司天监在处理工程过程中，多"相度风水……相阴阳，定方向，诹吉兴工，典至重也"。清朝还设有国师府，共有400多名国师。这些国师因为得到优厚的俸禄，所以一生都死心塌地地为王朝为皇帝效劳。国师府的任务是：一为王朝找到好的风水宝地，安排好使用方法；二是破坏民间的地理风水，使之出人不敢向朝廷造反，不能夺皇位。显然，风水也成了统治者确保江山永固的一种手段，反映了他们对这一古老术法的崇信。

除此之外，统治者之间利用风水来作为政治斗争的有力武器，历朝历代似乎都不缺乏这样的传说。清代慈禧与光绪斗风水的传说即是一例。光绪帝的父亲奕譞是道光皇帝的第七个儿子，被封为醇亲王。他的陵墓位于海淀区北安河乡妙高峰东麓，墓址原为明法云寺旧址。奕譞看中了这个地方，在这儿建造了自己的陵墓。人们习惯上称奕譞之墓为“七王坟”。醇亲王墓道前有一棵至少百年的枝繁叶茂的银杏（别名叫白果树），在奕譞死后多年，为光绪皇帝惹来了麻烦。

当时光绪皇帝日益年长，与慈禧之间的权力角逐日趋激烈。据《德宗遗事》（德宗是光绪帝的庙号）记载：

> 醇亲王墓道前，有银杏树一株，其树八九合抱，高数十丈，盖百年之物。英年谄事太后，谓皇家风水，全被此枝占去，请伐之以利本枝。太后大喜，然未敢轻动，因奏闻于德宗，德宗大怒，并传谕曰：尔等谁敢伐此树者，请先砍我头。乃又求太后，太后坚执益烈，相持月余。一日，上退朝，闻内侍言，太后于黎明带内务府人往七王园寝矣。上急命驾出城，奔至红山口，于舆中号啕大哭，因往时到此，即遥见亭亭如盖之白果树，今却不见。连哭二十里。至园，太后已去，树身倒卧。数百人方斫其根，虑其复生萌叶也。诸臣奏云，太后亲执斧先砍三下，始令诸人伐之，故不敢违也。上无语，步行绕墓三匝，顿足拭泪而归，此光绪二十三年事也。

此事在当时引起了轰动，也反映了风水在当时政治生活中的地位。

二、皇宫大都的风水规划

风水对中国城市的规划和建设的影响是相当深刻的，明清时期尤其如此。不仅皇宫都城的营建处处体现风水理念，翻开任何一部明清时期的府志、州志和县志，也都不难找到相关的风水记载。

1. 南京城

明太祖朱元璋出身寒微，当过游方和尚，传说他能登上天子之说，与他的祖坟葬得好有关，当然这不过是后人的一种附会。但在历代帝王中，朱元璋确实是比较重视风水的一个。他的开国功臣刘基（伯温）更是“博通经史，于书无不窥，尤精象纬之学”的术数大家，在民间有广泛影响。《明史·艺文志》著录其风水著作四种，包括《金弹子》三卷、《一粒粟》一卷、《披肝露胆》一卷、《地理漫兴》三卷。其中后一种又名《堪舆漫兴》，收录于《古今图书集成》。从留存至今的刘基《堪舆漫兴》看，诸条目多讲形法，几乎不述卦理，对九星、八卦、四象等内容都没有记载，可把刘基的堪舆术归于“形法派”一流。有如此君臣，都城的营建自然会与风水扯上关系。

朱元璋是在南京（当时应天府）登上皇位的，他有过建都北京的想法，却遭到臣僚们的反对，认为元代亡国，这里王气已尽，非建都之所。翰林修撰鲍频有云：“胡主起自沙漠，立国在燕，及是百年，地气已尽。南京兴王之地，不必改图。”朱元璋遂定都南京。

南京城的风水历来都为风水家所称道。据说，春秋时候楚威王熊商为了镇压南京的“王气”，便埋金于龙湾（南京下关狮子山北的江边），“金陵”之名便是由此而来。而后秦始皇统一六国，南巡至南京，也发现此地有“王气”，于是听从方式之言开凿秦淮河以泄气运，又改金陵为秣陵，意为牧马之地，以破坏王气。

东吴孙权称王后，大臣张紘绂曾建议定都秣陵（今南京），孙权虽然动心，却未能下定决心。传说直到诸葛亮出使东吴，勘察过秣陵的地形后，说出“钟山龙蟠，石头虎踞，此乃帝王之宅也”（晋代吴勃《吴录》）这样一番话后，孙权才下定决心，于公元211年定都秣陵，次年建石头城，改秣陵为建业，由此揭开南京作为都城序幕。至今，在南京清凉山附近还立有武侯驻马坡的石碑，据说就是当年诸葛亮驻马勘察南京地形之地。在清凉山周围，还保存着“龙蟠里”、“虎踞关”这样富含历史意义的地名。

所谓“龙盘虎踞”，康熙时期的《江宁府志》有具体的描写：

> 由钟山而左，有摄山、临沂、雉亭、衡阳诸山，以达于东。又东为白山、大城、云穴、武岗诸山，以达于东南。又南为土张山、青龙、石臼、天印、彭城、雁门、竹堂诸山，以达于南。又南为聚宝山、戚家山、梓桐山、紫阳、夏侯、天阙诸山，以达于西南。又西南绵亘至三山，而止于大江，此诸葛亮所谓龙蟠之势也。由钟山而右，近之为覆舟山、为鸡笼山，皆在六朝宫城之后。又北为直渎山、大壮观山、四望山，以达于西北。又西北为幕府、卢龙、马鞍诸山，以达于西，是为石头城，亦止于江，此亮所谓虎踞之形也。

按照风水学的形势分析，长江是中国的最大河流，源远流长，所挟带的“龙气”非常旺盛；从地理上看，南京位于长江下游，是几大干龙的交会之处，“襟带长江而为天下都会”。南京龙脉从东南溯长江而西，数百里而止，西边是鸡笼、覆舟诸山，又西为石头城，为白虎砂，即人们常说的虎踞。钟山峙立东方，为青龙砂，即人们常说的龙蟠。再加上北面长江为玄武，南面有案山为朱雀。这样“四灵”齐全，在风水家眼里是天造地设的好风水格局，不愧为千古帝都。加之西接江淮平原，东南邻近太湖平原，物产丰富，又扼守入海通江要道，山川险固，因此历来也是兵家争夺的要地。

明代著名的政治家、“三杨”之一的杨荣曾说过，天下的山川形势，雄伟壮丽，可以作为都城的，莫过于金陵；若论地势宽厚，关塞险要，能扼守中原抵御外敌的，又莫过于燕蓟（北京）了。即便是以长安（西安）之有崤关和函谷关之固、洛邑（洛阳）之在天下正中，也不能像金陵、燕蓟那样，能够建立万亿年太平之基。因此他在《皇都大一统赋》中极力夸赞南京的风水：

> 金陵之都，王气所钟。石城虎踞之险，钟山龙蟠之雄。伟长江之天堑，势百折而与流。炯后湖之环绕，湛宝镜之涵空。状江南之佳丽，汇万国之朝宗。此其大略也。

南京城的规划建设，是朱元璋在听取刘伯温等人的意见之下进行的。朱元璋很重视皇宫都城的选择，令刘伯温等选择修建宫殿位置最佳位置。建好后的南京城气势宏大，山、水、城相连，蜿蜒曲折，与历史上那些中原地区的传统都城大相径庭。最高的山紫金山在城东，远远看去，就像一条匍匐的龙，龙头就在燕雀湖（今前湖）。由于龙头向北，传说朱元璋为了留住龙头，在南京城打了许多井。从八卦角度而言，南京城东属震卦方位，帝王居住偏东合于《周易》的“帝出乎震”之意。而城南的三山，从上往下看就像一只蹲着的老虎。这就是所谓的“虎踞龙盘”。美中不足的是，按照传统风水的说法，城外诸山都面向城内，有朝拱皇尊之意，独牛首山和太平门外的花山背对城垣。传说朱元璋为此曾命刑部痛捶牛首山，又凿孔穿锁牵引“牛头”，使其形势向内朝拱护卫。

明代南京城也体现出“象天法天”的原则，刘伯温将南京城墙设计为天象“南斗”、“北斗”的聚合形态，并在城市规划中将皇宫区置于“北斗”的“斗勺”内。刘伯温还在其间修筑三大殿即奉天殿、华盖殿和谨身殿，隐喻了皇权神授。

2. 紫禁城

明成祖朱棣也是一位风水的笃信者。他夺了建文帝之皇位后，六部都察院上奏劝他迁都，其中有云："伏惟北京，圣上龙兴之地，北枕居庸，西峙太行，东连山海，俯视中原，沃野千里，山川形势，足以控制四夷天下，乃为成地万世之都。"于是在1420年，朱棣下令诏告天下，迁都北京，并将风水术运用到都城营建中。

都城的营造者把宫殿建在城正中的中轴线上，又在宫城之北堆筑了一座山（今景山），作为镇物，以镇前朝残余王气。中轴线正南为承天门——正阳门——永定门，而中轴之北不设城门，以防王气泄露。宫城之东西二门即东华门和西华门向外延伸到皇城外即受阻隔，也不通向城门，均为阻气之用。宫城中的奉天殿、华盖殿、谨身殿的三殿基座呈一"土"字形，体现风水术中的五行之中"土"居中央的阴阳五行理念。

总体来看，明清时期的紫禁城是我国古代建筑运用风水术的杰出典范。紫禁城位于北京城的中轴线上，宫殿布局东西对称，左右衬托，西靠中南海，北倚景山，南有金水河，可谓前水后山、阴阳交汇。自汉唐以来，主殿一般都位于整个皇宫的中心位置，明清时期紫禁城在延续这一传统的同时也另有新法。如在前三殿、后两宫院落四角分别画对角线，则太和殿、乾清宫二殿分别居前三殿、后两宫的几何中心点上，显示出皇帝无论在国家还是在皇族中，都必须处于中心位置。另据《周易》的说法，引申皇帝为"九五之尊"。前三殿和后两宫都建立在工字形台基上，二台的长、宽之比都是九比五，以体现"九五之尊"的说法。

除皇宫大都之外，明清一些城市的建设也受到风水的深刻影响，民间风水术士往往在其中起着建筑规划师的作用。如据《苏州府志》记载，明代一位叫周仲高的术士"精天文地理之学"，足迹遍及东南。他从浙江钱塘迁到昆山去住，对人说：天下将起战祸，哪里都不如娄江好，我要在此住下去。当时天下承平，社会安定，哪有战争的迹象？所以没人信他的话。可是后来，钱塘城果然毁于战争，唯昆山平安无事。苏武初，苏州郡邑修建官署和庙宇，举凡相址定位、卜日选辰，都由周仲高主持办理，由于他显示出高超的风水术法，当时的县令甚至让人给他画了一张像以示景仰。

清同治十三年，沈葆桢曾作为钦差大臣被派往台湾巡视恒春县城的选址事宜，他在视察后的奏文中提到，负责择址的刘璈（后任台湾兵备道兼提督学政）“素习堪舆家言，经画审详”，勘定城址于猴洞山。沈葆桢亲往履勘，“所见略同”，并令刘璈专为筑城、建邑诸事。[①] 经由这样一位精通风水的人之手，恒春县城的选址体现了典型的风水理念：县城东北一里有三台山，喻玄武；县城南六里有龙銮山，风水为青龙居左；县城北七里为虎头山，为白虎居右；县城西南五里为西屏山，为朱雀。这就是风水中最为理想的“四灵”模式。

三、古代风水应用的顶峰：明清皇陵的营建

历史上，皇家陵寝的建设曾经出现过三次高潮。秦汉时期出现了第一次高潮，这一时期的帝王陵寝以秦始皇陵为代表，封土（坟头）多为覆斗形，以封土高大、圹室豪华为主要特色。唐代的陵墓建设是继秦汉以后的又一次高潮，其陵寝的代表是李世民的昭陵。这个时期的皇家陵寝一改秦汉时期的方上，多数因山为陵，以山丘为封土，横跨关中六县，绵延数百里，展现了大唐盛世的雄浑气势。之后四百年，陵寝制度在经历了宋元时期的低潮之后，从明朝开始直至清代，又掀起了一轮新的高潮。在明清皇帝陵寝的营建中，风水术的运用达到了登峰造极的地步，许多陵寝至今完好，已经成为我们研究古代风水的重要样本。

① 沈葆桢：《福建台湾奏折》（同治十三年），引自《台湾银行汇刊》。

1. 明孝陵与十三陵

明朝的建立，结束了元朝蒙古贵族对中原各族人民的统治，帝王的丧葬礼制也由元朝沿用蒙古习俗不建陵寝的“潜埋”方式，重新恢复为中原沿袭数千年之久的山陵墓葬形式。皇陵在国家政治生活中的地位也空前提高，几与宗庙并尊。

在皇陵的营建过程中，风水扮演着决定性的角色，那些有名的风水大师正是皇陵“项目”的“总设计师”。如明成祖朱棣迁都北京后，下诏礼部在全国访求风水术士，为其勘择陵地。自杨筠松以来，江西一地风水之术名噪天下，于是赣州府兴国县三僚村的风水师廖均卿（即宋代著名术士廖禹的后裔）等被请到京城卜择寿陵，择得北京昌平黄土山（后改名天寿山）。廖均卿作为这次卜陵的头功之臣，被朱棣授四品官衔。在古代专业风水术师中，廖均卿受到的恩宠可谓空前绝后。三僚村由此名气更大，明代先后有数十人奉诏供职于钦天监衙门，专司皇家风水职事。

不仅是明成祖，明朝历代皇帝都请风水名师为其陵寝选定穴地，以沉迷道教方术出了名的明世宗朱厚熜更不例外。嘉靖十五年，他竟然通过考试的方式，由礼部出题，对国内著名风水师进行考试，选得兴国三僚村的廖文政等为其择地建陵。除了专业的风水术士外，世宗手下一位名叫骆用卿的精于相地之术的大臣，也对陵寝（即永陵）的选址起了决定性的作用，他也因此被提升为“太常少卿”。

从公元1368年创建到公元1644年灭亡，明朝统治中国达277年之久，经历了16位帝王。其中除惠帝朱允炆（年号建文）在争夺皇权的斗争中落败而下落不明、没有建陵外，其余15帝均有陵墓保存至今。太祖朱元璋开国后称帝南京，所以他的陵墓——孝陵就建在了南京城外的钟山脚下；景泰帝朱祁钰由于英宗复辟后被废为郕王，死后以王礼葬于北京西郊的金山，成化年间宪宗为他恢复帝号，王坟因之改为帝陵，时称景皇帝陵寝；其余13位皇帝全部葬在了北京城北约50公里的天寿山脚下，形成了一处陵区总面积约达120余平方公里的、规模宏大的帝陵墓葬群，这就是著名的明“十三陵”。

和历代帝王一样，登基后不久，朱元璋就着手筹建自己的陵墓，首先要做的就是相度陵址。他并没有花多长时间来“寻龙点穴”，很快就在钟山一带选下了自己的陵寝吉壤。

根据史书记载，洪武二年（1369）八月，开平王常遇春病逝，诏葬于钟山之阴（北），之后又有蕲国公康茂才（洪武三年，1370）、海国公吴桢（洪武十二年，1379）、江国公吴良（洪武十四年，1381）相继葬于钟山之北，时间均在明孝陵建造之前。实际上，洪武元年以后，钟山之阳就未葬入任何王公大臣，可见钟山之阳这块宝地已经被留作皇陵，而钟山之阴则作为开国功臣的陪葬地。也就是说，孝陵陵址早在朱元璋登基之初，便已经确定了下来。

明张岱《陶庵梦忆》记载了朱元璋选择明孝陵陵址的故事：“明太祖与刘诚意（诚意伯刘基）、徐中山（中山王徐达）、汤东瓯（东瓯王汤和）定寝穴，各志其处藏袖中，三人合，穴遂定。”这段故事颇具传奇色彩，朱元璋曾亲率刘基和自己同村的开国功臣徐达、汤和遍踏钟山，并规定不得明言商讨，把各自相中的风水宝地写在纸上，藏在衣袖里，结果同时打开一看，英雄所见略同，一致选定钟山主峰之下的独龙阜。这说明，当初陵址的确定是毫无争议的。

另据明张瀚《松窗梦语·堪舆纪》记载，朱元璋亲往钟山选择陵址，登山观览，觉得累了，便在一座僧人坟冢上休息。他问同行的刘基：“汝观穴在何处？”刘基答道：“龙蟠处即龙穴也。”朱元璋听了一惊，觉得此处为僧冢，恐怕不便。刘基说：“以礼遣之。”朱元璋说：“普天吾土，何以礼为！”随即命人挖开僧人坟冢，发现其中以两甕上下覆之，移开上边的甕，见其中一僧人“面如生，鼻柱下垂至膝，指爪旋绕周身，结跏趺坐于中”。众人惊愕，都不敢继续再挖。朱元璋这才听从刘基的劝告，亲自拜告，遂将其移葬于五里之外。

从风水形势来看，孝陵北靠钟山，钟山有西、中、东三峰，符合“华盖三台，尊极帝座”之说。钟山为龙脉，独龙阜玩珠峰为主山，为玄武象。陵宫东有青龙砂、西有白虎砂，形成龙虎环抱之势。而且东面的山系比西面山系高大，也符合风水学中“青龙要高大，白虎不抬头”的说法。正对孝陵陵宫的梅花山如座如屏，正是孝陵的案山；更远处的东山（土山）则为朝山，形成近案远朝之势。孝陵西南方向是前湖，又有钟山浦逶迤南下，构成了灵动的“朱雀翔舞”之象。这样，孝陵就具备了完整的“四灵”格局。此外，陵前三道御河都是呈由左向右流淌的形式，是非常难得的“冠带水”。天造地设的山川形势给其中的陵寝建筑营造了拱卫、环抱、朝揖之势，从而使明孝陵成为古代皇陵风水的典范之作。

钟山主山向南一线，风水格局绝佳，在明孝陵之前，古代许多著名的寺观和墓葬都不约而同建于此处，包括东吴大帝孙权陵、梁代名刹开善寺、高僧宝志舍利塔（宝公塔）及梁武帝萧衍墓等。朱元璋选择独龙阜作为陵寝，要独占龙脉王气，就必须迁走原来的古刹陵墓。

独龙阜原是六朝开善寺的旧址。此寺始建于南朝梁武帝天监十三年（514），原为纪念当时的著名僧人宝志法师而建。宝志法师圆寂后，依梁武帝女儿永定公主之意，将法师葬在钟山的独龙阜，修建了开善精舍，并造了一座五层高的宝塔，塔刹镶有琉璃宝珠，甚是辉煌，塔名宝公，又叫玩珠塔。唐朝将开善寺改名为宝公禅院。宋朝大中祥符年间，更名为太平兴国寺。其后又名蒋山寺。洪武九年（1376），朱元璋下令将位于所选陵址之上的这座千年古刹和宝公塔迁至紫霞洞的南面。但是就在新寺快要落成之时，又有风水师说新寺址对陵园不利，于是只能再次搬迁至钟山东麓，并由朱元璋亲自赐名灵谷寺，号称“天下第一丛林”。

关于此事，时人有不满之声，多以曲折隐晦的方式表达出来。如《陶庵梦忆》记载道：“及开藏，下为梁志公和尚塔，真身不坏，指爪绕身数匝，军士辇之不起。太祖亲礼之，许以金棺银椁、庄田三百六十顷奉香火，舁灵谷寺，塔之。”似乎朱元璋这种挟帝王之势以遂其欲的“霸道”做法，就连死去的有道高僧也感不满。后世清代乾隆皇帝游灵谷寺时也有诗云：“建陵故迁寺，儒释典俱违。儒固有忠恕，释仍有是非。旧名殊杳杳，新境自依依。暂向匡床坐，那看雨花霏。”

至于孝陵对面梅花山上的孙权陵墓，却幸运地避免了被迫强迁的命运。个中原由，据《陶庵梦忆》一书记载，是因为朱元璋尊重孙权也是条好汉，颇有英雄相惜之意，于是嘱咐臣下不要破坏孙权之墓，留下为自己把守门户："太祖曰：'孙权亦是好汉子，留他守门。'"甚至在临终之时还明谕"孝陵山川，因其故，勿作改"。但实际上，如前述分析，孙权墓所在的梅花山孙陵岗正是孝陵的案山，为吉壤格局中不可或缺之一环。所以，保留孙权陵墓，除了留下孙权这条好汉给孝陵看门之外，还具有十分重要的风水象征意义。

也正是朱元璋的这一决定，造就了明孝陵所特有的神道布局形式——完全依山势地形作迂回曲折的布置，这也是我国历代帝王陵中唯一不是直线的神道。我们今天看到的明孝陵的各组建筑，从山麓拜谒孝陵起点的下马坊，一直到独龙阜的陵园主体建筑，本应为一中轴线，却是因为梅花山横亘其中，使得神道、石人、石兽等建筑，不得不绕过梅花山，再折向孝陵大门。这种蜿蜒曲折的布局，巧妙地营造出了"北斗七星"的陵墓格局，深刻地体现了"天人合一"、"君权神授"的设计理念。

明洪武十四年（1381），朱元璋命中军都督府佥事李新主持营建陵寝，陵寝工程于是正式破土动工。工程还没结束的第二年，马皇后去世，先葬入陵寝地宫。因为马皇后谥"孝慈"，陵寝便被命名为"孝陵"（一说取"以孝治天下"之意）。洪武三十一年（1398），朱元璋病逝，启用地宫与马皇后合葬。至明永乐十一年（1413）建成"大明孝陵神功圣德碑"，整个孝陵建成，历时30余年，先后调用军工10万，耗费了大量的人力、物力，规模巨大。当时从朝阳门（今中山门）至孝陵卫再到陵墓西、北所筑的皇墙有45里，护陵驻军有5000多人。

明孝陵不仅规模宏大，结构复杂，建筑精美，而且在建筑规划、布局、类型和细部加工上都具有划时代的创新。其陵寝制度在继承唐宋及之前帝陵"依山为陵"制度的同时，废去了过去帝陵所用的方上、灵台、方垣、上下宫制度，新辟了圜丘、方城、明楼、享殿及长方形陵宫等建筑体制。其规制和模式为后来的北京明十三陵、湖北显陵等所沿用，也成为清代帝陵制度的主要基础。因此，明孝陵在中国皇陵发展史上有着特殊的地位，堪称明清皇家第一陵。

1402年，朱棣兵马攻入南京，从侄儿建文帝朱允炆手中夺得帝位，年号永乐，史称明成祖。

朱棣即位后不久，永乐五年（1407），皇后徐氏病故，陵墓的营建自然要提到议事日程上来。按照天子陵墓建于京师一带的惯例，朱棣应将陵墓地点选在南京附近，但他却于次年上半年派遣礼部尚书赵羾远赴北京城郊卜选陵地。原来，此时朱棣已有迁都北京的打算。既然如此，其陵墓自然也应建在北京附近。因为这样不仅便于后世嗣帝的瞻谒，便于朝廷对陵寝的管理，还能激励后世子孙为保护祖先神圣的陵寝而誓守王朝江山的坚强决心。

从地理形势来看，十三陵陵区位于燕山山脉西部。其西北方向20公里，便是被人称为北京城“北门锁钥”的居庸关，再往北，便是著名的八达岭长城。在明代，沿着万里长城，从东到西，一共设立了9个边防重镇，以防备元蒙的入侵，历史上称作“九边”。由此不难看出，十三陵确实是一个典型的“边塞陵区”，明成祖的选址意图显而易见。

随赵羾一同前往卜选陵地的，还有前文提到的廖均卿。一行人先在北京的西山一带寻览。因为西山的香山、潭柘寺一带是著名的风水宝地，金代皇帝和辽、金、元三代许多达官贵人也都埋葬在这里。但是他们勘查发现，西山地区没有符合形势风水的理想之地，不是形具未全，便是规模太小。从地貌形态上讲，潭柘寺一带属第四纪冰川时期冰蚀而成的山间小盆地，地势虽然幽闭，但不够开敞。

于是，相度人员将目光北移，在北平的北部山区寻找，终于发现并认定昌平县东北（明时昌平县治在今昌平区旧县）黄土山为建陵的最佳区域。

关于陵址的相度，民间还流传着一些有趣的传说。据说，相度人员最先看中的是口外的屠家营，但因皇帝姓朱，“朱”和“猪”同音，猪要进了屠家定要被宰杀，犯地讳不能用。另一处选在昌平西南的羊山脚下，因后面有村叫“狼口峪”，“猪”旁边有狼则更危险，也不能用。其后也曾选过京西的“燕家台”，可是“燕家”和“晏驾”谐音，也不吉利。燕家台的村民还编起了一首民谣：“晏驾台，晏驾台，王孙公子往下来。一月二月没饭吃，三月四月瘦成柴。六月七月蹬了腿，死了尸骨没人埋。”这首民谣传到了皇宫里，朱棣听了便连连摇头：看来这种地方，咱是去不得的，晦气！

民间传说虽可信度不高，但可以肯定的是，永乐七年（1409）四月，朱棣驾临昌平，亲自审视黄土山吉壤，对赵、廖等人选定的这片“山峦起伏，形势险要，既背山面水、背风向阳，又可因山设卡、屯兵戍守”的风水宝地非常满意，并将黄土山改名为“天寿山”。同年五月八日长陵陵寝正式动工营建。永乐十一年（1413）正月，陵寝的墓室建筑玄宫建成，次月葬皇后徐氏。永乐二十二年（1424）七月，朱棣亲征漠北，病逝榆木川，十二月亦葬入陵中。

明十三陵：以形势风水为宗

从风水形势来看，明十三陵东、北、西三面群峰林立，如同屏障围环护卫，并形成一个向南开口的马蹄形凹地，正好“藏风聚气”。它的靠山为北面的天寿山，其山体来脉悠远，为燕山山脉之分支。东蟒山、西虎峪，成为左右环抱的护砂。南面远处有龙山、虎山分列左右，犄角而立，如天然门户，成为守卫陵园的“青龙”、“白虎”。陵前明堂平坦宽广，陵区内几道水流自西北而向东南，弯弯曲曲穿流而过。整个陵区水绕山环，翠柏成荫，秀美天成，地脉富有“生气”，充分体现了“天人合一”的风水形势理念。

天寿山陵区地域宽阔，“吉壤”甚多。之后的明代天子就以长陵为中心，选址营陵。至顺治元年（1644）止，明十三陵的营建历时235年。先后又有十一帝陵墓建在长陵的兆域之内，包括仁宗朱高炽的献陵，宣宗朱瞻基的景陵，英宗朱祁镇的裕陵，宪宗朱见深的茂陵，孝宗朱祐樘的泰陵，武宗朱厚照的康陵，世宗朱厚熜的永陵，穆宗朱载垕的昭陵，神宗朱翊钧的定陵，光宗朱常洛的庆陵，熹宗朱由校的德陵。

崇祯十七年（1644），李自成领导的农民军攻入北京，亡国之君思宗朱由检自缢煤山，由于崇祯帝生前未建陵寝，农民军下令将他与周皇后的遗体一同葬入陵区西南鹿马山下的田贵妃墓中。清朝入主中原后，于顺治元年（1644）五月，在下令以帝后礼重新为崇祯帝后举行安葬仪式的同时，还命改田妃墓为思陵，并着手营建地上园寝建筑。于是，田妃墓在清初升格为帝陵，成为十三陵的最后一陵。

从十三陵的布列情况看，首陵长陵位于天寿山中峰之前，基本上处于陵区的中央，其他各陵分布在长陵的左右两侧，形成了以长陵为中心、其他各陵左右排列的陵寝体系。辈分越高的皇帝，其陵寝越靠近长陵；辈分越低的皇帝，其陵寝越远离长陵。在中国封建社会里，左称昭，右为穆。左右分布的原则又叫做昭穆相望体制。明清两代太庙里神主的排列，陵区内皇帝寝宫的排列，大体都维持这个秩序。如明成祖长子、仁宗朱高炽的献陵，位于长陵右侧；仁宗长子、宣宗朱瞻基的景陵，位于长陵左侧；宣宗长子、英宗朱祁镇的裕陵，位于献陵右侧。

然而，这种秩序也有被打破的时候。英宗长子、宪宗朱见深的茂陵，本来应建在长陵之左、宣宗朱瞻基景陵之东，然而它却违背了这个规律，建在了裕陵的西侧。再如，作为明代倒数第三位皇帝、光宗朱常洛的庆陵，本应处在陵区的边缘，但是，它却超越了父陵，“挤”进了辈分很高的献、裕两个祖陵之间。

究其原因，正是风水原则在“作怪”。宪宗朱见深之所以打破昭穆体制，就是因为在景陵之东相当范围内难以觅到适合的“风水吉壤”，若继续向东另觅佳穴，则显得与祖陵疏远无情，故最后卜葬在长陵之右、其父英宗皇帝朱祁镇的西侧。而朱常洛庆陵的“僭分”则是其子熹宗朱由校的“杰作”。光宗是明代倒数第三个皇帝，在位时间不满一个月，便一命归西。他死之后，其子朱由校为了选择一个“上上吉地”，竟然将光宗葬入黄山寺二岭的景泰洼。这样，庆陵便挤入了献、裕两个祖陵之间。熹宗之所以冒天下之大不韪，僭分葬父，主要的原因，就是景泰洼上佳的风水格局。为了占得好风水，什么上下尊卑，什么宗法礼制，统统可以不顾了。

因此可以说，十三陵的择址布列是宗法礼制与风水理念选择共同作用的结果。在风水条件适宜的条件下，帝陵按照“昭穆体制”排列；在没有合适的风水环境的条件下，原来的规矩便被打破了，风水原则便成为帝陵陵址选择的第一原则。

2. 清东陵与西陵

清朝自 1644 年入关后，到 1911 年被推翻，统治中国 200 多年；从顺治到宣统，历经 10 个皇帝。清统一全国以后，先后在直隶（今河北省）的遵化县和易县开辟了两个规模宏大、体系完整、制度森严的皇家陵园。遵化的陵园因在京师东南，故称为东陵；易县的陵园因位于京师西面，故称为西陵。清朝入关后的 10 个皇帝，除末代宣统皇帝溥仪未建陵以外，其余 9 个皇帝皆葬京畿，分别在东陵和西陵营建了陵寝，故有“十个皇帝九帝修，只有宣统转幽州”之说。

清朝的皇家陵寝是我国陵寝史上的最后绝唱。清朝统治者入关以后，为了加强对中原地区的统治，竭力学习汉民族的传统文化，包括伦理道德、典章制度等，其陵寝制度沿袭明制，并在其基础上又有所改革和创新，从而使我国的陵寝制度达到了极致。

清代统治者更加注重陵寝环境的质量，更加关注山川形势与陵寝建筑之间的相互关系。对于陵寝的选址和营建，他们要求“陵制与山水相称”、“遵照典礼之规制，配合山川之胜势”。在这方面，道光皇帝的话最有代表性：“总以地臻全美为重，不在宫殿壮丽以侈观瞻。”“惟择钟灵坤毓，干脉延长之处以定福基。其四至之宽狭不必过拘。如果地臻全美，即较从前规制稍从俭约，朕心亦以为宜。”他们对环境质量、山川形势的要求甚至超过了对陵寝规制的要求。如雍正之所以大胆更改子随父葬的“昭穆之制”而另辟西陵，就是因为东陵“风水未全”，找不到自己满意的“万年吉壤”。由此可以看出传统风水学说的深刻影响。

清东陵位于今河北省遵化市昌瑞山南麓，共建有皇陵5座，包括入关第一帝顺治皇帝的孝陵、在位时间最长的康熙帝的景陵、自号“十全老人”的乾隆帝的裕陵、咸丰帝的定陵、同治帝的惠陵。其风水形势，正如《大清统一志》所记载描述的那样：

> 山脉自太行逶迤而来，重岗叠阜，凤翥龙蟠，一峰柱笏，状如华盖。前有金星峰，后有分水岭，诸山耸峙环抱。左有鲶鱼关，马兰峪尽西朝，俨然左辅；右有宽佃峪，黄花山皆东向，俨然右弼。千山万壑，回环相拱，左右两水，分流夹绕，俱汇于龙虎峪。

传统风水学一向追求“龙穴砂水无美不收，形势理气诸吉咸备”的山川形势，以达到“天人合一”的意象，清东陵正是这种理念的最佳体现。整个陵区以昌瑞山为界，昌瑞山以北是龙脉来源；昌瑞山为燕山余脉，东西走向，中间的主峰高耸，两侧山峰逐次低下，宛然一道天然的屏风，是整个陵区的靠山。东侧的鹰飞倒仰山如青龙盘卧，势皆西向，俨然左辅；西侧的黄花山似白虎雄踞，势尽东朝，宛如右弼。南部的金星山形如覆钟，端拱正南，如持笏朝揖，是为朝山；远处的影壁山圆巧端正，位于靠山、朝山之间，似玉案前横，可凭可依，是为案山。马兰河、西大河二水环绕屈曲流过，环抱有情，是典型的“山环水绕、负阴抱阳”的山水格局。其朝向端严，堂局饱满，完全是天造地设的上吉佳壤。

清东陵营建史，是从清东陵的主陵、顺治的孝陵选卜陵址及确定陵域总体规划开始的。昌瑞山明时称“凤台岭”。据文献记载，有一次，顺治赴京东狩猎，纵马登上凤台岭之巅，望见北面重峦叠嶂，万绿成荫，南面一马平川，紫霭缥缈，真是山明水丽，佳境天成。他感慨道：“此山王气葱郁，可当朕寿宫。”于是，取下右手拇指上佩戴的白玉扳指，信手向山坡下抛去，并宣布：扳指落处定为吉穴。群臣遵旨，顺着那扳指滚落的方向寻觅，终于找到了它，于是在扳指停落的地方打桩做标记。后来，清廷便在这里建立了清东陵的第一座陵寝，即顺治皇帝的孝陵。

顺治亲卜孝陵之事，可参看《清史稿》：

> 先是，世祖校猎于此，停辔四顾曰："此山王气葱郁，可以为朕寿宫。"因自取佩鞢掷之，谕侍臣曰："鞢落处定为穴。"至是陵成，皆惊为吉壤。

《清史稿》的这段文字，考其所出，显然取材于道光朝礼亲王昭梿所撰《啸亭杂录》：

> 章皇帝尝校猎遵化，至今孝陵处，停辔四顾曰："此山王气葱郁非常，可以为朕寿宫。"因自取佩鞢掷之，谕侍臣曰："鞢落处定为佳穴，即可因此起工。"后有善青乌者，视邱惊曰："虽命我辈足遍海内求之，不克得此吉壤也！此所以奠我国家万年之业也！"

《啸亭杂录》记述清朝前期政治、军事、经济、文化和典章制度等事，以及王公贵族、文武官员的遗闻轶事和社会风俗习惯，范围很广。昭梿治学严谨，凡涉及历史事件多为亲历，如系道听途说则注明来源，因此错误不多。现代研究清史的学者，也将此书列为必读之历史文献。但就这段记载而言，不少人提出质疑：这块连风水专家都承认不可多得的风水宝地，即便有意踏勘相度也未必能在短时间内寻中，而顺治这个风水"门外汉"居然能信手卜择相中，昭梿的记载未免有些夸张失实。

然而事实上，相关的记载并非仅见于《啸亭杂录》，我们还可以看看更早年代的乾隆皇帝所作的一首诗。乾隆二十三年（1758）三月，乾隆帝谒孝陵时曾作《御制恭谒孝陵五律》一首，诗云：

> 追远钦神烈，匪遥展默思。

每因羁庶政，又觉隔多时。

松柏守宫阙，星辰侍礼仪。

鼎湖亲卜吉，昌瑞万年基。

乾隆帝自注“鼎湖亲卜吉”一句时说得很清楚：“昌瑞山乃我世祖行围至此亲定者，初未用堪舆家也。”

乾隆皇帝在东陵隆福寺碑文中，再一次强调说：“夫此山陵乃我世祖行狩于田，亲临所相度也……若非前代陵寝委之将作，听之堪舆者比。”

比乾隆帝的御制诗文更早的《遵化州志》是康熙十五年（1676）由遵化知州郑侨生编纂的，此书记道：“先是世祖章皇帝驻跸兹土，敕诸臣相度成规。”

更有说服力的是辅政大臣苏克萨哈在康熙六年七月说的一番话。他说：“世祖皇帝卜地时，蒙谕：‘朕万岁后，尔等大臣之墓亦葬陵寝近地为善。’我即叩谢：‘若得此，幸甚!”他又说：“卜阅陵地，非我一人侍从，曾有索尼、遏必隆。我等三人一齐叩谢。”

上述史料清楚告诉我们，孝陵的陵址是顺治皇帝亲自选定的。

考究顺治的卜陵时间，历来学者的说法不一。据徐广源先生《清东陵史话》一书考证，顺治帝生前到遵化昌瑞山一带来过两次，一次是顺治八年，一次是顺治十六年。根据顺治帝的乳父哈喇于顺治十二年葬于清东陵东侧，顺治帝的爱子荣亲王，爱妃悼妃于顺治十五年葬于清东陵西侧的黄花山下的事实，顺治八年选定昌瑞山为孝陵陵址可能性大。但据王其亨先生《顺治亲卜陵地的历史真相》考证，顺治校猎遵化、卜阅陵地的时间可以确定为顺治十三年十月乙未至十一月丙午期间。

无论如何，顺治帝生前亲自选定的陵地上，终于在他去世后的三年间建起了孝陵。康熙十四年冬，康熙帝又在孝陵迤东选定了景陵陵址，于康熙十五年始建景陵。之后，以孝陵为主体的清东陵宏大规划，便一步步得到了充实。

清西陵位于河北易县城西永宁山下，其布局，是以泰陵为中心，西边有仁宗嘉庆的昌陵、宣宗道光的慕陵，东边有德宗光绪的崇陵。在崇陵以东旺隆村北本来还有为末代宣统帝溥仪选定的“万年吉地”，可是还来不及勘定，清朝已告灭亡。1967 年逝世的溥仪，于 1995 年安葬于易县境内的华龙皇家陵园，与光绪皇帝的崇陵一脉相承，咫尺比邻。

泰陵是清西陵的首陵，位于陵园中最尊贵的中心之位，为清世宗雍正皇帝胤禛的陵寝。本来按常理和惯例，顺治帝的孝陵为清东陵的首陵，康熙皇帝的景陵也建在孝陵的东旁，入关后的第三帝雍正皇帝的陵寝也应建在昌瑞山下，位于孝陵、景陵附近。但事实却是，雍正将自己的陵寝建在了距昌瑞山足有 600 里远的易县，开辟了一个新的陵区。对于这种有悖常理的做法，历来众说纷纭。

根据民间流传的一种说法，雍正当初篡改了康熙的传位遗诏，谋夺了皇位，并残杀了与他争夺皇位的众兄弟。雍正帝自知理亏，九泉之下无颜面对皇父，更怕皇父报复，让自己死也不得安宁，于是干脆远远离开皇父的景陵，另辟新的陵区。当然，这只不过是野史传说，可信度几乎为零。且不论雍正帝是否真的篡改遗诏、谋夺皇位，只看史料记载，雍正帝生前八次拜谒景陵，每次都住在景陵附近，难道就不怕报复吗？所以此说不成立。

清代陵寝研究专家徐广源先生的解释也许更切近事实。徐广源先生认为，真正的原因在于雍正对万年吉地的标准要求过高、过严，条件苛刻，毫不迁就。

雍正即位不久，就派大臣带领风水人员到昌瑞山一带孝陵、景陵附近相度吉壤。经过反复相度，在昌瑞山东陵一带竟找不到合意的风水宝地。正如他曾在谕旨中所说的："朕之本意原欲于孝陵、景陵之旁卜择将来吉地，而堪舆之人俱以为无可营建之处。"

当然，所谓"无可营建之处"，只是就雍正"完美"的标准而言。因为在雍正的泰陵之后，在昌瑞山一带又先后建起了乾隆帝的裕陵、咸丰帝的定陵、同治帝的惠陵。以风水标准来看，这几座陵寝所在之地都称得上风水宝地、上吉佳壤，并不是真的"无可营建之处"。但以风水家眼光来看，它们也确实存在着这样那样的不足和欠缺，还称不上十全十美。

如乾隆皇帝的裕陵所在的胜水峪，虽在风水家的口中被称为"实最上之龙穴，全佳之砂水"，但也存在着"惟左边贴身界气之砂稍低"的不足，须用人力培补。当时的相度大臣讷亲、海望及一干风水家不得不承认胜水峪“非万全完备之地”，感到“心犹未足”，甚至打算赴东北奉天一带相度吉地。钦天监监正进爱为了讨好皇帝，竟提出改卜的建议。但乾隆皇帝以大局为重，不计较细枝末节，仍坚持将胜水峪定为万年吉地。又如，同治帝的惠陵所在的双山峪，后宝山低矮，曾用人工培垫加高，两侧的护砂部分是人工堆筑的，而且惠陵前面只有朝山而无案山，这些都是双山峪的不足之处。由此二例看来，雍正帝认为孝陵、景陵附近俱无可营建之处，所言非虚。

为了找到十全十美的万年吉壤，雍正不得不将相度的范围扩大。不久，相中了遵化州城东北约四十里的九凤朝阳山，很快就确定下来，还运去了大量的建筑材料。大约在雍正七年下半年，九凤朝阳山吉地工程破土兴工，竟发现穴中之土含有沙石，实在犯了建陵之大忌。雍正对此十分重视，又命精通风水的大臣对九凤朝阳山吉地再次详加相度，竟又发现九凤朝阳山吉地“规模虽大但形局未全”，此地“实不可用”。雍正果断地做出决定，废弃九凤朝阳山吉地，派大臣在京畿一带再行相度。

经过反复认真筛选，负责相度吉地的人员一致认为易县泰宁山下的太平峪最为理想。相度大臣在上呈的奏折中说：“相度得易州境内泰宁山太平峪万年吉地，实乾坤聚秀之区，阴阳和会之所。龙、穴、砂、水无美不收，形势、理气诸吉咸备。”雍正仔细审阅了奏疏及其所附的风水说帖、图纸，对太平峪这个地方也非常满意，认为那里“山脉水法，条理分明，洵为上吉之壤”。

然而，满意归满意，城府颇深、富于心计的雍正并没有立即表态。因为他仍有顾虑：如果另辟陵区，把自己的陵寝建在远离祖陵的太平峪，就与子随父葬的古礼不合，有可能使自己背上不孝的骂名。于是，他谕令大臣查找古代有无远离祖陵，另辟陵区的做法，“详细会议具奏”。

深知皇帝心意的大臣们认真翻阅浩如烟海的史籍，结果找出了许多这方面的实例，他们奏道：

臣等谨按帝王世纪及通志、通考诸书，历代帝王营建之地，如夏禹在浙江之会稽，而自启以下在山西之夏县，少康又在河南之太康，其间相去奚止千里，……至若汉唐诸帝并在陕西，然汉

> 高帝、文帝、景帝、武帝分建于今之咸阳、长安、高陵、兴平等县；唐高祖、太宗、高宗、元宗分建于今之三原、礼泉、乾州、蒲城等处，其间相去远者四五百里，近者二三百里。

因此，泰宁山太平峪万年吉地虽与孝陵、景陵相去数百里，然而“易州及遵化州皆与京师密迩，同居畿辅，并列神州，实未为遥远”。

这一番旁征博引、慷慨陈词，为在易县建陵找到了合理合情的依据，很让雍正满意，表示“朕心始安”。于是正式决定太平峪为万年吉地。从风水学的角度来看，雍正千挑万选看中的这块地确实称得上是山川形胜、天造地设的“万年吉壤”。据《清朝文献通考》载：

> 世宗宪皇帝陵曰泰陵……在易州西三十里永宁山，本名太平峪。山势自太行来，巍峨耸拔，脉秀力丰。峻岭崇山远拱于外；灵岩翠岫环卫其间。前则白涧河旋绕，而清、滱、沙、滋诸水汇之；后则拒马河潆流，而胡良、琉璃、大峪诸水汇之。信天设之吉地也。

永宁山像一道天然的围屏，矗立在整个清西陵陵区的北面，成为各个陵总的祖山；陵区西侧是被称为“西陵八景”之一的云蒙山；东面，金龙峪等山峦盘旋远去；元宝山作为泰陵的朝山，端峙陵区之南；在元宝山的东西两翼，东、西华盖山巍峨对峙，成为陵前气势雄伟的天然屏障，形成一个自然的陵口；陵口东有九龙山，西有九凤山，大红门巧妙地布置在两山天然豁口中间，前后地势在敛聚中又呈宏廓。西面有拒马河，南面有易水河。整个陵区群山拱卫，众水环流。这样的风水佳境，确实可谓“乾坤聚秀之区、阴阳合汇之所”。

要相度到这样的绝佳吉壤，除了需要跋山涉水、不辞辛苦，还要有高超的相地水平。为雍正帝相度陵址的主要有两大功臣，一位是怡亲王允祥，另一位是时任福建总督的高其倬。特别值得一提的是高其倬，他不仅是当时的显宦、名诗人，还颇精通风水之术，曾为风水名著《疑龙经》、《撼龙经》作批注。因而受到雍正的赏识和重用，特地将他从任所召到京师，命他协助怡亲王允祥相卜吉地。对于高其倬为相度吉地所作出的贡献，雍正曾给予了高度的评价：

朕览高其倬等所奏太平峪吉地事宜，甚属妥协。大凡读书居官之人通晓堪舆者甚少，即或知之，又往往以此为讳，不肯身任其事。高其倬乃封疆大臣，为国家树绩建勋，为己身扬名垂誉，原不必以此为宣力见长之地，乃其心以为国家之事莫大于此，以一身协赞怡贤亲王肩此重任，筹度万全，无一毫瞻顾推诿之意，此实出于一片忠爱至诚之悃，不仅超群已也。

在清代历史上，高级官员以谙熟风水学说而被帝王宠幸者，高其倬可称得上是首屈一指。他也因精通风水术被时人称为“红顶风水大师”。

雍正陵寝于雍正八年（1730）破土兴工，历经六个寒暑，到乾隆元年（1736）才全工告竣，定陵名为“泰陵”，并改泰宁山为永宁山。自此以后，清朝在关内出现了以北京为中心的遵化、易州两大陵园。

四、风水著述的繁荣与理论传承

帝王与民间风水活动的兴盛，也促进了风水著述的繁荣。这一时期风水流派众多，有八宅、九星、玄空等等，虽大体不出形势、理法二宗，但也可谓“各有所长”。由于风水术士中有很多也是文人，他们纷纷著书立说，有各执一端者，有形势、理法相杂者，更多有托名古人的伪作，如托名丘延瀚的《天机素书》等等，使得这一时期的风水著作出现了庞杂混乱的局面。

这一时期，明末蒋大鸿的《水龙注》可谓独辟蹊径、不落前人俗套。蒋大鸿堪称一代风水大师，除了《水龙经》，还著有《地理辨正》、《平砂玉尺辨伪》、《天元五歌》《地理古镜歌》等。他少年丧母，壮年丧父，祖父蒋安溪以形势派著作传术于他。此后，凡天文地理、阴阳历数之书，他都洞究无遗。他又以所学遍参大江南北的古今名墓，领会术法精义。他发现，以往的风水著作大多论述山区地形的葬法，而不完全适应于平原水乡。于是多方搜集专门适用于平原水乡的风水著作，并将其集成一册，这就是《水龙经》。

从总体来看，风水理论自唐宋以后已基本成熟和定型，以后再也没有多少新鲜的东西，因而系统收集和整理历代风水著作成了明清时期风水研究的一大特色。官方的有明代的《永乐大典》，清代的《四库全书》、《古今图书集成》，收录了几乎所有流传下来的风水典籍，包括托名为郭璞的《葬书》，托名为黄帝的《宅经》，托名为杨筠松的《撼龙经》、《疑龙经》、《青囊奥语》等，并且对这些著作进行了一番考证和研究。如四库提要对《葬书》的考证，就反映出辑录者的功力和眼光。那时民间收集和刊印风水典籍颇兴。明朝编有《地理大全》、《阳宅十书》、《阳宅集成》等；清代编有《山法全书》、《阳宅大全》等。1942 年 8 月出版的钱文选所编的《钱氏所藏堪舆书提要》将当时流行的众多风水书籍加以综合分类，编成七大类目即峦头、理气、水龙、宅经、罗盘、选择、钳记。可谓明清流传的风水书籍总览。这些都为后世的风水研究保存了大量文献资料，对风水理论传承下来起着重要作用。

除对历代风水著作的收集整理外，人们主要是对风水典籍作进一步研究，对来自实践的问题进行阐释和总结。明清时期，尤其在乾嘉年间，考据之风颇盛，当时目录学和文献学的新成果都得到运用，有力地推动着对风水的研究。这方面的主要著作有明代的《堪舆管见》、《堪舆辨惑》，清代的《葬经笺注》、《疑龙经校补》、《阳宅辟谬》、《风水祛惑》等。

实践和理论的繁荣，使唐宋以来形成的形法、理气两派风水，到明清时期得到进一步发展。明清流行于世的《地理五诀》中提出了风水环境五个要素，即龙、穴、砂、水、向。明代流行较广的《葬经翼》发展了“气”的理论，提出形是气的外象，有形即有气。清代《山法全书》提出以形势为龙体的概念，大大发展了《宅经》中“以形势为身体”的说法，这更接近风水中早已有的“地脉”概念。明十三陵、清东陵西陵等皇陵均为形法派的风水杰作，但也渗入理气派风水思想。明清时关于理气派风水著作亦颇多。如《葬经冀》就是理气派风水的代表作。该书将中医技术的气和脉等理论应用于风水，勘测风水犹如中医的望、闻、问、切的诊断过程，故有“相地如相人”的说法。另外《水龙经》、《定穴要诀》、《相宅编纂》等也都将理气派风水理论发挥得淋漓尽致。

第十章　风水学的对外传播

风水孕育于中华文明的土壤，为地道的本土文化。但随着中华文化的传播与渗透，风水的影响力也远播海外，尤其在那些受中华文化影响最深的国家，如我们的近邻日本、朝鲜及东南亚各国，风水更是遍地开花，融入了当地人民的起居生活之中，所受到的崇信程度甚至不亚于祖地。新西兰奥克兰大学的尹弘基教授甚至说："如果对风水没有深刻的了解，要研究中国和朝鲜的历史地理是不可思议的。"

近世以来，西学东渐的同时，西方学者也开始注意到风水这朵独特的东方奇葩，除了神秘的术数文化内容，风水所折射的古老的自然观、环境观及合乎现代科学的理性成分也越来越引起他们的浓厚兴趣。风水成为一种严肃的学术研究对象，并在这方面取得了相当的成果。

一、风水与日本的家相学

公元7世纪左右，日本的遣唐使开始大量输入中国文化，一般认为风水学传到日本也是在这个时候。据史料记载，日本7—8世纪的几次都城建设中，都是在地相师（相当于风水师）勘定指导下兴建的，如天武天皇681年的畿内都城的建造、元明天皇710年的平城京的建造等等。当时有"阴阳寮"，是政府管理风水的组织。风水最流行的江户时期，风水成为日本的国家政策，在民间也相当普及。当时日本已经开始使用罗盘。罗盘上的磁针、子午针和指南针与中国的叫法一样，到后来建家宅也使用罗盘。

江户时期，有关风水的著作有200多册，出现了像松蒲东机的《家相大全》、益蒲银鹤的《相家》等名作。尤其《相家》，是日本最重要的家相著作，许多住宅形式和方位理论的体系均直接受此书的影响。而此书被认为是在中国《宅经》的基础上写成的。

也有一种观点，认为中国风水是在公元7世纪左右经由朝鲜而传入日本的。一部叫作《徒然草》的著作中所描述的圣德太子的阴宅风水观，可作为这一说法的佐证。

日本平安时代宇多天皇宽平年间（889—898），藤原佐世编成的《日本见在书目录》在著录来自中国的道教经典时，就列有《青乌子》《玄女经》等中国风水著作，这说明中国早期风水著作是与道教经典一起传入日本的。

中国风水分为阳宅风水和阴宅风水两个方面，相应地，中国风水在传入日本也分为家相和墓相两个部分。家相相当于阳宅风水，墓相相当于阴宅风水。但相比较而言，中国人更为重视阴宅风水，如“风水”一词即来源于阴宅风水的经典文献《葬书》；而日本人对家相学的重视更甚于墓相学，他们更为关注居住宅地的吉凶。日本民族的生命宗教是视死如归，在日本人的观念中，死不是通往永恒的沉寂，而是走向了生机的流转，在他们看来，生死是可以轮回的，这或许是日本人轻视阴宅风水的一个重要原因。此外按日本学者渡边欣雄的解释，在日本，“从祖先传下来的父系的密切关系并不是很重要”，“更重要的是以现在居住的宅地为特征的门第（血统）。所以，重要的不是判断直系祖先墓地的墓相，而是判断宅第的家相”。

由于中日两国在地形、地势以及风俗习惯上的不同，两国人民的风水观念存在很大的差异。风水传入日本之后，经过改造，已经与发源地的传统风水有了相当大的变化。日本的家相学并不等同于中国的阳宅风水。日本家相学内容广泛，除讲究住宅与室内方位吉凶外，还重视出门起程的时间和方位的吉凶，并往往与手相、面相等内容相结合。人们建造房屋时，需要请家相师（风水师）做的工作主要包括选定地基、选择开工日期、净化宅基等。

此外，日本家相中虽也有二十四山的方位观念，但与中国有所出入。中国风水的方位观念是以坐北朝南的南北轴线为基础的，即所谓的子山午向，坐坎朝离。而日本家相中的方位判断轴线却是坐艮朝坤的。

日本家相中的二十四山方位各有宜忌。

壬：宜建仓房；

子：不宜设门；

癸：不宜打井；

丑：不设禽舍、井、厕；

艮：不宜设神龛、门；

寅：不宜建炉灶；

甲：宜打井；

卯：不宜建仓房、门；以厨房为吉，自古被称为“东方之水”。

乙：宜打井、设神龛；

辰：宜设门；

巽：不宜设神龛；

巳：宜修井、花园和厕所；

丙：宜设门；

午：宜开敞，不宜打井；

丁：宜建仓房；

未：不宜建亭、仓房；

坤：不宜建园林；

申：不宜设仓房、门、井；

庚：宜建仓房；

酉：不宜设门，宜打井；

辛：宜建灶；

戌：房屋应凸；

乾：宜修室门及井；

亥：宜建灶、井和厕。

日本人对鬼门相当重视。所谓鬼门有前、后之分，前者指东北面，后者指西南面，说的是住宅的方位。在鬼门线上不设门、不建厕、不设厨，宜避开污物。除了这一禁忌之外，日本住宅的北面一般不设窗户。在日本的方位观念中，东南90度的整个方位一般被认为是最吉祥的区域，这一区域称为“风门”。另外的几个方位：北方为休门，东方为疾门，南方为景门、东北为鬼门、西北为天门、西南为病门。通常，东北—西南一线被认为是凶线，西北—东南一线被认为是吉线，其他方位则各有吉凶。

南京农业大学的李琦珂、曹幸穗的研究指出，受佛教的影响，日本家相学中所蕴涵的“空间风水”思想，既包涵了自然的物质因素，也暗含着和合的精神因素。日本茶室（也称“草庵风茶室”）就是这方面的成功典范。“草庵风茶室”是寺庙建筑和民间庭园相结合的一种小型茅舍，体现人们对静谧、和谐、回归自然理念的不懈追求。在“草庵风茶室”风水设计中，将树木种植在通往茶室的路上，营造出淡雅、简朴的环境，体现了茶道“和、静、清、寂”的思想情趣，能够陶冶人们的情操，启迪人们的性灵。①

与中国风水一样，对于有些缺陷的住宅布局，家相学也有修补的说法。日本民间会借用诸如设宝阁、添屏风的方法，以趋吉避凶。如《源氏物语·夕雾》写到公主巧改丧室为喜屋一事时说：“此室（储藏室）丧家装饰，似嫌不祥，故将做佛事的东室用屏风遮住。东室与正屋之间的帷屏为淡橙色，吉凶咸宜，并不惹眼。”

中国风水学中的“地气”一说，也为日本人普遍接受。早在江户时代，就有人认为，地震的发生是因为有气场。垣鲁文（Kanagaki Robun）的《安政见闻录》是一本记述了安政年间（19世纪后半期）连续发生的地震、风灾、水灾、痢疾等的现场报告。在此书的“序”中，鲁文对江户人对各地多次出现的地震不闻不问、毫不关心的状况表示担忧，其中写道：“俗话说，江户多被称为‘挖掘之井’，所以地气时常散发。因此，人们认为这儿没有大地震，可以在此安居乐业。”从该记录可以发现，江户人把地震发生的原因归结为是地气所致。为散发地气，江户在外面挖了很多井。他们相信，有了这些井地震就不会发生，因此也就对地震漠不关心。这里所说的地气到底指什么目前还不很明确，但是如果将它解释为是一种地下的龙脉通过龙穴（井）涌出地面的朝气的话，这就符合风水学的理论了。

---

① 李琦珂、曹幸穗：《中日韩三国“风水”文化比较研究》，载《东北亚论坛》2013年第1期。

日本的建筑，包括城池、庙宇和民居，都深受中国的影响，平安京（京都）、平城京（奈良）的规划布局几乎是对中国唐代长安城的照搬，连平城京宫的12道门，均取长安城门之名命之。特别是日本建筑的理念，基本上是中国风水理论的演绎。从风水学的角度来说，平安京的营造尤其体现了风水的理想模式。

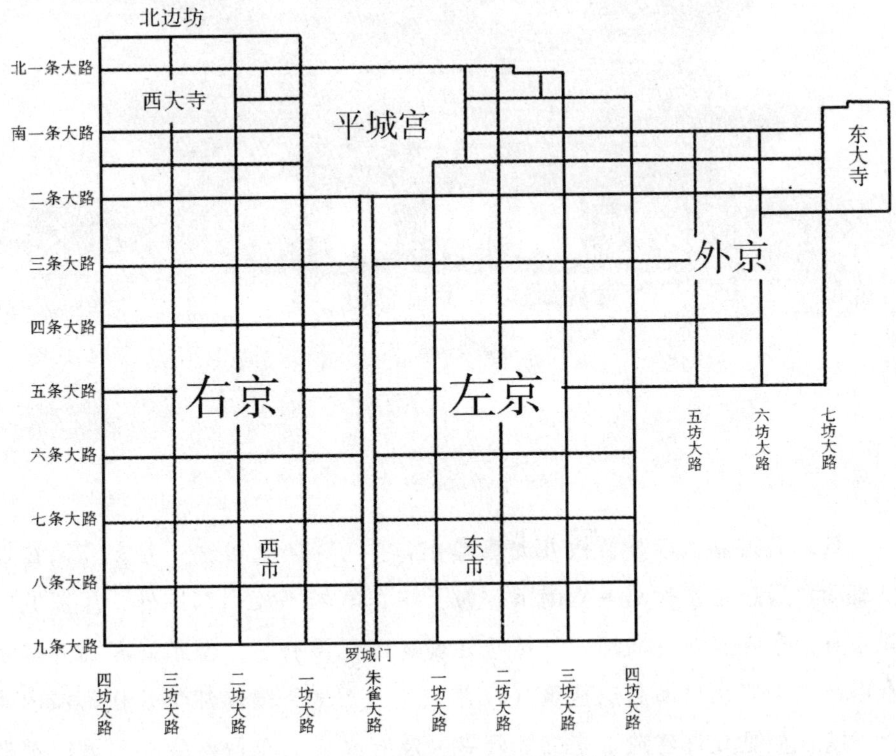

日本平城京街道图

平安京的皇居（天皇的住所）在千本丸太町的交叉点附近。北面有北山、比良山和比叡山。吉田山的后面有东山，一直连到南面，西山也一直向后延伸。南面有个巨椋池。总体上看，具备了三面环山、南面有水的“砂环水抱”的条件。北方有丹波山地，连结1000米的山脉。山形就像一条巨龙，巨大的龙脉从700米的贵船山一直绵延到100米的船冈山。这样，皇居就气场盈满。因此，位于皇居南东邻的神泉苑被称为“龙口水”，正寓意龙喝水的地方。

日本平城京朱雀门

日本名古屋大学教授樱井龙彦指出，“气”从皇居这一龙穴开始在地里流动，通过朱雀大路一直南下。为了防止气场不流出都城外，用罗城门和左右的东寺、西寺堰堵。虽然西寺现在已经没有了，但东寺和西寺都建有塔，在平安京可谓高层建筑（57 米）了。桓武天皇虽然禁止在都城内建造寺院，但是允许建造了东寺和西寺。建有高塔的东西两寺和罗城门都拥有防止气场流失都城外的机能。据此，平安京从风水学的角度来看，可以解读为是一个作为盈满大地能源“气场”的理想的都城建造而成的。①

日本文学名著《平家物语》第五卷的《迁都》中指出，在迁都时，皇居处于左有青龙、右有白虎、前有朱雀、后有玄武的四神相应之地，位于“最适合做帝都之地”。具体而言，东边的青龙为鸭川，南边朱雀为巨椋池，西边白虎为山阴道，北边的玄武为船冈山。这种有意为之的布局，说明中国风水中的“四灵”模式同样对日本的建筑产生了深刻影响。

---

① （日）樱井龙彦：《城市历史文化遗产的防灾民俗论——从日本古都京都出发的思考》，虞萍译，载《文化遗产》2009 年第 3 期。

现代日本科技发达，经济成就举世公认，但对传统风水学说同样非常重视，许多专科大学的建筑教授都在研究星相风水。如日本一流的建筑师冈本先生所著的《配合阳宅学的间隔设计》一书，是宇宙气场与现代建筑结合的应用典范，他设计的家相方向盘比中国古代的罗盘更直观、更易懂。

北京大学教授于希贤在《风水文化对世界的影响》[①] 一书中，详细回顾了日本人对风水的研究历史，指出：日本人不研究本国风水，是日本风水研究的一个特色。二战前日本的风水研究为殖民统治服务，其研究对象主要是朝鲜、中国台湾，并且这种研究主要是从法律学的角度进行的，这一时期的研究是日本风水研究史上最坏的时期。二战结束后，日本的各殖民地纷纷脱离日本独立，没有了朝鲜、中国台湾这些殖民地，日本人也不再对这些地区的风水进行研究，所以随着二战的结束，风水研究也进入了衰退期。直到 20 世纪 70 年代，日本学界开始重视对海外学术和思想的研究，从而恢复了对中国台湾与朝鲜的研究；日本冲绳地区开始了对中国风水思想的研究，这在日本当代的风水史上是具有开创性的。进入 20 世纪 80 年代，日本开始出现风水研究的热潮，对中国、朝鲜的风水传统及现状的研究居多。1989 年 9 月，日本全国风水研究者会议成立，日本的风水研究才真正步入了快速发展的时期。许多学者的研究内容涉及民俗学、社会学、人类学、历史学、建筑学等诸多领域，别开生面，颇有创见。

二、风水学在朝鲜半岛的传播

日本学者渡边欣雄研究指出，中国风水在东亚邻邦诸国的传播，是以朝鲜半岛为开始的。大约在新罗时代（668—901）早期，风水文化就随着儒、道经典一道传入了朝鲜半岛。高丽时代（918—1392），风水文化在朝

① 于希贤：《风水文化对世界的影响》，世界知识出版社 2010 年版。

鲜半岛得到广泛的传播，并受到上层统治者的青睐。如高丽王朝的创建者王建，相信只有房址的风水好，才能够创建新的王朝。他给子孙的诫训《十训要》也多涉及与风水有关的内容。如在第五训中，他认为自己之所以能够建高丽，是托三韩地域山川之福；在第二训中，他告诫不要在道仙先世没有选定的地方任意修建寺庙；在第八训中，他认为车岭山脉以南的地势是叛逆形，所以不要录用那个地方的人。

经过一千多年的持续不断的发展，风水思想逐渐与朝鲜半岛本土的思想文化相结合，渗透到民众日常生活领域当中，产生了深远的影响。渡边欣雄在《风水思想与东亚》一文中说："韩国农村的多数老人应用风水知识与西欧的观念不同，他们认为它是真正的科学，并且一般的人们也认为风水不是迷信。"日本学者涉谷镇明于1991年在日刊《人文地理》43卷上发表的《风水地理学说对李朝邑集落的影响》一文，根据地形、河流与集落的位置关系，对朝鲜半岛李氏朝鲜时代331个现存的村邑集落进行分类，划分为7种选址类型。其中70%的村邑集落选址在"背山临水"或"藏风得水"的北侧依山、南面临水的地带，符合典型的风水模式。

风水的普及也带来了著述的繁荣。朝鲜时代后期，涌现出大量的风水理论的书籍，内容涉及村落和宅址的选定，住宅的建筑计划及住宅建筑过程中所应遵从的风水禁忌等。这些书籍以洪万选的《山林经济》、徐有矩的《林园经济志》、李重焕的《择里志》等为代表。其中在《择里志》一书中，作者详细阐述了地理、生理、人心、山水等四种选择宅址条件。这些书籍的编写和流传，进一步推动了风水在朝鲜半岛的传播和发展。

与古代中国一样，朝鲜半岛也流传着许多关于风水的传说。韩国古代有一部话本小说《壬辰录》，其中讲到这样一则故事：壬辰年（1592）朝鲜发生倭乱时，中国明朝政府派援军去平息。战事结束后，援军主将李如松巡视各地，发现一处山清水秀，风水极佳，认为这样的风水宝地必出大圣大杰，将来恐怕会成为中国的大患，不如现在切断其地脉，以绝中国之后患。但当他找到气穴准备下手时，山神突然显灵，狠狠地惩罚了他。这种关于地脉的传说，实际上可以上溯到我国的秦汉时代，反映了人们对风水的信仰。

受中国风水学影响，朝鲜民族也信奉"四灵"模式，凭直觉将住宅的环境要素比拟为某种方位神灵。如在住宅选址上，强调“凡住宅左有流水谓之青龙，右长途谓之白虎，前有污池谓之朱雀，后有丘陵谓之玄武，为最贵地（必用）”，即住宅左侧的河流为“青龙”，右侧的道路为“白虎”，前面的河池为朱雀，后面的丘陵为玄武，这样的风水宝地为最好。最显著例子，就是韩国的首相府——青瓦台，即选在“北玄武，左青龙，右白虎，南朱雀”的风水宝地，并且连建筑也依照这一格局布局建造。

风水在朝鲜半岛也有悠久的传统，韩国总统府青瓦台，即选在“左青龙，右白虎，北玄武，南朱雀”的风水宝地。

在房屋的平面形态的选择上，也有诸多宜忌讲究。比如要求具有好字的形状，“日”、“月”象征太阳和月亮，所以“日”字形和“月”字形就是好的地基形状，“口”多是用于食物不断的意思上，所以“口”字形也是好的地基形状。要回避使用表示建和拆意思的“工”字形或表示尸体意思的“尸”字形的地基形状。

另外各住居空间的布局和住宅朝向等，均按照《周易》理论进行推算。各建筑物的布局，根据坐向论决定方位，特别是大门和里屋、厨房的方向最为重要。房屋的方向，南向为第一、东向次之，西向要绝对回避。大门、仓库、舂米间、厕所等都要选合适的方位上设置，要根据各空间的用途，选定各自对应的方向。在住居空间上，认为睡觉的房间要亮堂和干净，亮堂才能接受好的气韵。但如果亮和暗不能达到平衡，就容易得疾病，所以房屋不要太高、也不要太矮，窗户设计得要宽。①

与中国一样，朝鲜民族的建筑风俗也要遵循特定仪式，受到各种禁忌的约束。比如在建造房屋的时候，首先要向风水师询问自己的生辰八字是否适合建房屋的运数，如果不具有建房屋的运气，就以别人名义建房，然后作形式上的房契，进行买卖交易。在决定建房后，在建筑材料的准备上也有一些规定：如砍伐建房木料的时间在 7 月到 10 月间，以松木为上等。修地基时主人要特别选定吉日，进行祷告和祭祀天地。打好地基后，还要向风水师问立础日、立柱日、上梁日，再根据相应的日期进行建筑施工。特别是上梁日要举行上梁祭，犒劳建筑工人。房屋竣工后，要特别选定入宅日，开始在新居的生活。同时，在房屋的间数、量柱的尺数、布椽的根数和窗户的设置上都要遵从数字奇偶的禁忌。如《增补山林经济·卜居》中就提到："凡造屋必用单数为吉，如一间、三间之类，量柱尺数及布椽多少亦用单数，两户不可相当，两壁如欲对，窗必须一双一双。"②

风水文化至今在朝鲜民族的思想观念与社会民俗中有深刻影响。如每到韩国总统选战最为激烈的时候，一些候选人为了获胜，往往通过翻新祖坟或迁移祖坟的方法来求得改运，将风水作为政治生活的福佑荫庇。韩国一名政治分析家认为："政客对改变自己命数的愿望很强烈。尽管风水显然是封建迷信，却是一个简单易行的方法。"又如潘基文当选联合国秘书长以后，近两千名风水师及少数佛教人士涌入其家乡山塘一村，经过研究，"发现"其家附近一座山岳地形状像一只展开双翅、准备高飞的鹤，风水学认为这是"仙鹤展翅"格局。对于这一说法，潘基文也默认了。

1995 年，为了纪念二战胜利 50 周年，首尔的日本殖民地时代的建筑物朝鲜总督府厅舍（战后被作为博物馆利用）被拆毁。从风水的角度看，韩国政府拆毁它有其充分的理由。总督府厅舍位于李王朝的象征景福宫的

① （韩）姜荣焕：《韩国居住文化的历史》，转引自韦宝畏《风水在朝鲜半岛的传播及对当地居住环境选择之影响》，载《吉林建筑工程学院学报》第 28 卷第 2 期（2011 年 4 月）。

② 韦宝畏：《风水在朝鲜半岛的传播及对当地居住环境选择之影响》，载《吉林建筑工程学院学报》第 28 卷第 2 期（2011 年 4 月）。

正面，依照风水理论，它切断了朝鲜民族的气脉。背后有座北岳山，切断通过那里的地脉传过来的气场就是截断王朝的繁荣。许多韩国人认为，这就是战争时期日本的阴谋。

韩国人认为，还有其他很多东西可以证明日本的"风水阴谋"。1985年，有个山岳协会在首尔近郊的北汉山白云台的顶峰发现并拔出了22根长45厘米、直径2厘米的铁柱，并指出这是日本帝国主义者为了切断韩国的气脉而打入的铁柱。拔出的铁柱目前被保管在独立纪念馆里。据说日本不仅在首尔，在半岛各地也打入了铁柱以切断他们的龙脉。于是，现今韩国各山发现的铁柱一律被拔除。不论上述这些说法的可信度如何，却从侧面反映了韩国人对风水的高度重视与信崇。

2004年6月5日，韩国拟施行迁都计划之际，韩国政府国情咨询机构之一的地理风水学会的38位专家学者曾来北京考察风水布局，并召开研讨会。不论迁都计划最后是否能得以实现，从要迁入的公州选址规划看，它基本上符合中国风水山环水抱的基本规则。自迁都的想法首次被提出以后，韩国政府一直在为迁都作准备，雇请了大概400名风水师，希望为新首都，包括为建筑总统府寻找最理想的地点。

据传在这样的文化背景下，从2003年开始，韩国对风水文化进行了重新梳理，以政府行为启动了韩国"整体风水地理"项目，准备尽快将其列为韩国国家遗产名录和申报世界遗产。该项目由韩国国立中央博物院主持，是联合数十位不同领域的专家进行的国家级项目。

韩国的"申遗"工作在当时只是一个传闻，却引起了中国文化界不小的震动。有论者认为，如果风水"申遗"被韩国先一步获得，中国文化将面临极大威胁：因为风水文化发源于中国，对中国文化和文明产生过深远影响。目前，故宫、明孝陵等等以风水为设计原理的许多历史有形之物已经申遗成功，如果韩国将风水作为自己的文化部分申报世界文化遗产，无疑是对中国历史与文化的一种长期夺占。

除了东亚近邻，风水在亚洲其他一些国家也广受重视。比如在新加坡，风水和许多传统的文化观念结合在一起，伴随着新加坡华人度过了艰辛磨难的创业年代，所以新加坡人对风水有着一种特别的信赖和情感。位于新加坡特罗·布兰奇东道边的观音堂庙，是中国式寺庙与良好风水结合的典范。寺庙建于1886年，地高临海，前可收低地之阳，后与左右两侧，三面环山，呈坐山望海之势。新加坡著名的玉皇殿，也是选址在背山面海的有利地势上。庙内一块石碑记述了选址的情况："爰思作庙，卜基于永全街中，背山环港，渊涵岳峙，绕绿送青，胜地也。"

在新加坡，许多宾馆和高层建筑都是按照当地或来自外地的风水家的意见设计的。风水家一个建议价值1000新元到5000新元不等。据称，新加坡闻名遐迩的海德饭店，就曾请过著名风水家来对该饭店的门庭、喷泉和问讯台进行改造。此外，全球第一家上市的风水公司新天地集团，正是来自新加坡。可见，在新加坡，风水已成为一种广泛的民俗文化形式。

马来西亚也是一个风水很流行的东南亚国家。马来西亚港口城市槟城，有一座中国式庙宇极乐寺，就是按照中国风水的模式选址的。它左有龙山，右有白虎山。极乐寺所在小山有仙鹤飞升之感。又如马来西亚航空公司总部、布鲁梅塔和马来西亚联合工业公司等等，均是照风水方式设计的，其目的是使这个地区的建筑物之间，能保持一种协调和平衡。

三、西方学者对风水学的研究

西方人真正接触中国风水，开始于传教士来华之时。传教士深入民间，能通方言，对于风水与人民生活习俗的关系，有深刻的体会。他们的记述与报道是就事论事的，所以是很好的研究的素材。1582年从意大利来华的天主教耶稣会士利玛窦，在其著名的《利玛窦中国札记》中，就曾记述了中国人按风水行事的一些见闻。由于其固有的宗教立场，他把中国风水视为迷信，予以了否定，说："看风水，对西方人来说是很新奇的。风水师认为风水能决定一家人的健康、财运、功名成就，及一地祸福，真是愚昧极了。"其中带有很多的误解和偏见。

德国传教士艾德于1862年被巴色会派到中国广州传教，他曾任《中国评论》的编辑多年，写过许多关于中国的文章。艾德所撰《风水——中国自然科学的萌芽》于1873年在香港出版发行。他在书中写道："什么是风水？这个问题在近三十年来一直被人们探讨，因为自从外国人被允许在大清帝国这个陌生的国家定居后，风水问题总是不断地困扰着人们。当人们买块地、建一座房子、推倒一座墙或升一根旗杆时，住在通商口岸的居民遇到了数不清的困难，所有这些都用看风水来解决。"上面利玛窦和艾德的这些言论表明了早期西方汉学家对中国风水的基本认识和态度，在西方国家的影响极大。他们把风水当作中国宗教系统的一部分，也就是看作一种迷信，并没有留意到它与中国文化间更深刻的关系。

与此同时，一些西方学者也开始从近代科学的角度对中国风水加以研究，并得出带有肯定的结论。前文提及，在清乾隆时期来中国的法国传教士韩国英在描述中国园林景观的设计特点时，援引了一位古代建筑大师的叙述，其中清晰地反映出源自风水的美学意趣："他们首先追求的是空气新鲜，朝向良好，土地肥沃；浅冈长阜，平坂深壑，澄湖急湍，都要搭配得好；他们希望北面有一座山可以挡风，夏季招来凉意，有泉脉下注，天际远景有个悦目的收束，一年四季都可以返照第一道和末一道光线。"

英国基督教传教士伊特尔1873年初版的《风水：古代中国神圣的景观科学》，系统分析了中国传统风水理论，并把它介绍给西方读者。他对风水给予了一定的肯定，写道：

> 在我看来，风水无论如何是自然科学的另一种名称。
>
> 风水是可以被称作宗教与科学的完全混合的东西，……从科学的角度看，我们迄今为止只能非常宽容地说，中国物理科学是对自然的粗浅猜测的凝聚物，被怪诞地运用幼稚的模式而发挥了。
>
> 风水理论包含着显著的美学成分和深刻的哲理，中国传统建筑同自然环境完美和谐地有机结合而美不胜收，皆可据以得到说明。

伊特尔在分析中国风水的自然哲学基础时，将风水中所谓的理、数、气、形，分别归纳为自然的法则、自然的数值化、自然的气息、自然的外形，他认为理、数、气都不是可以直接看到的，是影响物之形成的潜在机理，而大地上的一切存在物，都以其外在的“形”，直观地反映着理、气、数，也就是说，形是一定的理和数作用下的气所产生的结果，对自然平衡的破坏将受到气的报复。

20世纪以来，现代科学技术飞跃发展，使西方进入一个高速运转的工业社会，带来丰富的物质财富。但由于从根本上忽视了自然界本身及人类同它的生命联系，终于导致了一系列严重问题，包括严重的生态环境破坏，人们精神情感上的空虚、紧张，人类自然本性的异化，等等。这些都引起了西方学者的反思，他们在中国风水“天人合一”的和谐自然观中找到了解决问题之道，重新“发现”了中国风水的价值，于是掀起了风水研究的热潮。西方学者希望将风水的理论方法引入环境规划和设计思想中，给后工业化社会以新的活力。

世界著名的史学家、英国剑桥大学的李约瑟博士在《中国的科学与文明》一书中，曾经发表过他对中国风水的看法：

> 风水实际上是地理学、气象学、景观学、生态学、城市建筑学等等一种综合的自然科学……是中国古代的景观建筑学。
>
> 我初从中国回到欧洲，最强烈的印象之一是与天气失去密切接触的感觉。（在中国）木格子窗糊以纸张，单薄的抹灰墙壁，每一房间外的空阔走廊，雨水落在庭院和小天井内的淅沥之声……而在欧洲的房屋中，人完全被孤立于这种境界之外。
>
> 在许多方面，风水对中国人民是有益的，如它提出植树木和竹林以防风，强调流水近于房屋的价值。虽在其他方面十分迷信，但它总是包含着一种美学成分，遍布中国农田、民居、乡村之美，不可胜收，都可借此得以说明。

美国城市规划权威凯文·林奇在其代表作《都市意象》一书中，高度评价了中国传统的环境哲学，指出风水理论是一门“前途无量的学问”，

“教授们组织起来，予以研究推论”，“专家们正在向这方面谋求发展”。[①]

美国当代生态建筑学家托德夫妇在《生态学设计基础》中说：中国风水“具有鲜明的生态实用性”。“风水世界观源于对天地的仰观俯察……它是一种大自然和谐协调的方法。”

著名英国景观建筑学家帕特里克·阿伯隆比赞誉：“在风水下所展现的中国风景，在曾经存在过的任何美妙风景中，可能是构造最为精美的。”

毕业于美国伯克利大学现就职新西兰奥克兰大学的尹弘基教授，在回答风水究竟是迷信、宗教还是科学时说：“风水不属于其中的任何一种。西方没有与风水相当的概念，也不能按西方标准将其归类。风水是一门使自然环境概念化的独特的综合理论体系，其宗旨是通过指导人们如何选择吉祥环境及怎样营建与环境相协调的建筑实体（如坟墓、房屋及城市）以达到调控人类生态环境的目的。”

据于希贤教授的研究，世界上许多国家，包括美国最著名的伯克利大学在 1973 年就开始招风水的博士研究生。日本有 2200 所大学，其中 110 所大学都正式开了风水班。国际上一些著名的大公司总裁也笃信风水，如微软的比尔·盖茨，他到中国来的时候要租用中国的房子，一定先请风水师看过风水；他在世界任何一个地方要开微软公司的分公司的时候，选择住房都要请风水师看。

追溯海外的“风水热”，大致发端于 20 世纪七八十年代。当时香港和台湾出现过一次移民潮，很多华人去了北美。据说，去的有钱人不少，其中很多是信风水的。去了就要置业，自然也不能不讲点风水了。于是，风水也随中国功夫、针灸、中医流行美国。

在 20 世纪 80 年代末期，美国兴起宇宙气场养生学，其主要思想认为：人与天地自然气场是否相符合会影响人的健康、情绪，进而影响到事业的兴衰。与宇宙气场养生学类似的生态气场优选学，环境气场优选学等也相继在国外出现，由此提出了“生态建筑”、“生物住宅”、“文明建筑”等等概念。美国许多所大学甚至开设了易经风水等专业课程。

欧洲一些发达国家的风水研究机构也是层出不穷。在俄国，人们将极

---

① （美）凯文·林奇：《城市意象》，华夏出版社 2001 年版。

难翻译的《易经》译成俄文，聘请中国学者到大学介绍中国的风水。德国1996年成立了国际风水论坛，成员由德国医生、建筑师、室内装饰师、土木工程师、商人和经理等不同行业的人士组成。他们对风水的作用深信不疑，并努力在日常工作中将其付诸实施。

第十一章　风水工具史：风水罗盘源流

风水罗盘是有指南针的方位盘。从物理本质上说，它实际上是利用指南针定位原理来测定方位的工具，是四大发明之一的指南针的沿续和发展。但罗盘又不仅仅是一件测向工具那么简单。罗盘上逐渐增多的圈层和日益复杂的指针系统，意味着风水这门古老术数的不断发展。

风水师使用罗盘格龙、立向和消砂纳水，为人们选择相对理想的居住、丧葬环境。他们的实践经验不断积累，每一个时代都有新的理论，往往会在罗盘的层面上反映出来。经过一两千年的发展，随着风水学的盛行和流派的繁复，罗盘的圈层逐渐增多，指针系统日益复杂，由起初简单粗糙的形制，演变成内容丰富、划分精细的体系。我们今天看到的罗盘，因流派和产地的不同而各异，层数或多或少，体制复杂，内容各异，各种层数加起来共有五十多层。可以这么说：罗盘的发展史，正是一部生动的风水学发展史。

一、辨方正位的风水“利器”

仔细分析可以发现，无论风水的流派如何错综复杂，内容如何玄奥晦涩和混乱，其主旨却一脉相承，十分明晰：一是辨方正位，一是相土尝水。其中又以辨方正位为最重要。完成了辨方正位，方能结合人的八字命理，以阴阳五行之生、克、制、化关系来论吉凶。罗盘是风水师参天量地的必要工具，它的基本作用就是辨方正位。

风水学的经典文献《管氏地理指蒙》里有云：“卜兆乘黄钟之始，营室正阴阳之方，于以分轻重之权……生者南向，死者北首。”又说：“卜兆营室二事，一论山，一论向，为堪舆家第一关键。”要实现基址选择的天时、地利、人和的完美统一，“辨方正位”是首先必须做到的。如我们曾提到的公刘“既景乃岗，相其阴阳”的相地活动，正是后来风水家“辨方正位”的源头。

事实上，公刘相阴阳图风水师对辨方正位的追求，不仅是为了追求良好朝向和合理的空间布局，也是出于宗法礼制和伦理观念的考虑。《周礼》：“惟王建国，辨方正位，体国经野，设官分职，以为民极。”至于帝王之居，历来更必须“天子择中而处”（《管子·度地篇》）。建筑方位的确定历来为统治者所关心，重要建筑方位的偏正与否，被看作是治邦安国的大事。古人认为，只有方位端正了，前后左右次序才能定下来，国家才能有次序，达到以礼治国，人民安居乐业，天下太平的目的。

再到后来，原先还比较简单粗糙的辨方正位，被赋予了丰富的吉凶观念，并逐渐融汇了阴阳家、五行家的方术和理论，如阴阳五行、八卦象数、星命、谶纬等等，变得日益复杂起来。在许多风水书中，都有建筑坐向和方位的讨论，并被认为与人的吉凶休咎密切相关。例如有“论各命坐向”说：

> 亥卯未命，宜坐北向南大吉，坐东向西次吉，坐南向北可用，不宜坐西向东，犯坐煞大凶。寅午戌命，宜坐东向西大吉，坐南向北次吉，坐西向东可用，不宜坐北向南，犯坐煞大凶。巳酉丑命，宜坐南向北大吉，坐西向东次吉，坐北向南可用，不宜坐东向西，犯坐煞大凶。申子辰命，宜坐西向东大吉，坐北向南次吉，坐东向西可用，不宜坐南向北，犯坐煞大凶勿用。

就把建筑的坐向和人的“命”联系在一起。又比如曾提到的汉代西益宅的风水禁忌，也是一个把方位和吉凶联系在一起的典型例子。

在风水家看来，既然方位和吉凶有密切关系，就不能马虎对待。不仅东西不分、南北颠倒是大错，就连一丁点的偏移也不行。随着辨方正位的要求越来越高，越来越精细化，仅依靠目测或者简单的工具已经不能满足需要，这时测定方位更为精准的罗盘就应运而生了。

罗盘的出现使人们对方位的感受更加具体，比如：一开始人们只知道东南西北四个方向，有了罗盘，人们对方向的分位也衍生出八干、四维、十二支，合称为二十四向（又称二十四山）。在这个基础上，加上各种复杂的方术理论，充分满足了精确化的需要。

有一句众所周知的风水格言，即："吉山自吉位，吉水向凶方。"那么什么是"吉位"，什么是"凶方"，只有用罗盘才能检测出来。

随着风水术的发展，罗盘的地位越来越重要。清乾隆时期的餐霞道人说过："罗经是堪舆之指南，无罗经则山向何由分，方位何由定。"佛隐《风水讲义》也说："罗经为堪舆家之秘宝，揆星度，正方位，分金定穴，端赖乎是，所以列为阴宅之关键，研究是道者，必先洞悉罗经之妙用。"到了明清时期，罗盘已成为风水师的必备之物。掌握罗盘的用法，成了风水从业者的一项基本功。风水师既可以用罗盘来乘气、立向、消砂、纳水、观天，又可用来相地，"测山川生成之纯杂，以辨其地之贵贱大小"。在辨方正位这方面，罗盘的功能达到了登峰造极的地步。

二、包罗万象的罗经

在漫长的发展过程中，风水术融入了中国文化中阴阳五行、天人合一、天干地支等观念，理论越来越复杂，术法也越来越繁琐，最终确立起一个庞大精奥的风水文化体系。相应地，罗盘由指南针分两仪；再分四象，东南西北（少阳、太阳、少阴、太阴）；再分八卦，八卦分先后天，先天发展为六十四圆图，三百八十四爻位；后天分为二十四山，一百二十分金至三百六十微金；三百六十五度，由四方二十八宿所管辖……关于罗盘所蕴涵的庞杂的知识体系，我们可以看清代《罗经透解》上的一段概括：

一为太极，是黄道五行百千万化也。二为两仪，一阴一阳，乾、坤也。三为三才，天、地、人也。四为四象，东、西、南、北。五为五行，金、木、水、火、土也。六为六甲，六十花甲也。七为七政，日、月、五星也。八为八卦，乾、坤、艮、巽、震、坎、兑、离也。九为九宫，贪、巨、禄、文、廉、武、破、辅、弼也。十为成数，《洛书》一得九而成十也。

这一段共十个概念，融合了中国古代天象学、儒学、道学等多种哲学理论，是形成风水学的基本依据。一是太极，天地之精、万物之本。二是两仪，一阴一阳。三是三才，天、地、人。四是四象，东苍龙，西白虎，南朱雀，北玄武。五是五行，金、木、水、火、土。六是六甲，甲子、丙寅等六十花甲。七是七政，又叫七曜，日、月、金、木、水、火、土七大

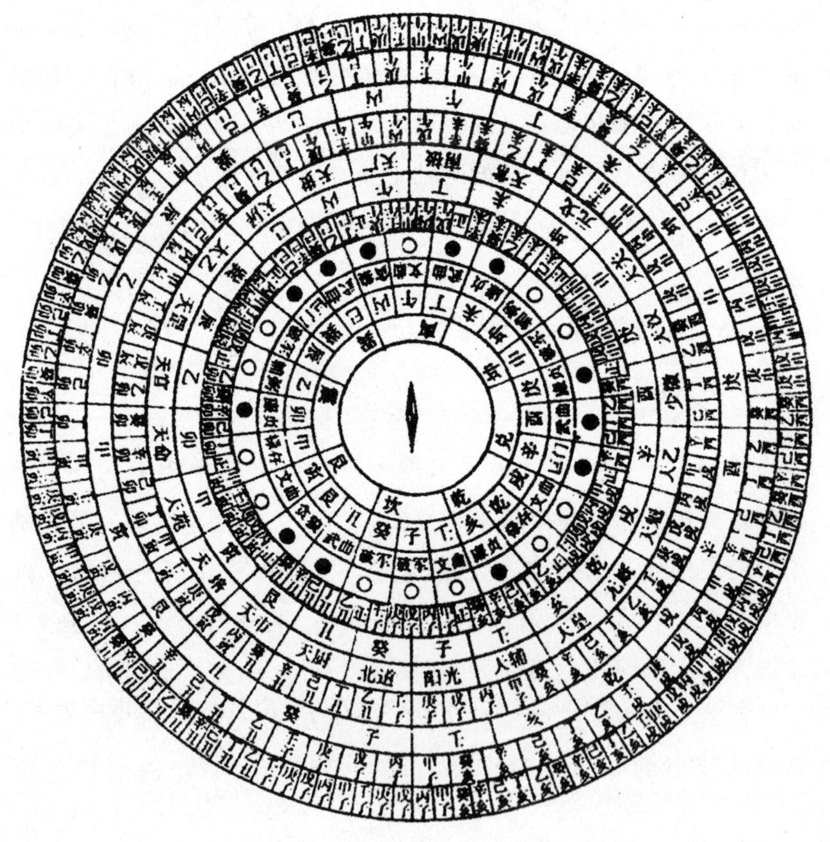

罗盘

行星。八是八卦，各分阴阳。九是九宫，是指贪狼、巨门、禄存、文曲、廉贞、武曲、破军、左辅、右弼，是风水家根据传统《洛书》九宫说命定的九方示象。十是成数，《洛书》“戴九履一”（头上为九、脚下为一）二数之和。若要大致弄懂罗盘，这些概念都需熟悉。

总之，风水罗盘融阴阳五行之理、八卦河洛之数、天干地支之道、日月星象等哲理于一体，涉及太极、阴阳、八卦、五行、河图、洛书、纳甲、天星、二十八宿等，将气、理、数、形等不同的关系协调起来，呈现了古代风水学丰富的内容体系。正因如此，罗盘又被尊称为罗经，取“包罗万象、经纬天地”之义。有人赞叹曰：“凡天星、卦象、五行、六甲也，所称渊微浩大之理，莫不毕具其中也。”

三、远祖——司南

在古代，罗盘被视为“包罗万象、经天纬地”的神器，它的来历也被蒙上了一层神奇的色彩。比如《罗经透解》开篇说：

> 盖罗经之始，乃轩辕黄帝战蚩尤，迷其南北。天降玄女，授帝针法，始得破彼妖术，此针法所由来也。然事属荒远，莫能稽考，或者谓周成王时，越裳入贡，归迷故道，周公遵其针法，造指南车以送之，针法始定。

相传在4000多年前的黄帝统治时期，蛮横无道的蚩尤不接受黄帝的统治，双方大战于涿鹿之野。蚩尤使法术招来浓雾，当时黄帝被困于浓雾之中，迷失方向。幸得天降玄女，传授给黄帝指南针法，把指南针装入兵车之中，这才破了蚩尤的妖术，转危为安。又传闻3000年前的周成王时，南方的越裳氏到京城朝拜，周公送给他们指南车，作为辨别方向的工具。这些传说年代久远，当然无法考察证实。

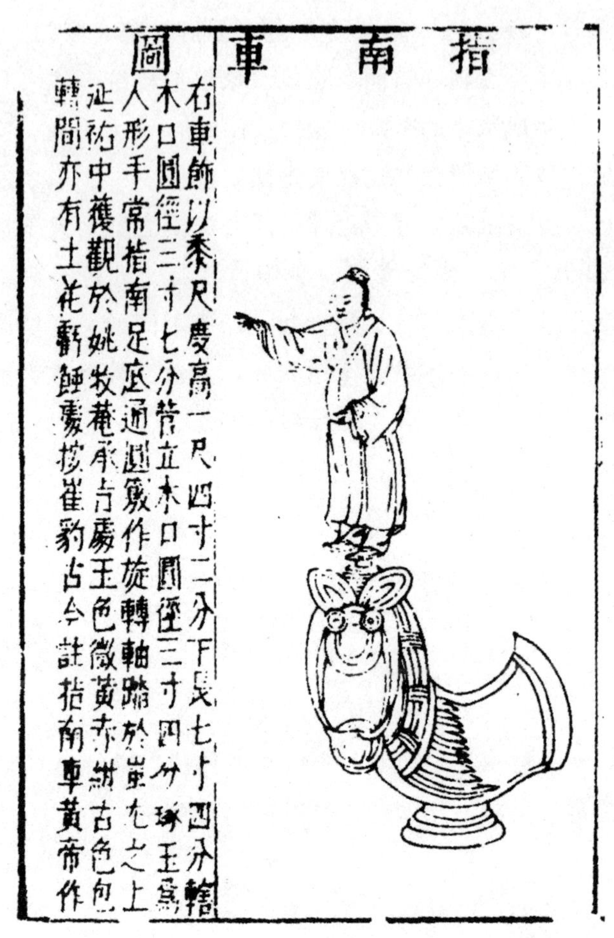
指南車圖

右車飾以黍尺度高一尺四寸二分下長七寸四分轄木口圓徑三寸七分旁立木口圓徑三寸四分琢玉爲人形手常指南足底通圓竅作旋轉軸踏於崖屯之上延祐中獲觀於姚牧菴承旨家玉色微黃赤紺古色包轄間亦有土花斑駁[illegible]按崔豹古今註指南車黃帝作

古代指南车

古代指南车罗盘是有指南针的方位盘，用以测定方位。风水用的罗盘看起来极为复杂神秘，但其根本的工作原理仍是利用地球的磁极性。在磁极的作用下，地球形成了一个具有巨大吸引力的磁场，只要我们准备一根可以转动的磁针，磁针在地磁作用下，受到同性相斥、异性相吸的自然法则制约，必然会自动停止在南北方向。这就是指南针的工作原理。

指南针的发明是古代先民对磁现象的观察和研究的结果。我国是用文字记载电磁现象最早的国家之一。早在春秋战国时期，由于冶铁技术的兴起和发展，人们发现了天然磁石的存在，并了解了磁石吸铁的现象。《管子·地数篇》云："上有慈石者，下有铜金。"这是古籍中对磁石的最早记载。东汉高诱在《吕氏春秋·精通篇》的注释中说："石，铁之母也。以有慈石，故能引其子；石之不慈者，亦不能引也。"对磁现象作出了较为朴素的解释。

在《三国志·吴书》中，曾有这样的说法："琥珀不取腐芥，磁石不受曲针。"这就是说，腐烂的芥草不被摩擦过的琥珀吸引，比较柔软易于弯曲的金属也不被磁石吸引。这个发现说明当时的人已经初步可以分清哪些物质可以被吸引，哪些物质不被吸引。

为什么会产生前面所叙述的这种吸引现象，古代人曾试图给予解释。王充在《论衡·乱龙篇》中这样写道："他类有似，不能掇取者何也？气性异殊，不能相感动也。"这就是说，琥珀和磁石为什么对有些类似的东西，不能产生吸引的效果呢？是由于气性不同，不能互相感应的缘故。

宋代的陈显微在《古文参同契笺注集解》中，也曾对磁石吸铁有过这样的解释："磁石吸铁，皆阴阳相感，阻碍相通之理……"即认为磁石吸铁是由阴阳相互感应引起的。

总的来说，古人对电与磁的吸引现象的产生有两种解释：一种是阴阳感应作用引起的；一种是"气"或"微粒"的作用引起的。

古代先民在对磁现象的观察和研究的过程中，进一步了解了磁的性质，并试图更多地应用这些性质。传说秦始皇修建阿房宫时，有一道宫门是用磁铁制造的。如果刺客带剑而过，立刻会被吸住，被卫兵当场捕获。此外医书上还谈到用磁石吸铁的作用，来治疗吞针。这样随着人们对磁性的了解和利用，大约在战国时期，我国出现了世界上最早的指示方向的磁仪器——司南。

早在公元前3世纪，就有了关于司南的记载，如《韩非子·有度篇》就记载说："先王立司南以端朝夕。"《鬼谷子·谋篇》也记载说，郑国的人到远处采玉，就带了司南去，以防迷失方向。可知当时司南已经得到了普遍的应用。以后张衡作《东京赋》，将司南改称为指南。

可惜的是，战国时期的司南并没有实物流传下来，目前的司南模型是根据东汉王充在其著作《论衡》中的有关记载复原而成的。据考证，司南由一个用磁石做成的勺和一个栻组成。勺像汤匙，底部呈圆形，可以在平滑的盘上自由旋转。当勺静止时，勺柄就会指向南方。栻是方形盘，用铜质或木质材料制成，盘的四周刻有天干、地支和八卦。八干是甲、乙、丙、丁、庚、辛、壬、癸，十二支是子、丑、寅、卯、辰、巳、午、未、申、酉、戌、亥，加上四维乾、坤、巽、艮，共有二十四向，作为司南的定向。中间有个圆形的天盘，盘面很光滑，相当于后世罗盘的天池，勺在上面可以转动。

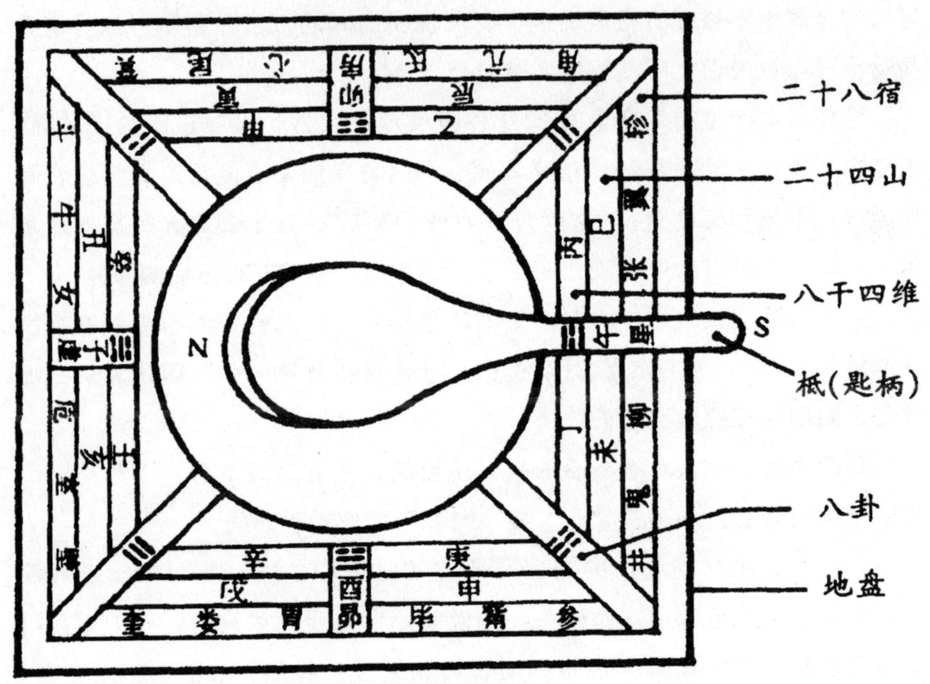

司南复原图

司南的最初发明者现在已无可查考，但是有一点是清楚的：司南的发明与古代风水家长期观天测地、相度阴阳的实践经验有着重要联系。

由于天然磁石在琢制过程中，不容易找出准确的极向，而且也容易因受震而失去磁性，因而司南成品率低。同时也因为这样琢制出来的司南磁性比较弱，而且在和地盘的接触的时候转动摩擦阻力较大，效果不是很好，因此这种司南未能得到广泛的应用。可是，司南的发明使人们对方位的感受更加具体，对方向的分位也由东、南、西、北四方演为八干、四维、十二支，合称为二十四向（又称二十四山），这正是后世风水罗盘分度的基本单位。另外，风水罗盘重要的两个组成部分——方位盘和指极磁体，都可以在司南那里找到原型。所以，可以说司南是风水罗盘的鼻祖。

四、雏形——汉代六壬式盘

汉人将五行、八卦、四方、四时、十二月、十二律、二十八宿、天干地支等观念融入了相地术中，形成了较为完整的相地术理论。思想理论的成熟也派生出实用的操作工具。1977 年安徽阜阳双古堆西汉墓出土的著名的六壬式盘（栻），就是采用八卦、天干地支来记方位。到现在，类似的式盘已经发现了数个。

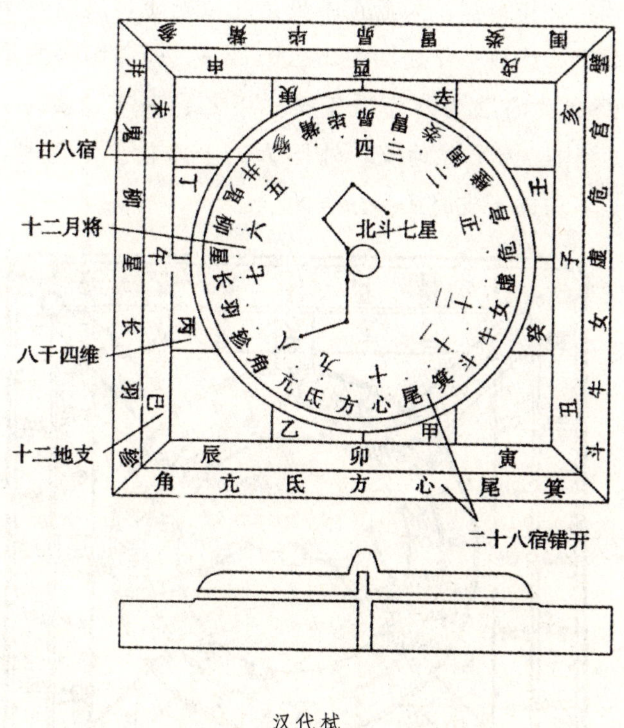

汉代栻

在汉代，六壬术很盛行，这是源于阴阳五行学说的一种占卜术。所谓六壬，即在水、火、木、金、土五行之中，以水为首；甲、乙、丙、丁、戊、巳、庚、辛、壬、癸十天干中，壬、癸皆属水，壬为阳水，癸为阴水，舍阴取阳，故名为“壬”；在六十甲子中，壬有六个，即壬申、壬午、壬辰、壬寅、壬子、壬戌，所以叫“六壬”。以六壬为坐标系而推算天时和方位吉凶，即为六壬术。六壬式盘就是当时的人们创造出来供六壬占术使用的工具。

北宋的《景祐六壬神定经》释其造式：

> 天：中作斗杓，指天罡，次作十二辰，中列二十八宿，四维局。地：列十二辰，八干，五行，三十六禽。天门、地户、人门、鬼路四隅讫。

据考证，六壬式盘由上下两层同轴叠成。上盘圆形象天，称作天盘；下盘方形法地，称作地盘。天盘正中央是北斗七星，周围有两圈篆文，内圈为十二个数字，代表一年之间的十二个月份，外圈则是二十八宿。地盘四周是三层篆文：内层为八干（壬癸、甲乙、丙丁、庚辛）四维（天、地、人、鬼），中层为十二地支，外层为二十八宿。使用时，转动天盘，以天盘与地盘对位的干支时辰判断吉凶。

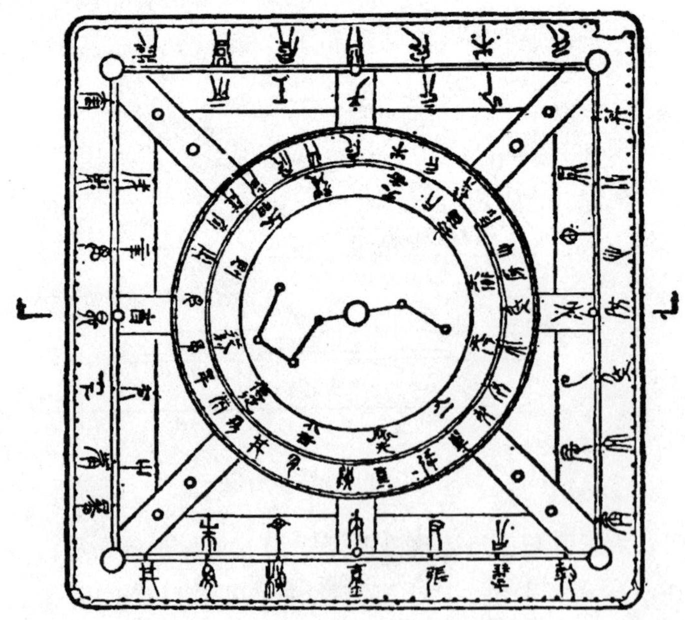

东汉初六壬式盘

古人认为，时间和方位存在着一定的对应关系，二者相合则吉，相悖则凶。如《黄帝宅经·凡修宅次第法》说：

> 正月生气在子、癸，死气在午、丁；二月生气在丑、艮，死气在未、坤；三月生气在寅、甲，死气在申、庚；四月生气在卯、乙，死气在酉、辛；五月生气在辰、巽，死气在戌、乾；六月生气在巳、丙，死气在亥、壬；七月生气在午、丁，死气在子、癸；八月生气在未、坤，死气在丑、艮；九月生气在申、庚，死气在寅、甲；十月生气在酉、辛，死气在卯、乙；十一月生气在戌、乾，死气在辰、巽；十二月生气在亥、壬，死气在巳、丙。

这种时空对应关系，正是汉代六壬式盘的设计原理。

汉代六壬式盘的应用范围很广。《唐六典》卷十四概括为九个方面："一曰嫁娶，二曰生产，三曰历法，四曰屋宇，五曰禄命，六曰得宫，七曰祠祭，八曰发病，九曰殡葬。"举凡一切阴阳之事，都要用到这种占盘。由于也用于判断方位的吉凶，就与风水术发生了联系，像上面所举的"屋宇"、"殡葬"方面，肯定是与风水有关的。

六壬式盘中的地盘为方形盘，虽然没有磁针，不能测定方向，却分层刻画有二十四个吉凶方位。在古代风水典籍《黄帝宅经》中，有以阴阳八卦配干支，分为二十四路，作为建宅的指导原则，正是将六壬式盘应用到相宅中。书中载有阴阳二宅图并有较详细的说明。书中说："二十四路者，随宅大小中院分四面，作二十四路，十干（应为八干，戊己不用）、十二支、乾、艮、坤、巽，共为二十四路是也。""二十四路"又称"二十四山"，也就是住宅四面的二十四个方位，其表示法与司南同。

这一特点被风水罗盘直接继承了下来，并演化为圆盘。据《九天玄女青囊海角经》记载：

> 玄女昼以太阳出没而定方所，夜以子宿分野而定方气，用蚩尤而作指南，是以得分方定位之精微。始有天支方所、地支方

气，后作铜盘合局二十四向，天干辅而为天盘，地支分而为地盘。

从中可以知道罗盘的最初型制，就是由天盘和地盘组成，上面主要刻有二十四向。所以大体说来，风水罗盘正是司南与六壬式盘结合的产物。

五、指南针的应用

前面介绍，司南是由天然磁石磨制成的，而天然磁石在琢制过程中，不容易找出准确的极向，而且也容易因受震而失去磁性。用今天的话来说，司南的制作成本极高，但效果并不理想。随着社会生产力的不断发展，科学技术的不断进步，航海业的不断扩大和发展，制造出一种比司南更好的指向仪器不但成为必要，而且也有了可能。在经过长期的生产实践和反复多次的试验之后，人们终于发现了人工磁化的方法，从而制造出更高一级的磁性指向仪器。

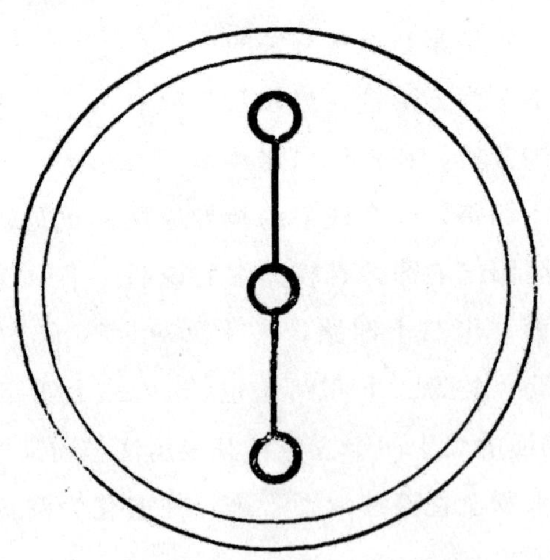

古代风水铜罗盘磁针

北宋时期，已经可以用人工的方法制造一种新的指向仪器，这就是指南鱼。它的制作过程，有个重大的突破，就是采用磁化的方法。北宋时的曾公亮在《武经总要》中曾记载：

> 用薄铁叶剪裁，长二寸，阔五分，首尾锐如鱼型，置炭火中烧之，候通赤，以铁钤钤鱼首出火，以尾正对子位，蘸水盆中，没尾数分则止，以密器收之。用时，置水碗于无风处平放，鱼在水面，令浮，其首常向午也。

这是一种人工磁化的方法，它利用地球磁场使铁片磁化，即把烧红的铁片放置在子午线的方向上，烧红的铁片内部分子处于比较活动的状态，使铁分子顺着地球磁场方向排列，达到磁化的目的。蘸入水中，可把这种排列较快地固定下来，而鱼尾略向下倾斜可增大磁化程度。人工磁化方法的发明，对指南针的应用和发展起了巨大的作用。

《武经总要》记载的指南鱼复原图除了曾公亮所记载的指南鱼，北宋著名科学家沈括在《梦溪笔谈》中提到另一种人工磁化的方法："方家以磁石摩针锋，则能指南。"按沈括的说法，当时的"方家"用磁石去摩擦缝衣针，就能使针带上磁性。从现在的观点来看，这是一种利用天然磁石的磁场作用，使钢针内部磁畴的排列趋于某一方向，从而使钢针显示出磁性的方法。这种方法比地磁法简单，而且磁化效果比地磁法好，为有实用价值的磁指向器的出现创造了条件。

具有划时代意义的是，《梦溪笔谈》里还详细记录了磁针的装置和用法。沈括曾经做过四种试验：

水浮法——把指南针放在有水的碗里，使它浮在水面上，指示方向。但针怎么能浮在水面，沈括没有说明。北宋晚期，有个叫寇宗爽的人，编了一部《本草衍义》，书中讲到在指南针上穿几根灯草，就可以浮在水面上了，这可能与沈括的水浮法是相同的。

指甲旋定法——把磁针放在手指甲面上，使它轻轻转动。手指甲很光滑，磁针就和司南一样，也能旋转自如。

碗唇旋定法——把磁针放在光滑的碗口的边上，磁针可以旋转，指示方向。

缕悬法——在磁针中部涂一些蜡，粘上一根细丝线，把细丝线挂在没有风的地方。

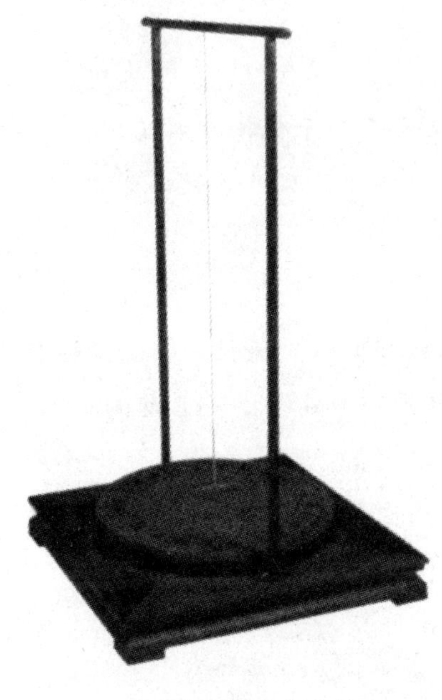
古代缕悬法指南针

根据试验，沈括认为这四种方法中以缕悬法最好。因为用指甲旋定法和碗唇旋定法，磁针很容易滑落，用水浮法，水也动荡不定，而缕悬法没有这些缺点。

沈括在《梦溪笔谈》中记载的这四种方法，可以说是世界上指南针使用方法的最早记录。这四种方法，有的至今仍然为近代罗盘和地磁测量仪所采用。现在磁变仪、磁力仪的基本结构原理，就是用缕悬法。航空和航海使用的罗盘，多以水浮磁针作为基本装置。事实上，这四种方法已经归纳了迄今为止指南针装置的两大体系——水针和旱针。

南宋陈元靓在他所撰的《事林广记》中，也介绍了当时民间曾经流行的有关指南针的两种装置形式，就是木刻的指南鱼和木刻的指南龟。木刻指南鱼是把一块天然磁石塞进木鱼腹里，让鱼浮在水上而指南。木刻指南龟的指向原理和木刻指南鱼相同，它的磁石也是安在木龟腹，但是它有比木鱼更加独特的装置法，就是在木龟的腹部下方挖一小穴，然后把木龟安在竹钉子上，让它自由转动。这就是说，给木龟设置一个固定的支点，拨转木龟，待它静止之后，它就会南北指向。

指南针在宋代得到了普遍应用，并且有许多记载。朱彧于1119年在广州看见中国的海船上的舟师“识地理，夜则观星，昼则观日，阴晦观指南针”，他把这写进了《萍洲可谈》，这是世界上关于航海使用指南针的最早记录。南宋吴自牧在《梦粱录》中也记载了航行用指南针：“风雨其晦时，惟凭针盘而行，乃火长掌之，毫厘不敢差误，盖一舟人命所系也。”

六、从指南针到罗盘

正如在使用司南时需要有地盘配合一样，在使用指南针的时候，也需要有方位盘相配合。一开始，指南针在使用时可能是没有固定的方位盘的，但是由于测定方位的需要，不久之后就有了磁针和方位盘的结合，罗盘就正式诞生了。方位盘乃是汉时地盘的二十四向，但是盘式已经由方形演变成环形，我们今天所熟悉的罗盘形制确定下来。

罗盘的出现，无疑是指南针发展史上的一大进步，只要一看磁针在方位盘上的位置，就能定出方位来。罗盘的出现为航海提供了一个可靠而方便的指向仪器。最早在我国出现了水罗盘。盘面周围刻二十四方位，内中盛水，磁针横穿灯草，浮于水面。南宋时期，这种带有方位盘的指南针就已经用于航海了，甚至到了清代，仍有所见。

除了水罗盘外，还有一种常用的罗盘——旱罗盘。旱罗盘是用一根尖的支轴支在磁针的重心处，尽量减少支点的摩擦力，使磁针在支柱上自由灵活地转动以正确地指向南方。过去由于资料的缺乏，一直认为旱罗盘在我国的出现时间比较晚，是明朝中叶以后从外国传入。然而，上世纪 80 年代出土的张仙人瓷俑将中国使用（或者说发明）旱罗盘的时间大大提前了。

1985 年，在江西临川县温泉乡莫源李村的窑背山，发现了南宋邵武知军朱济南墓，墓中出土了一批素烧瓷俑。其中有两件造型相同的瓷俑别具特色：俑底座下方有墨书“张仙人”三字，右手持一带有指针的大罗盘，指针中部为棱形，中有小坑，针两侧呈长条状，作上、下指向。上指者针端为矛头状，整个指针位置居于罗盘中央，针端与罗盘相接。罗盘为宽平面环状，上有明显的表示刻度的条纹。如果不计指针针端和俑手所遮的部分，整个罗盘共有 15 条刻度，当中两条十分靠近而且一端相连接，其他刻度之间的距离则大体相等。这可能是一件十六刻度的罗盘。其形状与清代的罗盘已经十分相似，只不过略显粗糙原始。

张仙人俑与旱罗盘

张仙人俑与旱罗盘由瓷俑手持罗盘的姿势可以看出，这个罗盘显然不是水罗盘，而是旱罗盘。从文献记载中可以看出，它不是凭空产生的。《梦溪笔谈》中记载的碗唇旋定法和指甲旋定法，正是后世旱罗盘支轴磁针指南技术的雏形。

南宋曾三异在《同话录》中说道："地螺或有子午正针，或用子壬丙间缝针。……天地南北之天，当用子午，或谓江南地偏，难用子午之正，故丙壬参之。"这是最早的记载风水罗盘的文献。这里的"地螺"就是地罗，也就是罗经盘。这显然是一种风水用的罗盘。

从曾三异的记载可以看出，这种罗盘不但有子午正针（是以磁针确定的地磁南北极方向），还有子午丙壬间的缝针（是以日影确定的地理南北极方向），两个方向之间有一夹角，这就是磁偏角。显然，这时人们已经把磁偏角的知识应用到罗盘上，这种罗盘较早期罗盘有了较大的变化。

风水罗盘结合了定向的磁针和六壬盘，其中包含了中国古代天文、地理、哲学等各方面的内容，要比纯粹作为指南工具的罗盘复杂得多，而且它还是一个开放的体系，从诞生之日起，其内容便随着风水学的发展不断得以丰富。

七、创制与改进

前面说过，汉代六壬式盘的盘面除先后天八卦外，只有八干、四维、十二支的二十四个方位。一直到早期罗盘出现以后，仍保持着原先的盘面形式，分为阴阳二龙进行格龙乘气。对此《天玉经》有云："先天盘十二支，后天加上干和维，八干四维辅支位，子母公孙同此推。"这种形制一直到杨筠松手里才有了改变。

相传，罗盘上的地盘二十四山是杨筠松创制的。在此之前，并没有完整的二十四山盘，只有八卦盘和十二地支盘。汉代的栻虽然也有八卦、地支和天干的标记，但不是均分度数，而是将天干、八卦和十二地支分成三层，所占度数不一致。杨筠松将其重新安排，把八卦、天干、地支完整地分配在平面方位上，这是一个划时代的创造。二十四山从唐代创制后，一直保留到现在，尤其地盘二十四山是杨盘的必备层次之一。

其次，杨筠松在风水术实践中发现，阴阳五行普遍存在于四面八方，其分布按照八卦五行属性来确定，这与实际情况不符，用阴阳龙来格龙过于粗糙。他在反复研究之后，改为十二地支配上天干，用纳音五行来表达龙的五行属性，这就是如今我们看到的七十二龙盘。

罗盘上面的缝针，即天盘，相传也是杨筠松创造的。因为他发现用地盘纳水有较大的误差，于是根据天道左旋、地道右旋的原理，创制了天盘双山用于消砂纳水。罗盘中只有天盘是双山，其他盘是没有双山的。古人认为，龙是从天上来的，属于天系统，为阳；水在地中流，属于地系统，为阴。由于天地左右旋的相对运动而产生的位移影响，所以用于纳水的天盘理应右移，故杨公将其在地盘的方位上向右（顺时针）旋转移位 7.5 度。

所以，地盘、天盘和七十二龙盘三者合在一起又被称为“杨盘”。

到了宋代，杨筠松的传人赖文俊（世称赖布衣）引进二十八宿天星五行，增设了人盘，专用于消砂出煞。人盘的二十四山比地盘二十四山逆时针旋转了 7.5 度，使用中针。人盘又叫做“赖盘”。中国罗盘从此有了正针、中针、缝针三针，体制完备起来。

以后，随着风水学的发展，风水派别开始增多，新的理论方法不断出现。这些新的理论方法体现在罗盘上，使得盘面的层次也变得复杂起来。由于风水派别和大师传承的不同，罗盘形成了不同的种类，同种类的罗盘也因风水师传的不同和产地的不同有些微的差异，且同一种类罗盘因尺寸大小的不同，所容纳的圈层内容则又会有所增减。于是，形成了我们今天看到的丰富多彩的款式。

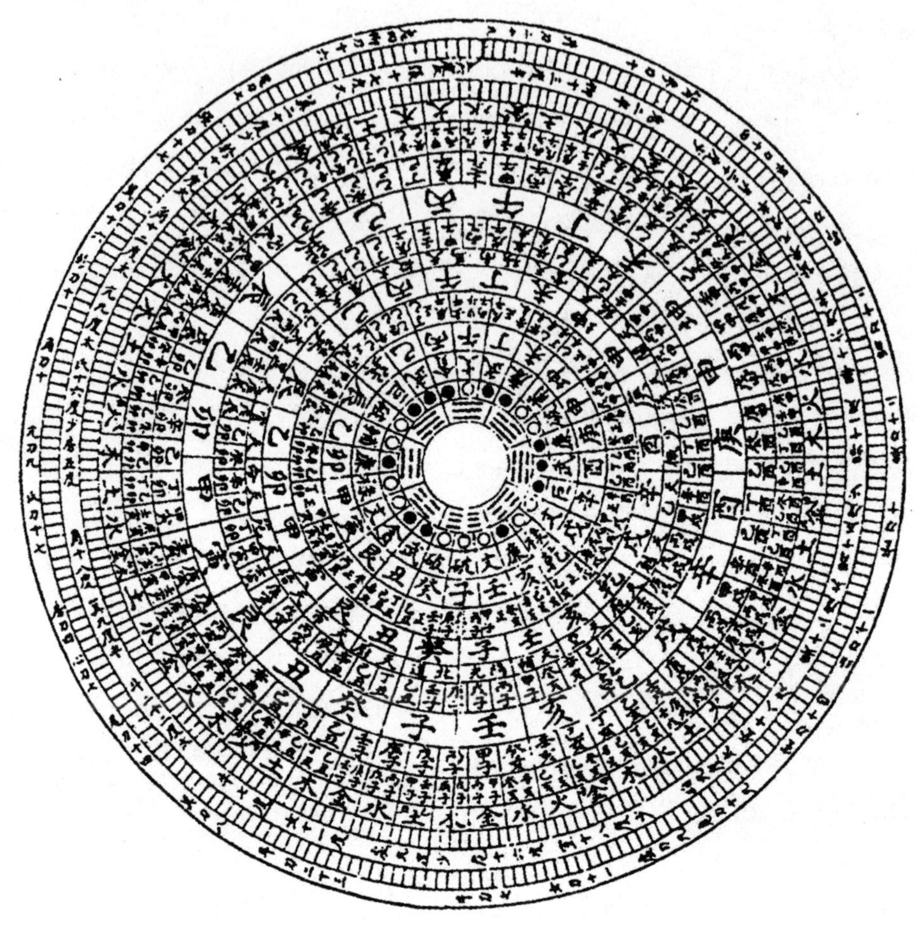

近代罗盘图

随着风水罗盘的完善和普遍应用，专门阐释罗盘原理和应用经验的书籍也开始出现。尽管数目极少，但每一本都内容全面，洋洋大观，主要有明代熊汝岳的《罗经解》、徐之镆的《罗经顶门针》、清代王道亨的《罗经透解》、胡国桢的《罗经解定》以及叶九升《罗经指南拨雾集》等。

第十二章　古代风水典籍文献

一、概　述

中国古代风水源远流长，派系繁多，流传下来的各类风水文献虽说不上浩如烟海，却也丰富可观。仅以正史有记载的风水文献名目而论，就已蔚为大观。据统计，《汉书·艺文志·五行》有《堪舆金匮》14 卷，《汉书·艺文志·形法》有《宫宅地形》一卷（前文已有介绍）；《隋书·经籍志·子部·五行类》有风水文献 14 种，117 卷，如庾季才撰《地形志》87 卷，另有《二仪历头堪余》、《堪余历》、《注历堪余》、《堪余历注》、《堪余》、《大小堪余历术》、《大小堪余》、《四序堪余》、《堪余天赦书》、《杂堪余》、《八会堪余》、《杂要堪余》等；《旧唐书·经籍志·子部·五行类·纪卜筮占候》共收入风水文献 17 种 126 卷；《新唐书·艺文志·子部·五行类》共收入风水文献 26 种 224 卷；《宋史·艺文志·子部·五行类》收入风水文献共计 124 种 285 卷，开始出现以“风水”命名的著作，如《地理观风水歌》、《五姓合诸家风水地理》等；《明史·艺文志》收入风水文献共计 30 种 278 卷；《清史稿·艺文志》收入风水文献共计 31 种 201 卷。

明清时代的三大类书《永乐大典》、《四库全书》和《古今图书集成》，更囊尽最具代表性的风水典籍。从《永乐大典》的目录来看，所录风水文献包括诸家总诀、相龙法、相穴法、相砂法、相水法、相山法、葬法、祖地明图、相宅法、阳宅事验、相地书目、相地人名、先儒论说等内容，可惜绝大部分已佚，现存残本仅可看到相龙法的大略内容。

《四库全书·子部·术数类·相宅相墓之属》收入风水（堪舆）文献共计8种17卷，皆文渊阁著录。其案云："相宅、相墓，自称堪舆家。考《汉志》有《堪舆金匮》十四卷，列于五行。颜师古注引许慎曰：'堪，天道。舆，地道。'其文不甚明。而《史记·日者列传》有武帝聚会占家，问某日可娶妇否，堪舆家言不可之文。《隋志》则作堪余，亦皆日辰之书。则堪舆占家也，又自称曰形家。考《汉志》有《宫宅地形》二十卷，列于形法，其名稍近。然形法所列，兼相人、相物，则非相宅、相地之专名，亦属假借。今题曰《相宅相墓》，用《隋志》之文，从其质也。"这些文献，包括《宅经》二卷，《葬书》一卷、《撼龙经》一卷、《疑龙经》一卷、《葬法倒杖》一卷、《青囊奥语》一卷、《青囊序》一卷、《天玉经内传》三卷及其《外编》一卷、《灵城精义》二卷、《催官篇》二卷、《发微论》一卷。

《古今图书集成·博物汇编·艺术典·堪舆部》所收风水（堪舆）文献更多，共20种，堪称集古代风水文献之大成：《宅经》、《九天玄女青囊海角经》、《青乌先生葬经》、《管氏地理指蒙》、《葬书》、《十二杖法》、《博山篇》、《十六葬法》、《至宝经》、《神宝经》、《天宝经》、《乘生秘宝经》、《璚林国宝经》、《五星捉脉正变明图》、《金刚钻本形法葬图诀》、《堪舆漫兴》、《堪舆杂著总索》、《葬经翼》、《水龙经》、《阳宅十书》。值得一提的是，《堪舆部》的"总论"部分载录了东汉王充在《论衡》中写的《四讳篇》、《杂岁篇》、《诘术篇》，这是反映汉代风水观念，并且给予批判的三篇檄文。《堪舆部》的"艺文"部分载录有晋嵇康的《难宅无吉凶摄生论》、《答释难宅无吉凶摄生论》，唐吕才的《五行禄命葬书论》，元赵昉的《葬书问对》、《风水选择序》，明胡翰的《风水问答序》、罗虞臣的《辨惑论》、项乔的《风水辨》，这些文章都对阴宅术进行了批判。

考察上述风水文献，可知形势派的典籍占了大部分，如《葬书》、《撼龙经》、《疑龙经》、《葬法倒杖》、《十六葬法》、《至宝经》、《神宝经》、《天宝经》、《璚林国宝经》，以及蔡元定的《发微论》，等等，内容皆为形法风水，这与风水流派发展大势是相符的。由于形势派理论少有无稽拘忌，因而其学较盛，一直是风水术的主流，尤其明清时期，形势派风水更是大行于世，皇家墓陵俱以形势为宗，讲究形法的风水典籍自然更受官方青睐。理气派风水文献相对较少，但《宅经》、《青奥语》、《天玉经》、《葬经冀》

这些代表作都将此派理论发挥得淋漓尽致，玄空、飞星、八宅诸支系理论均从中发源。

二、《黄帝宅经》：阳宅风水的开山之作

在风水史上，《黄帝宅经》与《葬书》具有同等地位，为阳宅风水文献的开山之作。历代有许多以“宅经”命名的风水著作，如《文王宅经》《孔子宅经》《李淳风宅经》《三元宅经》等等，而《黄帝宅经》的流传最为广泛。其有多种版本，如《道藏·洞真部众术类》《小十三经》《夷门广牍》《四库全书》《说郛》《民俗丛书》等都载有此书，说明它受到了普遍的重视。

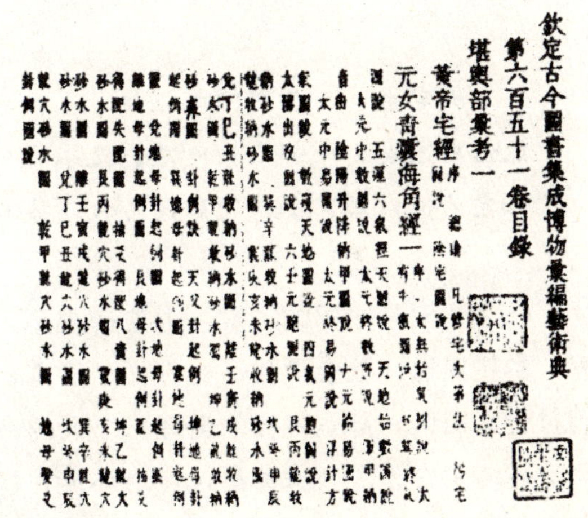
欽定古今圖書集成博物彙編藝術典
第六百五十一卷目錄
堪輿部彙考一
黃帝宅經
元女靑囊海角經一

藝術典第六百五十一卷
堪輿部彙考一
黃帝宅經
序
夫宅者乃是陰陽之樞紐人倫之軌模非夫博物明賢未能悟斯道也就此五種其最要者唯有宅法爲眞祕術凡人所居無不在宅雖只大小不等陰陽有殊縱然客居一室之中亦有善惡大者大說小者小論犯者有災鎭而禍止猶藥病之效也故宅者人之

《黄帝宅经》书影

与古代许多术数典籍一样，《黄帝宅经》自然也是托名黄帝之作，《四库全书总目提要》对此论述道：

《宅经》二卷，旧本题曰黄帝撰。……是书盖依托也。考书中称《黄帝二宅经》及淮南子、李淳风、吕才等《宅经》二十有九种，则作书之时，本不伪称黄帝，特方技之流欲神菘说，诡题

黄帝作耳。……《宋史·艺文志》五行类有《相宅经》一卷，疑即此书，在术数之中犹最为近古者矣。

书中出现了唐代李淳风、吕才等人的大名，说明它显然是唐代或唐代以后的作者，成书之时本没有“伪称黄帝”，只是后来者为了抬高该书地位所使的伎俩。

据考证，该书应该在唐代成书。理由之一，是《旧唐书·经籍志》载有《五姓宅经》二卷，《宋史·艺文志》载有《相宅经》一卷，《宅体经》一卷，《四库全书总目提要》的作者“疑即此书”，并声称此书“在术数之中犹最为近古者矣”。理由之一，是敦煌发现的唐代文献中有《宅经》，除少数字句与《黄帝宅经》不同，内容基本相同，足证《黄帝宅经》在唐代已经在民间流传。

《黄帝宅经》开篇就论述了住宅的重要性，这也是阳宅风水存在的前提，其文曰：

夫宅者，乃是阴阳之枢纽，人伦之轨模。非夫博物明贤，未能悟斯道也。……凡人所居，无不在宅。……故宅者人之本，人以宅为家，居家安，即家代昌吉，若不安，则门族衰微。

认为住宅是阴阳的关键，人伦的规范，是人们的生存之本。人以宅为家，居住安逸，就会世代昌盛吉祥；反之，则会家族衰败。上到国家，下到村野、山区，都是一样的道理。个人的命运前程和家族的盛衰沉浮都由居址环境主宰，应当选择最佳住宅环境，建造最适宜居住的房屋，这种思想成为阳宅风水的一个核心理念。

那么，怎样才能选择一个主吉之宅呢？《黄帝宅经》认为，天下的宅书很多，这些书都自言秘妙，互推长短，其实是大同小异。人们相信风水，研习“五姓八宅”、“黄道白方”，殊不知忘却了阴阳之理：

阴者，生化物情之母也。阳者，生化物情之父也。作天地之祖，为孕育之尊，顺则亨，逆则否。

《黄帝宅经》以阴阳为纲，以天干、地支加上八卦中的乾艮坤巽相配合，组成二十四路，分别形成阳宅图和阴宅图。

二十四路者，随宅大小中院，分四面，作二十四路。十干、十二支、乾艮坤巽共为二十四路是也。乾将三男，震坎艮，悉属于阳位；坤将三女，巽离兑，悉属于阴位。是以阳不独王，以阴为得（阳宅为宜修阴方）；阴不独王，以阳为得（如上说）。亦如冬以温暖为德，夏以凉冷为德，男以女为德，女以男为德之义。《易诀》云：阴得阳，如暑得凉。五姓咸和，百事俱昌。所以德位高壮蔼密即吉，重阴重阳则凶。阳宅更招东方、北方；阴宅更招西方、南方为重也。

是东机为辰南、西面为戌北之位斜分一条为阴阳之界。

凡之阳宅，即有阳气抱阴；阴宅，即有阴气抱阳。阴阳之长者，即龙也。阳宅，龙头在亥，尾在巳；阴宅，龙头在巳，尾在亥（各有命坐切忌犯也）。凡从巽向乾，从午向子，从坤向艮，从酉向卯，从戌向辰移。已上移转及上官所住，不计远近，悉入阳也。

从乾向巽，从子向午，从艮向坤，从卯向酉，从辰向戌移。已上移转及上官悉名入阴。

阴阳二宅图以八卦定位向，乾坎艮震辰为阳；巽离坤兑戌为阴。阳以亥为首，巳为尾；阴以巳为首，亥为尾。所有的方位都与吉凶相联，或凶或吉，顺则昌，逆则亡。此书的序言说："今采诸秘验，分为二十四路、八卦、九宫，配男女之位，定阴阳之界。考寻休咎，并无于阴阳二宅，此即养生灵之圣法也。"这一套讲究方位吉凶的理论正是理气派的。

宅的阴阳属性就决定了宅的方位是刑祸方位还是福德方位。其文云：

刑祸之方缩复缩，犹恐灾殃枉相逐；福德之方拓复拓，子子孙孙受荣乐。刑祸之方戒侵拓也，亦不得太缩，缩即气不足，不足则损财禄。福德之方宜侵拓也，然亦不得太过，太过即成祸，人命至微，不消厚福所临也。

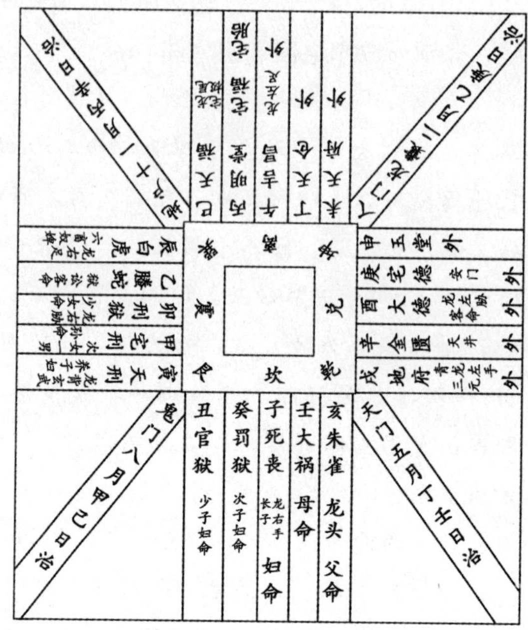

《黄帝宅经》中的阳宅图

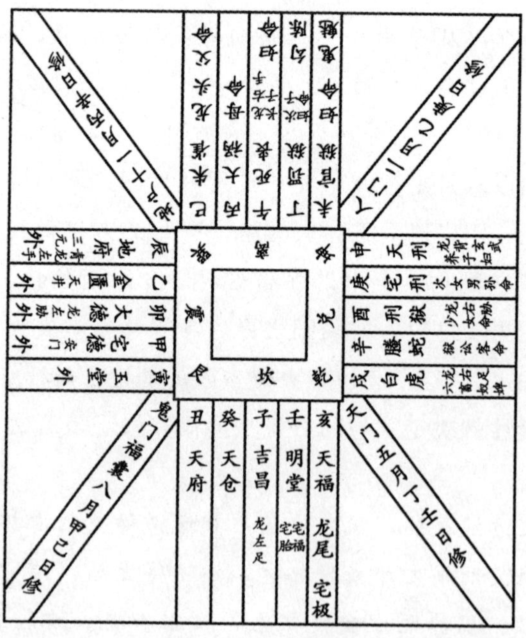

《黄帝宅经》中的阴宅图

周易書齋

周易书斋是一家专业易学书店，成立于2001年，专门从事易学及术数类图书的邮购服务。现有各种易学及术数类图书、古籍影印本、学习资料等近5000余种，在海内外的易学研究者中有巨大影响。

欢迎您加入我们的读书会，您可以不定期地得到我们免费赠送的《易学研究通报》。您可以通过如下方式联系我们，即可自动加入。请发邮件到：zfc2001@263.net或加我们QQ：1226593410，我们将为即时您提供最新的书目清单的电子版；或将您的地址、邮编、联系人、电话等项发短信至13716780854王老师，或致函如下地址：北京市西城区西外邮局44-191信箱邮编：100044王兰梅收，我们将免费为您邮寄精心印刷的包含可供书目5000余种详细清单一册，供您选购。

邮购费用固定，不论册数多少，每次收费7元。

联系电话：13716780854　（010）59149203　（010）89360046（传真）

邮局汇款：北京市西城区西外邮局44-191信箱邮编：100044王兰梅收。

请把您的联系地址、邮编、收件人、联系电话等项填写到汇款单上，所需书目或代码填写到附言中，或电话通知我们。

银行汇款可通过如下账户：**户名：王兰梅**

工行：0200299001020728724　农行：6228480010308994218

建行：1100579980130074603　邮政：601006359200109796

汇款后，请大家务必电话通知所需书目以及汇款时间、金额，以便及时寄出图书。

谢谢大家！

周易书斋敬启

如果宅的方位位于刑祸这一方，则不得大肆扩建，否则会招致灾殃，但亦不能太节缩自己的用地，否则宅的生气不足，会损伤主人的财禄；相反，如果宅的方位位于福德这一方，则适宜拓张宅基用地，但同时不能过度，因为如果住宅太豪华铺张，超过了人所应该承受的量度，就会成为祸端。这种提倡适度建设的观念，同样反映在此书所提出的“五虚”、“五实”的观点中：

> 宅有五虚令人贫耗，五实令人富贵。宅大人少一虚，宅门大内小二虚，院墙不完三虚，井灶不处四虚，宅地多屋少庭院广五虚；宅小人多一实，宅大门小二实，院墙完全三实，宅小六畜多四实，宅水沟东南流五实。

所谓“五实”、“五虚”，就是要按人口比例来建筑适当的房屋，不要追求太大，也不要过小，太大或过小都对居住者不利；墙院要完整，不要有残缺；大门不要太大；住宅外的排水沟要朝东南方向开，沟水向东南流；不要把井和灶设在不妥当处，等等。这些对住宅环境提出了明确的要求。过分强调建筑规模，奢侈浪费而忽视实际使用情况，人丁不旺，此称为虚，会令宅主贫耗；相反住宅规模小，但居住的人数多，饲养的六畜多等等，能聚集宅气，令人富贵。所以建宅规模不必过大，“舍居就广，未必有欢，计口半造，必得寿考。”根据人口情况适度建设，居住者才得以颐养天年。

书中还阐发了“大地有机说”：“以形势为身体，以泉水为血脉，以土地为皮肉，以草木为毛发，以舍屋为衣服，以门户为冠带，若得如斯，是事严雅，乃为上吉。”直接把住宅形制与人的生命形体进行关联比附，认为居住环境也像人体一样是个有机体，各部分之间是相互协调的，只有在各部分都运转正常的情况下，才称得上是理想环境。这种观点显然源于古代“天人合一”的思想，对以后的许多风水著作产生了深远影响。

三、《葬书》：风水理论的奠基之作

《葬书》因其在风水史上的崇高地位，又被尊称为《葬经》。

《葬书》署名晋代郭璞所著，这实际上并不可信。郭璞作为风水术鼻祖的名气太大，很多风水著作都托名于他，这部《葬书》应当也不例外。据《四库全书总目提要》考证：

> 《葬书》一卷，旧本题晋郭璞撰。璞有《尔雅注》，已著录。葬地之说，莫知其所自来。周官冢人、墓大夫之职称皆以族葬，是三代以上葬不择地之明证。《汉书·艺文志·形法家》始以《宫宅地形》与相人、相物之书并列，则其术自汉始萌，然尚未专言葬法也。《后汉书·袁安传》，载安父没，访求葬地，道逢三书生，指一处，当世为上公，安从之，故累世贵盛。是其术盛传于东汉以后。其特以是擅名者，则璞为最著。考璞本传，载璞从河东郭公受《青囊中书》九卷，遂洞天文五行卜筮之术。璞门人赵载尝窃《青囊书》，为火所焚，不言其尝著《葬书》。《唐志》有《葬书地脉经》一卷，《葬书五阴》一卷，又不言为璞所作。惟《宋志》载有璞《葬书》一卷，是其书自宋始出。

这段文字应该说是言之有据，可以征信的。也就是说，从《晋书》的郭璞本传来看，没有提到郭璞曾写过《葬书》。《唐志》以“葬书”为名的著作有《葬书地脉经》一卷、《葬书五阴》一卷，也没有说是郭璞所作。遍览史料，只有《宋志》才开始载有郭璞《葬书》一卷，可知“其书自宋始出”。清代丁芮朴《风水祛惑》也有相似的考证：

> 葬书非郭璞之书也，盖其伪有显然著者。《晋书·郭璞传》具载其著述而不言《葬经》，其伪一；葛洪《神仙传》亦具载郭

璞著述，并无《葬经》，其伪二；《隋书·经籍志》不著录，其伪三；《旧唐书·经籍志》、《新唐书·艺文志》俱不著录，其伪四；六朝以后相墓书盛行者则有《青乌子》，相冢书又有《五姓相墓》，不闻郭璞《葬经》之学，其伪五；《撼龙经》、《疑龙经》，谢文节公以为杨救贫所著。书中绝不言及郭璞，亦不引及《葬经》，则为杨所未见，其伪六……

至此，《葬书》非郭璞所做，已经非常清楚了。自唐以后，越来越多的文人参与到风水的实践和著述中，这一现象到宋代表现得更为明显。宋代风水著作层出不穷，《宋史·艺文志》是历朝正史中载录风水术书最多的，体现了当时风水著述活动之盛。有代表性的风水著作如《疑龙经》、《撼龙经》、《青囊奥语》、《天宝经》等，据考证都出现或流行于宋代。而《葬书》的问世，更是风水史上影响深远的大事。

藝術典第六百六十五卷
堪輿部彙考十五
郭璞古本葬經
內篇
葬者乘生氣也夫陰陽之氣噫而為風升而為雲降而為雨行乎地中而為生氣生氣行乎地中發而生乎萬物人受體於父母本骸得氣遺體受蔭蓋生者氣之聚凝結者成骨死而獨留故葬者反氣內骨以蔭所生之道也經云氣感而應鬼福及人是以銅山西崩靈鐘東應木華於春栗芽於室氣行乎地中其行也因地之勢其聚也因勢之止丘壟之骨岡阜之支氣之所隨經曰氣乘風則散界水則止古人聚之使不散行之使有止故謂之風水風水之法得水為上藏風次之何以言之氣之盛雖流行而其餘者猶有止雖零散而其深者猶有聚經曰外氣橫行內氣止生蓋言此也經曰淺深得乘風水自成土者氣之母有土斯有氣氣者水之母有氣斯有水故藏於涸燥者宜淺藏於坦夷者宜深

《葬经》书影

《葬书》行文雅驯，不像是江湖术士所作，当出自一位文人之手。它虽成书于宋代，但其中的思想理论或许已经过了几代人的积淀丰富，最后才整合成书。这部书经过方家的竞相增饰，遂有二十篇之多。蔡元定“病其芜杂”，删去十二篇。后来元代的吴澄认为蔡的整理还不够精当，择至纯者为《内篇》，精粗纯驳相半者为《外篇》，粗驳当去而姑存者为《杂篇》。

“风水”这一为世人普遍熟知的名词，其最具权威性的定义和解释就出自这部书：

> 葬者，乘生气也。经曰：气乘风则止，古人聚之使不散，行之使有止，故谓之风水。

《葬书》首先从“生气说”入手，论述了葬地关乎吉凶福祸的由来，“生气说”成为后来风水理论的核心：

> 生气即一元运行之气，在天则周流六虚，在地则发生万物。天无此则气无以资，地无此则形无以载。故磅礴乎大化，贯通乎品汇，无处无之，而无时不运也。陶侃曰：先天地而长存，后天地而固有。盖亦指此云耳。且夫生气藏于地中，人不可见，惟循地之理以求之，然后能知其所在。葬者能知其所在，使枯骨得以乘之，则地理之能事毕矣。

进而，提出了“气感而应，鬼福及人”的观点，为风水术择葬求吉的行为提供了理论基础：

> 父母子孙，本同一气，互相感召，如受鬼福，故天下名墓，在在有之。盖真龙发迹，迢迢百里，或数十里，结为一穴。及至穴前，则峰峦矗拥，众水环绕，叠嶂层层，献奇于后，龙脉抱卫，砂水翕聚。形穴既就，则山川之灵秀，造化之精英，凝结融会于其中矣。苟盗其精英，空窃其灵秀，以父母遗骨藏于融会之地，由是子孙之心寄托于此，因其心之所寄，前能与之感通，以致福于将来也。

这一理论由于过于荒诞，历来遭到有识之士的批判。如当代风水史学者何晓昕认为，这种说法可谓葬地风水盛行不衰最强大的心理源泉，也是风水理论中最蛊惑人心的部分，其迷信和毒害也最深重。

怎样择葬才能求得吉地呢？既然“气乘风则散，界水则止”，那么正确的方法应当是“得水为上，藏风次之”，以保持“生气”。从具体操作来说，要“藏风得水”，首先须因形顺势。所谓形、势之别，即“千尺为势，百尺为形”，不同的山势地形有不同的吉凶福祸之应，如支、垄的葬法是“支葬其巅，垄葬其麓”，等等。不论阴宅还是阳宅，都要求找到生气流动的山，弃循着起伏的山势，寻出界水之所，然后找到生气凝聚的基址。至此风水之法才算完整。

形势之外，《葬书》认为墓地的朝向也是要注意的重要因素。书中提出了有名的“四灵”理想模式，即墓地要“左为青龙，右为白虎，前为朱雀，后为玄武”。以“四灵”代表四个方位，而“四灵”是以山体来象征的。四灵坐镇四方，才能形成封闭式的地理环境，才能藏风聚气，才能显示出对称庄重的感觉。“四灵方位说”成了中国古代风水术中一种固有的、不可动摇的经典理论和模式。

《葬书》还提出一些择葬禁忌，如五种“不可葬”的说法：

> 山之不可葬者五：气以生和，而童山（无草木之山）不可葬也……气因形来，而断山（中断之山）不可葬也……气因土行，而石山（满是石头之山）不可葬也……气以势止，而过山（无气势之山）不可葬也……气以龙会，而独山（无来龙去脉之山）不可葬也。

这就是说，童、断、石、过、独山均不可葬，否则会“生新凶，消已福”。此外，还有“三吉”“六凶”之说等。

《葬书》是对古代阴宅风水术影响深远的经典文献，是这一术法理论的集大成者，以后的各类葬书还有很多，但始终都没有超过这部书的水平。

四、《龙经》(《疑龙经》、《撼龙经》):形势风水的经典文献

《撼龙经》、《疑龙经》合称《龙经》,《四库全书总目提要》对二书主要内容曾论述道:"《撼龙经》专言山龙脉络形势,分贪狼、巨门、禄存、文曲、廉贞、武曲、破军、左辅、右弼九星,各为之说。《疑龙经》上篇言干中寻枝,以关局水口为主。中篇论寻龙到头,看面背朝迎之法。下篇论结穴形势,附以'疑龙十问',以阐明其义。《葬法》则专论点穴。有倚盖撞沾诸说,倒杖分十二条,即上说而引伸之。附二十四砂葬法,亦临穴时分寸毫厘之辨。"这些内容形成了形势派风水理论的主干。

欽定四庫全書　子部七
撼龍經　疑龍經　葬法倒杖　術數類三　相宅相墓之屬
提要
臣等謹案撼龍經一卷疑龍經一卷葬法倒杖一卷舊本題唐楊筠松撰筠松不見于史傳惟陳振孫書錄解題載其名氏宋史藝文志則但稱為楊救貧亦不詳其始末惟術家相傳以為筠松名益贛州人掌靈臺地理官
欽定四庫全書　撼龍經提要　二
至金紫光祿大夫廣明中遇黃巢犯闕竊禁中玉函秘術以逃後往來于處州無稽之談蓋不足盡信也然其書乃為世所盛傳撼龍經專言山壠落脈形勢分貪狼巨門祿存文曲廉貞武曲破軍左輔右弼九星各為之說疑龍經上篇言幹中尋枝以關局水口為主中篇論尋龍到頭看面背朝迎之法下篇論結穴形勢附以疑龍十問以闡明其義葬法

《撼龙经》书影

二经皆题为杨筠松所撰,但也极可能为托名之作。《四库全书总目提要》指出:"案陈振孙《书录解题》有《疑龙经》一卷、《辨龙经》一卷,云吴炎录以见遗,皆无名氏,是此书在宋代并不题筠松所作,今本不知何据而云。"据此来看,二经是否杨筠松所作,是很可疑的。然"相传已久,

所论山川之性情形势，颇能得其要领，流传不废，亦有以也”，二经奠定了形势派风水理论，受到历代风水师的尊崇。

《撼龙经》共有十一篇，专言山龙脉络形势。其开篇即云：

须弥山是天地骨，中镇天地为巨物。
如人背脊与项梁，生出四肢龙突兀。
四肢分出四世界，南北东西为四派。
西北崆峒数万程，东入三韩隔杳冥。
惟有南龙入中国，胎宗孕祖来奇特。
黄河九曲为大肠，川江屈曲为膀胱。
分肢擘脉纵横去，气血勾连逢水住。

这是以人体喻山脉，并点出了中国山脉的三大干龙。由此说出发，论述亚洲山脉（龙脉）的分布以及星象与山形之间的对应关系，山脉的单形（简单地貌类型）和复形（复合地貌类型），地下潜山与地上山脉的关系，山的形态类型等。

“龙”是中国风水学专业术语。所谓龙，就是山脉，包括山的走向和起伏变化。中国的地势西北高，东南低，地形复杂，既有东西走向山脉，又有南北走向山脉；既有东北—西南走向山脉，又有西北—东南走向山脉。各地大小山脉绵延起伏，纵横交织，或俊秀，或险峻，或挺拔，或巍峨，恰如龙腾、龙飞、龙伏、龙行之势，又如“人身脉络，气血之所而运行”（《地理人子须知》）。因此称山脉为“龙脉”。山脉是由山岭沿着一定的方向分布组合而成，这个特定的方向就是山脉走向，在风水学中，称为“来龙去脉”。《撼龙经》中对风水之“龙”有许多精辟形象的论述：

大率龙行自有真，星峰磊落是龙身。
高山须认星峰起，平地龙行别有名。
峰以星名取其类，星辰下照山成形。
龙神二字寻山脉，神是精神龙是质。
莫道高山方有龙，却来平地失真踪。

平地龙从高脉发，高起星峰低落穴。
高山既认星峰起，平地两傍寻水势。
两水夹处是真龙，枝叶周回中者是。

其中对于“寻龙”提出了很多影响深远的创见。所谓的“寻龙”，实际上就是找到山的主脉，即寻找到“龙脉”。《撼龙经》论述了支与垅的关系，认为“平地龙从高岭发”；同时提出，地下的山脉（龙脉）虽难以认识，但只要根据地面上的水流方向，即可判断平地地下龙脉的走向，如“两水夹处是真龙”。经中又有“高水一寸即为山，低水一寸水回环”之说，即平地地形高起一寸就成为山，地形凹下一寸，水即向这里流，这样只要根据地面上的水流方向，即可判断平地地下龙脉的走向，等等。

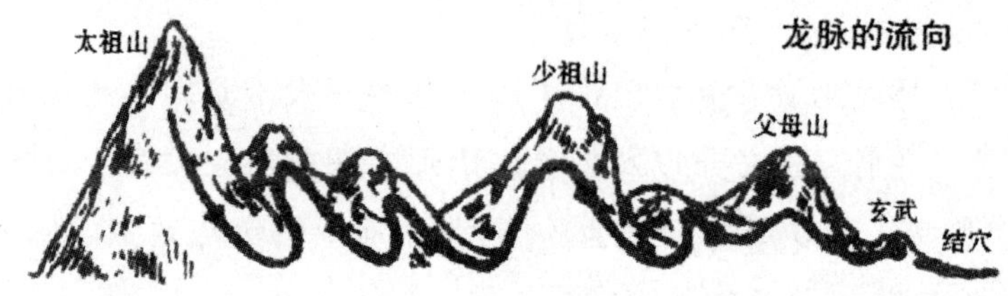

龙脉走向图

《撼龙经》还认为，地面上的山脉（龙脉）只要根据山峰（星峰）的起伏即可辨认，并根据星峰形状的不同，把其分成贪狼、巨门、禄存、文曲、廉贞、武曲、破军、左辅、右弼，加上北辰共十种山形进行论述。

《疑龙经》书共分上、中、下三篇，后附有“疑龙十问”，以阐明其义。其上篇言干中寻枝，以关局水口为主。首先以宏观的眼光介绍全国的水系干枝，然后讲述如何找寻正龙。开篇言：

寻龙何处最堪疑，寻得星峰却是枝。
关峡从行并护托，矗矗旗枪左右随。
干上星峰全不作，星峰龙法近虚辞。
与君少释狐疑处，干上寻龙真可据。
干龙长远去无穷，行到中间阳气聚。
面前山水又可爱，身后护龙皆反背。

山脉有主脉和支脉，所以“龙”也就有干、支（枝）之分。干龙一般是一个地区最高大的山脉，如昆仑山等。龙脉有分支，也有大小长短，故谓“龙犹树，有大干，有小干，有大枝，有小枝”。干即大龙，如树干；枝即小龙，如树的枝叶。树干强建的，枝叶必定繁茂。论龙之大小，正是取象于此。然而干有大小，枝有横直，因此龙也有大干龙、小干龙、大枝龙、小枝龙、横龙、直龙等名目。辨别之法，是以水源为定，即《四库提要》所谓“以关局水口为主”。

寻龙千里远迢递，其次五百三百里。
先就舆图看水源，两水夹来皆有气。
水源自是有长短，长作军州短作县。
枝上节节是乡村，干上时时断复断。
分枝劈脉散乱去，干中有枝枝复干。
凡有枝龙长百里，百里周围作一县。
百里各有小干龙，两水峡来寻曲岸。
曲岩有水抱龙头，抱处好寻气无散。
到此先看水口山，水口交牙内局宽。

简言之，大干龙以大江大河夹送，小干龙则以大溪大涧夹送；大枝龙以小溪小涧夹送，小枝龙则以田源沟渠夹送。这方面，《疑龙经》教授了各种法门，此不详述。

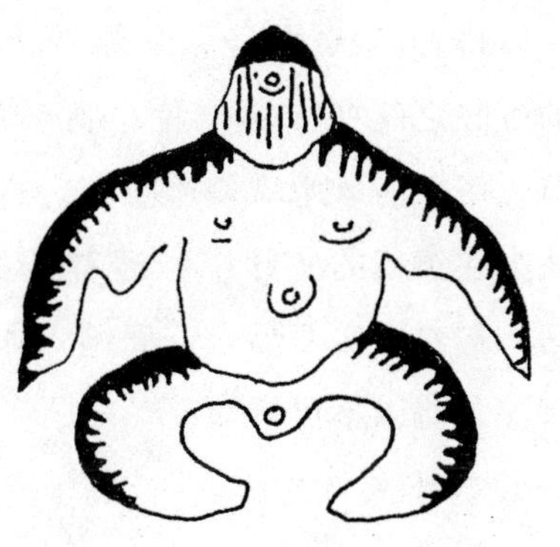

风水穴位以人体之“窍”为原型

《疑龙经》接下来讲怎样寻穴。穴本义是土室，风水中用以指称死者的葬地或生者的住地。风水学认为穴须是山止气住之所，是冲阳和阴，精气所凝之窍，“葬欲乘之，返气纳骨之道也”（缪希雍《葬经翼》），以得龙脉生气止聚之处为佳。穴是相对于脉而言的，在千变万化的环境中寻出脉络走向，然后确定穴址，就叫做“点穴”。《疑龙经》论穴云：

龙已识真无可疑，尚有疑穴费心思。
大抵真龙临落穴，先为虚穴贴身随。
穴有乳头有钳口，更有平坡无左右。
亦有高峰下带垂，更有昂头居龙首。
也曾见穴在平洋，四畔周围无高冈。

在如何寻穴方面，《疑龙经》提出主要看“面背朝迎”，如：

君如识得背面时，枝干分明自可知。
宽平大曲处寻穴，此为大地断无疑。
详看朝迎在何处，中有横过水城聚。
背后缠水与山回，会合前朝水相随。
后缠抱来结水口，前头生脚来相凑。
两山两水作一关，更看罗星识先后。
罗星也自有首尾，首逆水流尾拖水。
如此寻穴与寻龙，不落空亡与失迹。

接着，《疑龙经》下篇专论结穴形势。结穴也叫结作，指随龙脉所行的生旺之气在一定位置止蓄融聚成龙穴。这风水寻龙术中的一个重要环节，历来为风水家们所重视。古语有云：“三年求地，十年定穴。”风水家认为在绵亘的龙脉中，远者百里千里，近者十里二三里，寻龙于浩远之间，选穴场实非易事，而结穴如差之毫厘，会谬之千里，不仅无福，反而有灾，所以不可不慎。

大凡立穴在人心，心眼分明巧处寻。
重重包裹莲花瓣，正穴端然莲花心。
真形定是有真穴，只为形多难具说。
朝迎护从亦有穴，形穴虽成有优劣。

朝山若是有穴时，此是真龙断不疑。

朝山逆转官星上，小作星形分别枝。

虽然有穴非大器，随形斟酌事咸宜。

由于龙势逶迤，飘忽不定，剥换分枝，形势各异，龙脉落局，也各有不同，所以结穴也很少有一定的常规，而多变异。《疑龙经》将穴分为窝、钳、乳、突四种基本形体，对不同形体、不同情势下的结穴之法列举了各种规则，简单明了，使后世风水家在实践中有了基本的判断依据。

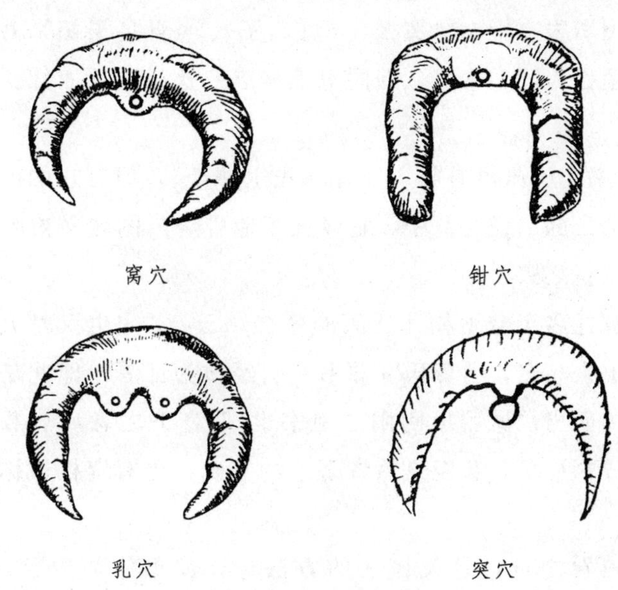

窝穴　钳穴

乳穴　突穴

五、其他风水文献简述

1.《青乌先生葬经》

《青乌先生葬经》，又称《青乌子葬经》。如本书第一章中所述，青乌是风水的别称之一。以“青乌”命名的风水著作《青乌先生葬经》，在《古今图书集成》中有收载，是现今公认为比较早的葬书之一。

事实上，至迟在南朝就有了以“青乌子”命名的风水著作。《世说新语·术解篇》梁刘孝标注文引《青乌子相冢书》云：“葬龙之角暴富贵，后当灭门。”隋末唐初的虞世南在《北堂书钞》卷一四六引《青乌子葬书》云：“初掘冢之日，常以饮绯上土公四旁。”唐欧阳询在《艺文类聚》卷七引《相冢书》云：“《青乌子》称山望之如却月形，或如覆舟，葬之出富贵；山望之如鸡栖，葬之灭门。山有重叠，望之如鼓吹楼，葬之连州二千石。”唐李善等注《文选》卷二三《庐陵王墓下作》引《青乌子相冢书》云：“天子葬高山，诸侯葬连冈。”这些史料说明，以“青乌子”命名的风水著作曾在隋唐很有影响。那么，《青乌子》、《青乌子相冢书》与《青乌先生葬经》是否为同一本书，即同书而异名？这已不得而知。只能说有这种可能。

《四库全书》中虽没有收入《青乌先生葬经》，但有它的内容存在，即在《四库全书》的《说郛》中，它以《相地骨经》的名义被收录入《子部·杂家类·杂纂之属》中。

本书前有托名于金丞相兀钦仄的序文，云：“先生汉时人，精地理阴阳之术，而史失其名，晋郭氏《葬书》引经曰为证者，即此是也。先生之言简而严，约而当，诚后世阴阳之祖书也。”言下之意，本书比托名郭璞的《葬书》成书更早，甚至是后者著述的基础，更有资格被称为后世风水的“祖书”。

本书无篇卷之分，有关风水的方法论，首重依势取象，如其文云：“三冈全气，八方会势，前遮后拥，诸祥毕至，地贵平夷，土贵有支。穴取安止，水取迢递。”也就是说，只要具备了全气之地的形势，所有祥瑞将会跟随，并提到依形势论来择取其具体形象：“地贵平夷，土贵有支”，“公侯之地，龙马腾起。”“内气萌生，外气成形。内外相乘，风水自成。察以眼界，会以情性。若能悟此，天下横行。”在强调形势之法的同时，也注重理气方位，如“向定阴阳，切莫乖戾”，即指出择地需向法，以向定阴阳，决不可脱离其轨道，否则“差之毫厘，谬以千里”。

全书四字一句，偏重形胜，基本上概括了风水形势派的理论。书中的注文与经文融洽，风格相近，经和注如出一人之手。

2. 《管氏地理指蒙》

管辂是与郭璞齐名的风水鼻祖，因此托名于他的风水著作也不在少数，其中最著者，就是《管氏地理指蒙》。

藝術典第六百五十六卷
堪輿部彙考六
管氏地理指蒙二
開明堂第十一
夫塚宅所謂明堂者固非王者迎五帝聚祭之重屋
重屋明堂之異名夏曰世室商曰重屋周曰明堂
抑還元於五土配祀於五神隨性應運積氣應星當
歸格帝之元塚宅照臨之象居中處正之名
卜兆曰托土以生必還元於五土卽神以死必配
祀於五神是五土以言其地五神以言其天性者
明堂所生之性隨則隨其宮位以爲運氣者明堂
所有之氣積則積其外氣以應星明堂爲祭祀之
所感通於上而應乎其下也明則取義於照臨忌
塞堂則取義於中正忌偏
發日月之精華處而聚氣限江山之支脈積以施生
上二句說內堂下二句說外堂面前無虛敞之氣
則外朝不集脚下無瀦蓄之水則內氣不凝
其形欲寄其勢欲迎敍爾五事炳然五行黄帝作曆

《管氏地理指蒙》书影

据考证，书中引用了隋朝萧吉的言论，可见其成书年代必在隋之后。全书十卷一百目，对形势、环境有比较全面的论述。其偏重于形势，书云："卜兆营室二事，一论山，一论向，为堪舆家第一关键。"说明其对方位吉凶的重视。"山水之三奇以形势言，近代有以方位言者，虽其说根于奇门遁甲，然于地之道静，非若天之道随时运动，未可牵合矣。势言其大者，形言其小者，势欲其来，形欲其止。外势欲圜，内形欲方。"对山势地形有全面的论述，并以物象比喻地形，如"形如拖旗"、"卷脚回头"、"形如弯月"等。

关于环境，其观点是："泉脉枯竭兮非立人之地，沙滷淋沥兮非积气之墟。有山无水兮则气散而不停，有水无山兮则气凋而不结。"

五行学说在此书中普遍运用，如："故寻龙之术，惟贵识五行之盛衰，辨二气（阴阳）之清浊。"它以五行学说指导丧葬，助人返本还元，将天、地、人三才统一于气中。

总的来说，这是一部内容丰富、观点全面的相地术著作，全面反映了古代风水理论，为形势派与理气派诸家所共推崇。

3.《水龙经》

《水龙经》由明清时的风水大师蒋大鸿（平阶）撰集。蒋大鸿（1616—1714），名珂，字平阶，又名诸生、雯阶，号宗阳子，门人称其“杜陵夫子”。据《清史稿·艺术列传》，蒋大鸿“其祖命习形家之学，十年，始得其传。遍证之大江南北古今名墓，又十年，始得其旨；又十年，始穷其变。自谓视天下山川土壤，虽大荒内外如一也。遂著《地理辨正》，取当世相传之书，订其纰缪，析其是非，惟尊唐杨筠松一人，曾文辿仅因筠松以传。其于廖瑀、赖文俊、何溥以下，视之蔑如。……平阶生于明末，兼以诗鸣。清初诸老，多与唱和。地学为一代大宗，所造罗经，后人多用之，称为‘蒋盘’。”《松江府志》上说：“今言三元法者，皆宗平阶。”可见，蒋大鸿堪称一代风水大师。他的风水著作，包括《地理辨正》、《平砂玉尺辨伪》、《天元五歌》《地理古镜歌》等，但最有代表性的还是《水龙经》。

藝術典第六百七十一卷
堪輿部彙考二十一
水龍經一
序
山水爲乾坤二大神器後世言地知山之龍而不知
水之龍遂使平洋水局之地傳會山龍之妄說非曾
楊以還未晰此義也古人不云乎行到平洋莫問蹤
只看水繞是眞龍又云平陽大地無龍虎漭漭歸何
處東西只取水爲龍扞著出三公其言彰彰久矣至
裁制格法專書未備豈不以山之結構有定而水之
運用無窮若知水龍作法盡大地山河神機在握故
惜秘奧耳某因無極之傳盡洩楊公之訣以高山平
壤二法判然而求之成跡茫無考據又得幕講禪師
玉鏡正經千里眼諸書而後入穴元機若合符節又
得水龍經乃歎平洋龍法未嘗無書但先賢珍重不
可洩耳用加編次爲五卷一卷明行龍結穴大體支
幹相乘之法二卷明五星正變穴體吉凶察辨之法
三卷述水龍上應星垣諸大格四卷指水龍託物比

《水龙经》书影

《水龙经》共四卷，涉及自然水法、支干、五星、四兽、形局、异形、象形等。从序言中可知，此书是蒋平阶根据多方搜集的专门适用于平原水乡的风水著作编纂而成。这是一部独辟蹊径的开创性风水著作。蒋大鸿发现，以往的风水著作大多论述山区地形的葬法，而不完全适应于平原水乡。他认为：

> 山水为乾坤二大神器，并雄于天地之间。……后世地理家罔识厥旨，第知山之为龙，而不知水之为龙。……于是山之名独尊，而水之权少细，遂使平阳水地，皆弃置水龙之真机，而附会山龙之妄说，举世茫茫，有如聋馈，此非杨曾以来未晰此义也？

山水为乾坤中的两大神器，可世人只知山之为“龙”，却不知水也是“龙”；平原水乡没有山，水就是那儿的“龙”。于是书中所谈气机妙运、自然水法、论干支、理五星等等，皆以水为纲，以“气”为根本。认为“辅行龙者水，故察水之所来而知龙气发源之始；止龙气者水，故察水之所交而知龙气融聚之处”，即水所在就是气所在，根据河川的走向就能找到“生气”。这就为在无山的平原地区寻龙寻“气”提供了理论依据，即“平洋之地，以水为龙”。

总的来说，《水龙经》有理论也有实践，是第一部专论风水中的“水”的专著，是古代全部风水著作中对水龙叙述得最系统、最权威的著作，成为在平原地带观风水的最重要文献。

4.《阳宅十书》

《阳宅十书》，作者不详。这本书见存于《古今图书集成·堪舆部》中，内容丰富，是一部大型的风水著作，且其内容专一，是论阳宅风水的专门著作。全书有十篇，分别是：论宅外形、论福元、论大游年、论穿宫九星、论玄空装卦、论开门修造、论放水、论宅内形、论选择、论符镇。又篇下有目，如修门杂忌、放水歌、竖柱、泥屋等。

《阳宅十书》是对阳宅理论与实践的总结，内容涉及面广，资料丰富，观点系统，堪称阳宅风水文献的代表作。书中有许多观点可供建房参考，如在论宅外形时说“大形不善，总内形得法，终不出吉”，即不仅要注意房屋结构，还应当注意大环境的选择；又强调“有水环抱”，“不居草木不生处”、“宅井不可当大门”等等，至今仍值得借鉴。

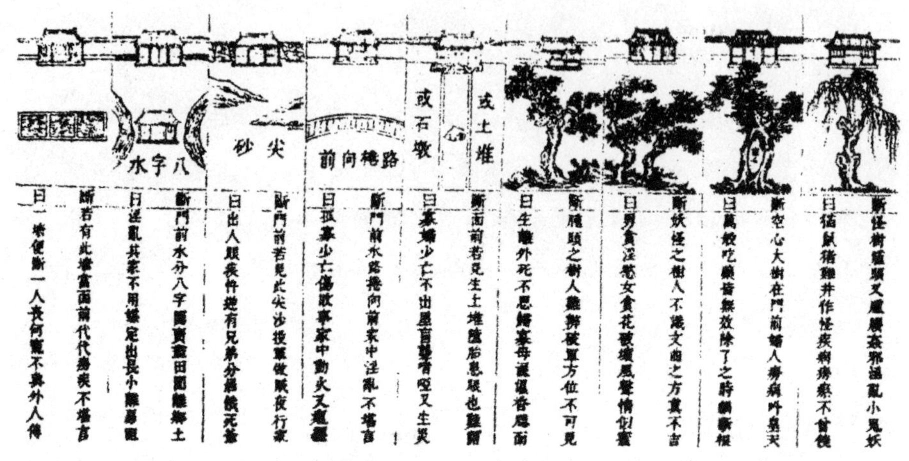

5.《沈氏玄空学》

沈竹礽先生为清代风水名家，以玄空风水而闻名宇内。在他去世之后，他的后人沈祖绵和门生将他生前留下来的手稿结集辑录成书，这就是《沈氏玄空学》。书内详尽介绍理气法的各种基本理论和用法，是第一本最完备的玄空风水学专著，产生了巨大的影响。原书初版本为四卷，再版时，沈祖绵及其门生们又从沈竹礽先生生前的手稿、信函及笔记中，蒐集了更多的相关内容，增补入书，由四卷增加为六卷。

《沈氏玄空学》主要内容有：《自得斋地理丛说》、《阴宅秘断》、《阳宅秘断》、《九运挨星立成图》、《玄空浅说》、《起星图二百一十六局》、《玄空辑要》、《玄空古义》、《从师随笔》、《地理精纂》等。其中，《自得斋地理丛说》总论玄空风水的基础知识，如罗经、天心、紫白、三星五吉等。

附　录

宅　经

提　要

旧本题曰《黄帝宅经》。案《汉志》形法家有《宫宅地形》二十卷；则相宅之书较相墓为古。然《隋志》有《宅吉凶论》三卷、《相宅图》八卷，旧《唐志》有《五姓宅经》二卷，皆不云出黄帝。是书盖依托也。考书中称黄帝二《宅经》及《淮南子》、李淳风、吕才等《宅经》二十有九种，则作书之时本不伪称黄帝。特方技之流欲神其说，诡题黄帝作耳。其法分二十四路，考寻休咎，以八卦之位向乾坎艮震及辰为阳，巽离坤兑及戌为阴。阳以亥为首，巳为尾。阴以巳为首，亥为尾。而主于阴阳相得，颇有义理。文辞亦皆雅驯。《宋史·艺文志》五行类有《相宅经》一卷，疑即此书。在术数之中犹最为近古者矣。

乾隆四十六年十月恭校上

宅经卷上

夫宅者，乃是阴阳之枢纽、人伦之轨模。非夫博物明贤，而能悟斯道也。就此五种，其最要者唯有宅法，而真秘术。凡人所居，无不在宅。虽只大小不等、阴阳有殊，纵然客居一室之中，亦有善恶。大者大说，小者小论。犯者有灾，镇而祸止，犹药病之效也。

故宅者，人之本。人以宅为家，居若安即家代昌吉；若不安，即门族衰微。坟墓川冈，并同兹说。上之军国，次及州郡县邑，下之村坊署栅，乃至山居，但人所处，皆其例焉。目见耳闻，古制非一。

《黄帝二宅经》、《地典宅经》、《三元宅经》、《文王宅经》、《孔子宅经》、《宅锦》、《宅挠》、《宅统》、《宅镜》、《天老宅经》、《刘根宅经》、《玄女宅经》、《司马天师宅经》、《淮南子宅经》、《王微宅经》、《司最宅经》、《刘晋平宅经》、《张子毫宅经》、《八卦宅经》、《五兆宅经》、《玄悟宅经》、《六十四卦宅经》、《右盘龙宅经》、《李淳风宅经》、《五姓宅经》、《吕才宅经》、《飞阴乱伏宅经》、《子夏金门宅经》、《刁昙宅经》，已上诸经，其旨大同小异，亦皆自言秘妙，互推短长。若不遍求，即用之不足。

近来学者，多攻五姓八宅、黄道白方，例皆违犯大经，未免灾咎。所以人犯修动，致令造者不居，却毁阴阳而无据效，岂不痛哉！况先贤垂籍，诚勖昭彰，人自冥蒙日用而不识。其象者日月、乾坤、寒暑、雄雌、昼夜、阴阳等，所以包罗万象，举一千从，运变无形而能化物。大矣哉，阴阳之理也！经之阴者，生化物情之母也；阳者，生化物情之父也。作天地之祖，为孕育之尊，顺之则亨，逆之则否，何异公忠受爵、违命变殃者乎！今采诸秘验，分为二十四路、八卦、九宫，配女男之位，宅阴阳之界，考寻休咎，并无出前二宅，此实养生灵之圣法也。

二十四路者，随宅大小，中院分四面，作二十四路。十干十二支，乾艮坤巽，共为二十四路是也。乾将三男震、坎、艮，悉属于阳位①；坤将三女巽、离、兑，悉属阴之位②。是以阳不独王，以阴为得③；阴不独王，以阳为得④。亦如冬以温暖为德，夏以凉冷为德，男以女为德，女以男为德之义。《易诀》云：阴得阳，如暑得凉，五姓咸和，百事俱昌。所以德位高壮蔼密即吉，重阴重阳则凶。阳宅更招东方、北方，阴宅更招西方、南方，为重也⑤。

---

① 即从西北乾位之震阳明矣。

② 即从东南巽角顺之戌为阴明矣。

③ 阳宅为宜修阴方。

④ 如上说。

⑤ 是东面为辰、南西面为戌，北之位斜分一条为阴阳之界。

凡阳宅，即有阳气抱阴；阴宅，即有阴气抱阳。阴阳之宅者，即龙也。阳宅龙头在亥，尾在巳；阴宅龙头在巳，尾在亥[1]。凡从巽向乾、从午向子、从坤向艮、从酉向卯、从戌向辰移[2]，从乾向巽、从子向午、从艮向坤、从卯向酉、从辰向戌移[3]，故福德之方，勤依天道。天德、月德，生气到其位，即修令清洁阔厚，即一家获安、荣华富贵[4]。再入阴入阳，是名无气。三度重入阴阳，谓之无魂；四入谓之无魄。魂魄既无，即家破逃散、子孙绝后也[5]。若一阴阳往来，即合天道自然，吉昌之象也。设要重往，即须逐道住四十五日、七十五日，往之无咎。仍宜生气福德之方，始吉。更犯五鬼、绝命、刑祸者，尤不利。

诀云：行不得度，不如复故。斯之谓也。又云：其宅乃穷，急翻故宫。宜拆刑祸方舍，却 益福德方也。

又云：翻宅平墙，可为销殃[6]。夫辨宅者，皆取移来方位，不以街北街东为阳[7]、街南街西为阴[8]。凡移来不勒远近，一里、百里、千里、十步与百步同。又此二宅修造，唯看天道。天德、月德生气到，即修之，不避将军、太岁、豹尾、黄幡、黑方及音姓宜忌。顺阴阳二气为正，此诸神杀及五姓、六十甲子皆从二气而生，列在方隅，直一年公事，故不为灾[9]。

又云：刑祸之方缺复荒，福德之方连接长，吉也[10]。

又云：刑祸之方缩复缩，犹恐灾殃枉相逐。福德之方拓复拓，子子孙孙受荣乐[11]。

---

① 其状在龙者，阴龙青，阳龙赤，各有命坐，切忌犯也。

② 已上移转及上官所住，不计远近，悉入阳也。

③ 已上移转及上官悉名入阴。

④ 天之福德者，宅之财命也。财命既壮，何悉不荣？故须勤修。

⑤ 《经》云：连犯不止灭门绝嗣，此之谓也。

⑥ 宅之行年不利，或口舌疾病等，即宜翻刑祸、添益福德、改移墙壁，即消灾，致其大吉昌也。

⑦ 不妨是阳之位作阴宅，居之即吉。

⑧ 不妨作阳宅，居之吉。

⑨ 凡诸刑杀在刑祸方者，设天德、月德到，亦须避之。若神杀在宅福德方，即待天德、月德生气到其位，便须修之。用功多即善，故不避也。若不明阴阳之气到其位，便须修之，用功多即善，故不避也。若不明气中小数，故不能制其大纲。

⑩ 又云：刑祸方墙舍位宜狭薄，诫之高壮也。福德方及墙舍人家宜连接，壮实也。

⑪ 刑祸之方戒侵拓，也不得太缩，缩即气不足，不足则损财禄。福德之方宜戒侵拓也，亦不得太过，太过即减福会，至微不消，厚福所临也。凡事足太过。所侵拓之数过于本宅，名曰太过

又云：宅有五虚，令人贫耗；五实，令人富贵。宅大人少，一虚；宅门大内小，二虚；墙院不完，三虚；井灶不处，四虚；宅地多屋少、庭院广，五虚。宅小人多，一实；宅大门小，二实；墙院完全，三实；宅小六畜多，四实；宅水沟东南流，五实。

又云：宅乃渐昌，勿弃宫堂。不衰莫移，故为受殃。舍居就广，未必有欢。计口半造，必得寿考[①]。

又云：其田虽良，薅锄乃芳。其宅虽善，修移乃昌。

《宅统》之宅墓以象荣华之源，得利者所作遂心，失利者妄生反心。墓凶宅吉，子孙官禄；墓吉宅凶，子孙衣食不足；墓宅俱吉，子孙荣华；墓宅俱凶，子孙移乡绝种、先灵谴责、地祸常并、七世亡魂、悲忧受苦、子孙不立、零落他乡、流转如蓬、客死河岸。

青乌子云：其宅得墓，二神渐护，子孙禄位乃固。得地得墓，龙骧虎步。物业滋川，财集仓库。子孙忠孝，天神佑助。

子夏云：墓有四奇，商、角二姓，丙、壬、乙、辛；宫、羽、徵三姓，甲、庚、丁、癸。得地得宫，刺史王公，朱衣紫绶，世贵名雄；得地失宫，有始无终，先人受苦，子孙当凶；失地得宫，子孙不穷，虽无基业，衣食过充；失地失宫，绝嗣无踪，行求衣食，客死蒿蓬。

子夏云：人因宅而立，宅因人得存。人宅相扶，感通天地，故不可独信命也。

凡修宅次第法，先修刑祸，后修福德，即吉；先修福德，后修刑祸，即凶。阴宅从巳起功顺转，阳宅从亥起功顺转。刑祸方用一百工，福德方用二百工，压之即吉。阳宅多修于外，阴宅多修于内。或者取子午分阴阳之界，误将甚也。此是二气潜通运回之数，不同八卦九宫分形列象，配女男之位也[②]。其有长才深智，愍物爱生，敬晓斯门，其利莫测。且大犯即家破逃散，小犯则失爵亡官。其余杂犯，火光、口舌、破蹇、偏枯、衰殃、疾病等，万般皆有，岂得轻之哉？犯处远而慢，即半年、一年、二年、三年始发；犯处近而紧，即七十五日、四十五日、或不出月即发。若

① 宅不宜广。

② 冬至巳夏至亥，是阴阳起盛之极处：不同圣人于地面上画八卦，列女男之宫。宫者，宅也。巽为长女，属阴；乾为天，天为阳明矣。

见此图者，自然悟会，不问愚智，福得自修，灾殃不犯，官荣进达，财食丰盈，六畜获安，又归天寿。金玉之献，未足为珍；利济之徒，莫大于此。可以家藏一本，用诫子孙，秘而宝之，可名《宅镜》。

又《宅书》云：拆故营新，爻卜相伏；移南徙北，阴阳交分。是和阴阳者气也，逐人得变吉凶者化也。随事能兴，故天地运转无穷，人畜鬼神变化何准？

《搜神记》云：精灵鬼魅，皆化为人。或有人自相感，变为妖怪，亦如异性之木接续而生，根苗虽殊，异味相杂。形碍之物尚随变通，阴阳虚无岂为常定？是知宅非宅气，由移来以变之。

又云：宅以形势为身体，以泉水为血脉，以土地为皮肉，以草木为毛发，以舍屋为衣服，以门户为冠带。若得如斯，是事俨雅，乃为上吉。

《三元经》云：地善即苗茂，宅吉即人荣。

又云：人之福者，喻如美貌之人；宅之吉者，如丑陋之子。得好衣裳，神彩尤添一半。若命薄宅恶，即如丑人更又衣弊，如何堪也？故人之居宅，大须慎择。

又云：修来路即无不吉，犯抵路未尝安。假如近从东来入此宅，住后更修拓西方，名抵路；却修拓东方，名来路。余方移转及上官往来，不计远近，准此为例。凡人婚嫁、买庄田、六畜、致营域、上官、求利等，悉宜向宅福德方往来，久久吉庆。若为刑祸方往来，久久不利。又忌龟头厅在午地，向北冲堂，名曰凶亭。有稍高竖屋，亦不利。诀云：龟头午，必易主。亦云妨主，诸院有之，亦不吉。凡宅午巳东巽巳来有高楼大榭，皆不利，宜去之吉。

又云：凡欲修造动治，须避四王神，亦名帝车、帝辂、帝舍。假如春三月东方为青帝，木王，寅为车，卯为辂，辰为舍，即是正月、二月、三月不得东。《户经》曰：犯帝车杀父，犯帝辂杀母，犯帝舍杀子孙。夏及秋冬三个月，仿此为忌。

又云：每年有十二月，每月有生气、死气之位。但修月生气之位者，福来集。月生气与天道、月德合其吉路。犯月死气之位，为有凶灾。

正月生气在子、癸，死气在午、丁；二月生气在丑、艮，死气在未、坤；三月生气在寅、甲，死气在申、庚；四月生气在卯、乙，死气在酉、辛；五月生气在辰、巽，死气在戌、乾；六月生气在巳、丙，死气在亥、壬；七月生气在午、丁，死气在子、癸；八月生气在未、坤，死气在丑、艮；九月生气在申、庚，死气在寅、甲；十月生气在酉、辛，死气在卯、乙；十一月生气在戌、乾，死气在辰、巽；十二月生气在亥、壬，死气在巳、丙。

宅经卷下

凡修筑垣墙、建造宅宇，土气所冲之方，人家即有灾殃，宜依法禳之。

正月土气冲丁未方，二月坤，三月壬亥，四月辛戌，五月乾，六月寅甲，七月癸丑，八月艮，九月丙巳，十月辰乙，十一月巽，十二月申庚。

已下图无不精详，但细看之，必有灾咎。

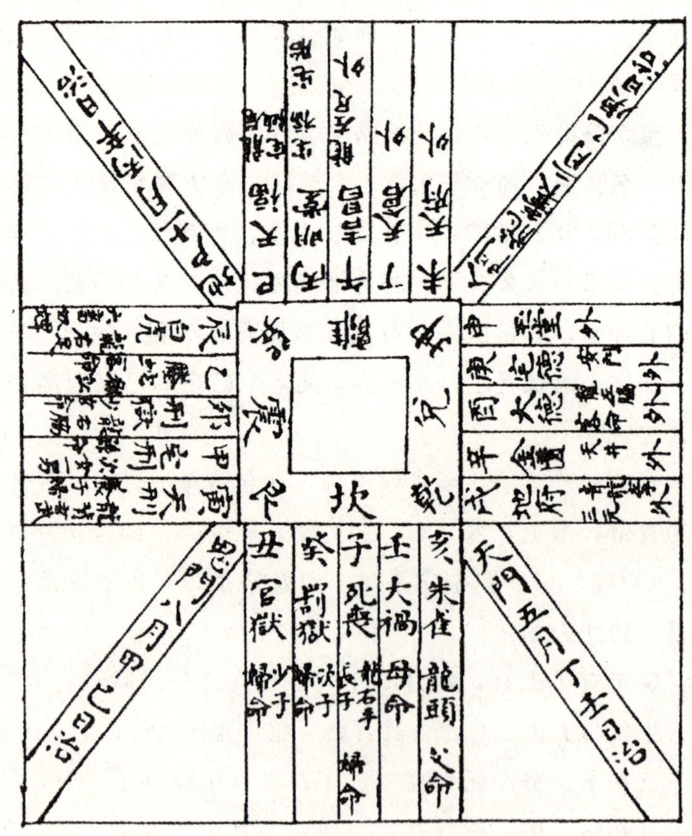

天门阳首，宜平稳实，不宜绝高壮，犯之损家长，大病、头项等灾[①]。

亥为朱雀、龙头父命座，犯者害命坐人[②]。

壬为大祸母命，犯之害命坐人、有飞灾口舌[③]。

子为死丧，龙右手，长子、妇命座，犯之害命坐人、失魂伤目、水灾口舌[④]。

癸为罚狱、勾陈、次子、妇命座、犯之害命坐人、口舌斗讼等灾[⑤]。

丑为官狱、少子、妇命座，犯之鬼魅盗贼、火光怪异等灾[⑥]。

鬼门宅壅气，缺薄空荒吉，犯之偏枯、淋肿等灾[⑦]。

寅为天刑、龙背、玄武、庶养子妇、长女命座，犯之伤胎、系狱、被盗、亡败等灾[⑧]。

甲为宅刑、次女：孙男等命座，犯之害命坐人、家长病、头项诸伤折等灾[⑨]。

卯龙右胁、刑狱、少女孙命座，犯之害命坐人、火光气满、刑伤、失魂[⑩]。

乙螣蛇、讼狱、客座命，犯之害命坐人、妖怪、死丧、口舌[⑪]。

辰为白虎、龙右足，主讼狱、奴婢、六畜命座，犯之惊伤、跛蹇、筋急等灾，亦主惊恐[⑫]。风门宜平缺，名福首背枯向荣二宅、五姓八宅，并不宜高壮壅塞，亦阳极阴首[⑬]。

巳天福、宅屋，亦名宅极。《经》曰：欲得职，治宅极宜壮实，修改吉[⑭]。

---

① 五月丁、壬日修吉。北方不用壬子、丁巳日。

② 三月丁、壬日修。

③ 修巳亥同。

④ 修巳壬同。

⑤ 七月丁、壬日修，三月亦通。宫、羽姓不宜三月，七月即吉日。

⑥ 修巳癸同。

⑦ 八月甲、已日修吉，东方不用甲 子、己巳日。

⑧ 六月甲、己日修，角姓六月凶、十一月吉。

⑨ 修与寅同。

⑩ 修与寅同。

⑪ 十月己日修吉。惟宜屋低小，仍不得重。

⑫ 修与乙同。

⑬ 十一月丙辛日修吉。南方不用丙子至辛巳日。

⑭ 九月内辛修，惟用功多良。

丙明堂、宅福、安门、牛仓等舍，《经》云：治明堂，加官益禄大吉祥，合家快活不可当①。

午吉昌之地、龙左足，经云：治吉昌，奴婢成行六畜良：宜平实，忌高及龟头厅②。

丁天仓，《经》云：财耗亡，治天仓。宜仓库六畜壮厚，高拓吉③。

未天府、高楼、大舍、牛羊、奴婢，居之大孳息，仓厕利④。

人门龙肠，宜置牛马厩，其位欲开拓壅厚，亦名福囊，重而兼实大吉⑤。

申玉堂，置牛马屋，主宝贝金玉之事，壮实开拓吉。《经》曰：治玉堂，财钱横来，六畜肥强。

庚宅德、安门，宜置车屋、鸡栖、碓硙吉甚，宜开拓连接，壮阔净洁吉⑥。

酉大德，龙左胁，客舍吉。《经》曰：治大德，富贵资财成万亿。亦名宅德，宜宅主⑦。

辛金匮、天井，宜置门及高楼大屋。《经》曰：治金匮，大富贵。宜财，百事吉⑧。

地府、青龙左手，主三元，宜子孙，恒令清净吉。《经》曰：青龙壮高，富贵雄豪。

外巽之位，宜作园池竹篁，设有舍屋，宜平而薄。

外天德及玉堂之位，宜开拓侵修，令壮实大吉。《经》曰：福德之方拓复拓，子子孙孙受荣乐。唯不得高楼重舍。

外天仓与天府之位，不厌高壮，楼舍、安门、仓库、牛舍、及奴婢、车屋并大吉⑨。

---

① 修己巳同。
② 修与巳同。
③ 正月丙辛日修，用功多大吉。
④ 修与丁同。
⑤ 二月乙庚日修。
⑥ 修与申同。
⑦ 修与申同。
⑧ 四月乙庚日修，大吉。
⑨ 南方宜侵拓吉。

外龙腹之位，与内院并同，安牛马牢厂，亦名福囊，宜广厚实吉。

外坤，宜置马厩吉，安重滞之物及高楼等并大吉。

外玉堂之院，宜作崇堂及郎君孙幼等院吉，客厅即有公客来。若高壮侵拓及有大树重屋等，招金玉宝帛，主印绶喜。

外大德宅位，宜开拓勤修，泥令新净吉，及作音乐饮会之事吉，宜子孙妇女等院，出贵人，增财富贵，德望遐振。

外金匮、青龙两位，宜作库藏仓窖吉，高楼大舍，宜财帛，又宜子孙，出豪贵，婚连帝戚，常令清净连接，丛林花木蔼密。

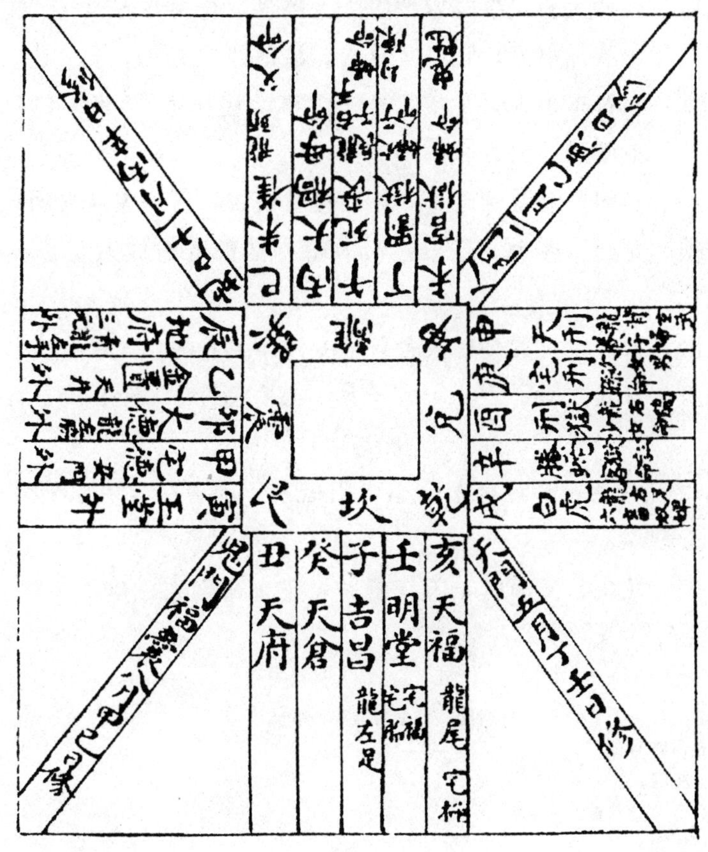

乾天门，阴极阳首，亦名背枯向荣，其位舍屋连接，长远、高壮、阔实吉①。

① 五月丁壬日修吉，北方不 用壬子、丁巳日。

亥为天福、龙尾，宜置猪栏，亦名宅极。《经》云：欲得职，治宅极宜开拓，吉[①]。

壬宅福、明堂，宜置高楼大舍，常令清净及集学经史，亦名印绶宫，宜财禄[②]。

子吉昌，龙左足，宜置牛屋。《经》云：奴婢成行，六畜良。平实吉[③]。

癸天仓，立门户、客舍、簟厕吉。《经》云：财耗亡，治天仓。安六畜，开拓高厚[④]。

丑天府，高楼大舍，牛羊奴婢居之大孳息，仓厕并吉[⑤]。

艮鬼门、龙腹、福囊，宜厚实重吉，缺薄即贫穷[⑥]。

寅玉堂，宜置车牛舍，主宝贝金玉之事，宜开拓。《经》曰：治玉堂，钱财横至，六畜肥强。大吉[⑦]。

甲宅得、安门，宜置碓硙，开拓连接壮观吉，清净灾殃自消[⑧]。

卯大德、龙胁、客舍。经曰：治大德，富贵资财成万亿。亦名宅主，主有德望[⑨]。

乙金匮、天井，宜置高楼大舍，常令清净勤修泥，尤增喜庆[⑩]。

辰地府、青龙左手、三元，宜子孙，当宜清净。《经》曰：青龙壮高，富贵雄豪[⑪]。

巽风，宜平稳，不宜壅塞。亦名阳极阴，前背荣向枯，宜空缺通疏，大吉[⑫]。

巳朱雀、龙头、父命座，不宜置井，犯害命坐人、口舌飞祸、吐血颠

---

① 亥东三月丁壬日修吉。宫羽姓，即七月吉。

② 大吉，修与亥同。

③ 修与亥同。

④ 七月丁壬日修吉。

⑤ 修与癸同。

⑥ 八月甲己日修，吉东方不用甲子日

⑦ 六月甲己日修吉。

⑧ 修巳寅同。

⑨ 修与寅同。

⑩ 卯巳南十月修。

⑪ 修巳乙同。

⑫ 十一月丙辛日修吉。南方不用丙子吉。

狂、蛇畜作怪[①]。

丙大祸、母命，不宜置门，犯之害命坐人、飞祸口舌[②]。

午为死丧、长子、妇命座、犯之害命坐人、失魂伤目、心痛、火光口舌，龙右手筋急[③]。

丁罚狱、勾陈、次子、妇命，犯之坐人口舌，斗讼疮病等灾[④]。

未为官狱、少子、妇命座，犯之害命坐人、鬼魅火疮、霹雳盗贼、刀兵流血、六畜伤死、家破逃散[⑤]。

坤人门、女命座，不宜置马厩，犯之偏枯、淋肿等，此地宜荒缺低薄吉[⑥]。

申天刑、龙背，庶子妇、长女命座，犯之失魂、病胁、刑伤、牢狱、气满、火怪[⑦]。

庚宅刑，次女、长孙命座，不宜置门，犯之害命坐人、病右胁、口舌、伤残损坠[⑧]。

酉刑狱、龙右胁、少女、孙命座，犯者害命坐人、失魂、刑狱、气满、火怪[⑨]。

辛为螣蛇、讼狱、客命，犯之害命坐人、口舌、妖怪、死丧、灾起[⑩]。

戌白虎、狱讼、龙右足、奴婢、六畜命座，犯之足，跽跛蹇、偏枯筋急[⑪]。

外乾院与同院修造开拓，令壮实，高冈陵大树并吉，宜家长延寿、子孙荣禄不绝、光映门族，乾地广阔。

外亥天福与宅极之乡，宜置大舍，位次重叠、深远、浓厚吉。与宅福、明堂相连接，壮实，子孙聪明 昌盛，科名印绶，大富贵。

---

① 巳酉，九月丙辛日修吉。至午地徵音并忌，正、三、四月吉。

② 修与巳同。

③ 修与巳同。

④ 午日酉，用正月丙辛日修吉，未地五姓并吉。

⑤ 修与丁同。

⑥ 二月乙庚日修。

⑦ 申北，十二月乙庚修，至酉吉。商姓，十二月凶，四月吉。

⑧ 修与甲同。

⑨ 修与申同。

⑩ 酉北，至戌，四月乙庚日修。

⑪ 修与辛同，从乾顺行至戌，一周二十四路。

外天仓，宜高楼重舍、仓廪库藏、奴婢六畜等舍，大孳息，宜财帛、五谷，其位高洁开拓吉。

外天府，宜阔壮，子孙妇女居之大吉，亦名富贵饱溢之地，迁职喜，万般悉有矣。

绝上，外龙腹，福囊之位，宜壅实如山，吉；远近连接大树，长冈不厌，开拓吉。若低缺无屋舍，即贫薄不安。

外玉堂，宜子妇，即富贵荣华、子孙兴达；其位雄壮，即官职升腾、位至台省，宝帛金玉不少。若陷缺荒残，即受贫薄流移他地。

外宅德，宜作学习道艺，功巧立成，亦得名闻千里，四方来慕；亦为师统，子孙居之有信，怀才抱义，壮勇无双。

外天德、金匮、青龙，此三神并宜浓厚实大舍高楼，或有客厅卿相游宴过往，一家富贵豪盛须赖三神，尤宜开拓。若冷薄、荒缺、败陷，即贫穷也。

外青龙，不厌清洁，焚香设座，延迓宾朋，高道奇人自然而至，安井及水渎甚吉。

葬　书

提　要

臣等谨案：《葬书》一卷，旧本题晋郭璞撰。璞著有《尔雅注》，已著录。葬地之说，莫知其所自来。《周官·冢人墓》：大夫之职称皆以族葬。是三代以上，葬不择地之明证。《汉书·艺文志》形：法家以宫宅地形与相人相物之书并列，则其数自汉始明，然尚未专言葬法也。《后汉书·袁安传》载：安父没，访求葬地，道逢三书生，指一处，当世为上公，安从之，故累世贵盛。是其术盛传于东汉以后，其特以是擅名者，则璞为最。考璞本传载，璞从河东郭公受青襄中书九卷，遂洞天文五行卜筮之术。璞门人赵载尝窃青囊书，为火所焚，不言其尝著《葬书》。唐末有《葬书地脉经》一卷、《葬书五阴》一卷，又不言其为璞所作。惟《宋志》载有璞《葬书》一卷，是其书至宋始出。其后方技之家，竞相粉饰，遂有二十篇之多。蔡元定病其芜杂，为删去十二篇，存其八篇。吴澄又病蔡氏未尽其蕴奥，择至纯者为《内篇》，精纯驳相半者为《外篇》，纯驳当去而姑存者为《杂篇》。新喻刘则章亲受之，吴氏为之注释。今此本所分《内篇》、《外篇》、《杂篇》，盖犹吴氏之旧本。至注之出于刘氏与否，则不可考矣。《宋志》本名《葬书》，后来术家尊其说者，改名《葬经》。毛晋汲古阁刻本亦承其讹，殊为失考。今仍题旧名，从其朔焉。

乾隆四十六年十月恭校上

内篇

葬者乘生气也。

生气即一元运行之气，在天则周流六虚，在地则发生万物。天无此则气无以资，地无此则形无以载，故磅礴乎大化，贯通乎品汇，无处无之而无时不运也。陶侃曰：先天地而长存，后天地而固有。盖亦指此云耳，且夫生气藏于地中，人不可见，惟循地之理以求之，然后能知其所在。葬者能知其所在，使枯骨得以乘之，则地理之能事毕矣。

五气行乎地中，发而生乎万物。

五气即五行之气，乃生气之别名也。夫一气分而为阴阳，析而为五行，虽运于天，实出于地。行则万物发生，聚则山川融结。融结者，即二五之精妙合而凝也。

人受体于父母，本骸得气，遗体受荫。

父母骸骨为子孙之本，子孙形体乃父母之枝，一气相荫，由本而连枝也。故程子曰：卜其宅兆，卜其地之美恶也，地美则神灵安，子孙盛，若培壅其根而枝叶茂，理固然也，恶则反是。蔡季通曰：生死殊途，情气相感，自然默与之通，今寻暴骨，以生人刺血滴之而渗入则为亲骨肉，不渗则非，气类相感有如此者，则知枯骨得荫，生人受福，其理显然，不待智者而后知也。或谓抱养既成，元非遗体，僧道嗣续亦异所生，其何能荫之有？而不知人之心通乎气，心为气之主，情通则气亦通，义绝则荫亦绝，故后母能荫前母子，前母亦发后母儿，其在物则萎薮螟蛉之类是也，尚何疑焉。

《经》曰：气感而应，鬼福及人。

父母子孙本同一气，互相感召如受鬼福，故天下名墓在在有之，盖真龙发迹，迢迢百里，或数十里结为一穴，及至穴前，则峰峦矗拥，众水环绕，叠嶂层层，献奇于后，龙脉抱卫，砂水翕聚。形穴既就，则山川之灵秀，造化之精英，凝结融会于其中矣。苟盗其精英，窃其灵秀，以父母遗骨藏于融会之地，由是子孙之心寄托于此，因其心之所寄，遂能与之感通，以致福于将来也。是知人心通乎气，而气通乎天，以人心之灵，合山川之灵，故降神孕秀以钟于生息之源，而其富贵、贫贱、寿夭、贤愚靡不攸系，至于形貌之妍丑，并皆肖象山川之美恶，故嵩岳生申尼丘孕孔，岂偶然哉？呜呼！非葬骨也，乃葬人之心也，非山川之灵，亦人心自灵耳。世有往往以遗骨弃诸水火而无祸福者，盖心与之离故也。

是以铜山西崩，灵钟东应。

汉未央宫一日无故钟自鸣，东方朔曰："必主铜山崩应，未几西蜀果奏铜山崩。以日揆之，正未央钟鸣之日也。帝问朔何以知之，对曰："铜出于山，气相感应，犹人受体于父母也。"帝叹曰："物尚尔，况于人乎？昔曾子养母至孝，子出母欲其归，则啮指而曾子心痛。人凡父母不安而身离侍侧，则亦心痛，特常人孝心薄而不自觉耳。故知山崩钟应，亦其理也。"

木华于春，栗芽于室。

此亦言一气之感召也。野人藏栗，春至栗木华而家藏之栗亦芽，实之去本已久，彼华此芽，盖以本性原在，得气则相感而应，亦犹父母之骨葬，乘生气而子孙福旺也。夫一气磅礴于天地间，无端倪无终穷，万物随时运化，本不自知，而受造物者亦不自知也。

盖生者气之聚，凝结者成骨，死而独留，故葬者反气入骨以荫所生之法也。

乾父之精，坤母之血，二气感合则精化为骨，血化为肉，复藉神气资乎其间，遂生而为人。及其死也，神气飞扬，血肉消溃，惟骨独存。而上智之士，图葬于吉地之中，以肉乘生气，外假子孙思慕一念与之吻合，则可以复其既往之神，萃其已散之气。盖神趋则气应，地灵而人杰，以无为有，借伪显真，事通阴阳，功夺造化，是为反气入骨，以荫所生之法也。

丘垅之骨，冈阜之支气之所随。

丘垅为阴，冈阜为阳，丘言其高，骨乃山之带石者。垅高不能自立，必藉石带土而后能耸也。冈者，迹也，土山为阜，言支之有毛，脊者垅之有骨，气随而行则易见，支无石，故必观其毛脊，而后能辨也。然有垅而土，支而石，垅而隐，支而隆者，又全藉乎心目之巧以区别也。

《经》曰：气乘风则散，界水则止。

谓生气随支垅体质流行，滔滔而去，非水界则莫之能止。及其止也，必得城郭完密，前后左右环围，然后从能藏风而不致有荡散之患。《经》云：明堂惜水如惜血，堂裹避风如避贼。可不慎哉！

古人聚之使不散，行之使有止，故谓之风水。

高垅之地，天阴自上而降，生气浮露最怕风寒，易为荡散，如人深居密室，稍有罅隙，通气适当肩背，便能成疾，故当求其城郭密固，使气之有聚也。平支之穴地，阳自下而升，生气沉潜，不畏风吹，（缺）出在旷野，虽八面无蔽，已自不觉。或遇穴晴日朗其温和之气自若，故不以宽旷为嫌，但取横水之有止，使气之不行也。此言支垅之取用不同有如此。

风水之法，得水为上，藏风次之。

支垅二者，俱欲得水，高垅之地，或从腰落，虽无大江拦截，亦必池塘以止内气，不则去水稍远，而随身金鱼不可无也。倘金鱼不界，则谓之雌雄失经，虽藏风亦不可用。平支之地，虽若无蔽，但得横水拦截，何嫌宽旷。故二者皆以得水为上也。

《经》曰：外气横形，内气止生。盖言此也。

水流土外，谓之外气；气藏土中，谓之内气。故必得外气形横，则内之生气自然止也。此引经以结上文得水为上之意。

何以言之气之盛？虽流行而其余者犹有止，虽零散而其深者犹有聚。

高垅之地落势雄雌，或去或止，各有（缺）作自（缺）一地可尽其力量也，而好龙多从腰落分布，枝蔓于数十里之间。或为城郭、朝乐、官曜、禽鬼、捍门、华表、罗星之类，皆本身自带不可为。彼既流行，而余者非止也，但当求其聚处，而使之不散耳。平支之龙，大山跌落平洋四畔旷阔，其为城郭亦不过高逾数尺而已，且去穴辽远，朝山一点，在乎云霭之表，人莫不以八风无蔽为嫌，又岂知支垅气隐若零散，而其深者犹有聚也。但得横水拦截，使之有止耳。此言支垅之气盛者如此。

故藏于涸燥者宜深，藏于坦夷者宜浅。

上句言垅，下句言支。高垅之地，阴之象也，气在内强刚而沉下，故言涸燥当深葬。平支之地，阳之象也，气在外弱柔而浮上，故言坦夷当浅葬。

《经》曰：浅深得乘风水自成。

高垅之葬，潜而弗彰，故深取其沉气也。平支之葬，露而弗隐，故浅取其浮气也。得乘者，言所葬之棺得以乘其生气也。浅深世俗多用九星白法以定尺寸，谬也，不若只依金银炉底求之为得。

夫阴阳之气，噫而为风，升而为云，降而为雨，行乎地中而为生气。

阴阳之气，即地中之生气，故噫为风。升而为云，降而为雨，凡所以位天地育万物者，何莫非此气邪。斯盖因曰葬乘生气故重举以申明其义。愚尝谓能生能杀，皆此气也，葬得其法，则为生气，失其道则为杀气，如所谓加减饶借吞吐浮沉之类，并当依法而剪裁之，不致有撞杀冲刑破腮翻斗之患也。

夫土者气之体，有土斯有气；气者水之母，有气斯有水。

气本无体，假土为体，因土而知有此气也。水本无母，假气为母，因气而知有此水也。五行以天一生水，且水何从生哉？生水者金也，生金者土也。土腹藏金，无质而有其气，乾藏坤内，隐而未见，及乎生水，其兆始萌。言气为水母者，即乾金之气也，世人不究本源，但以所见者水尔，故遂以水为天地之始，盖通而未精者也。

《经》曰：土形气形，物因以生。

生气附形而有，依土而行，万物亦莫非（缺）也。此引经结上文有土斯有气之意。

夫气行乎地中，其行也，因地之势；其聚也，因势之止。

气行地中，人不可见其始也，则因地之势而知其行，其次也，又因势之止而知其聚也。

葬者原其起，乘其止。

善葬者必原其起以观势，乘其止以扦穴，凡言止者，乃山川融结奇秀之所有，非明眼莫能识也。《片玉髓》云：草上露华偏在尾，花中香味总居心。其止之谓与，或谓粘穴乘其脉之尽处为止，然则盖倚撞安可以止云，不知古人正恐后世不识止处，故立为四法以乘之，夫盖者止于盖，倚者止于倚也，撞粘莫不皆然，唯观义之所在，高低正侧，何往而非止乎。

地势原脉，山势原骨，委蛇东西，或为南北。

平夷多土，陡泻多石，支之行必认土脊以为脉，垅之行则求石脊以为骨，其行度之势，委蛇曲折，千变万化，本无定式，大略与丘垅之骨，冈阜之支略同。

千尺为势，百尺为形。

千尺言其远，指一枝山之来势也；百尺言其近，指一穴地之成形也。

势来形止，是谓全气。全气之地，当葬其止。

原其远势之来，察其近形之止，形势既顺，则山水翕合，是为全气之地。又当求其止处而葬之，斯尽善矣。止之一字最谓紧，世之葬者，不乏全气之地，但于止处则有昧焉耳。夫千里来龙，五尺入手，才差一指，尽废前功。纵奇峰耸拔，秀水之玄，皆不为我用矣：若得其传，知其止，则如数二三、辨黑白。人或见其莽然，可左可右，可移可易，而不知中间自有一定不易之法尺寸不可迁改者，指南云立穴，若还裁不正，纵饶吉地也徒然，高低深浅如葬误，福变为灾起祸愆。

宛委自复，回环重复。

宛委自复，指其势而言，或顺或逆，即委蛇东西，或为南北之意也。回环重复，以其形而论，层拱叠绕，即朝海拱辰之义也。全气之地，其融结之情如此。

若踞而候也，

如人之踞然不动而有所待然。

若揽而有也。

如贵人端坐，器具毕陈，揽之而有余。

欲进而却，欲止而深。

上句言拥卫之山，须得趋揖朝拱，不欲其镠逼冲突而不逊也。下句言潴蓄之水，必得止聚渊澄，不欲其陡泻反背而无情也。

来积止聚，冲阳和阴，

来山凝结其气，积而不散；止水融会其情，聚而不流，斯乃阴阳交济，山水冲和也。

土高水深，郁草茂林。

水深沉则土壤高厚，气冲和则草木茂昌。程子曰：曷谓地之美？土色光润，草木茂盛，乃其验也。

贵若千乘，富如万金。

气像尊严，若千乘之贵；拥簇繁夥，犹万金之富。

《经》曰：形止气蓄，化生万物，为上地也。

堂局完密，形穴止聚，则生气藏蓄于中矣。善葬者因其聚而乘之，则可以福见在昌后裔，如万物由此气而成化育之功，故为上地。

地贵平夷，土贵有支。

支龙贵平坦夷旷，为得支之正体。而土中复有支之纹理，平缓恬软，不急不燥，则表里相应。然却有支体而得垅之情性者，直如掷抢，急如绷线，谓之倒火硬木，此阳中含阴也，法当避杀，粘唇架折而葬。刘氏所谓直急则避毬而凑檐是也。阳者为弱，本宜凑入，奈何性急，要缩下一二尺缓其急性，苟执支法扦之则凶，此支龙之至难体认者，故景纯谓支龙之辨盖言此也。

支之所起，气随而始。支之所终，气随以钟。

此言平支行度体段原其始则气势随之而行，乘其止则气脉因之而钟，观势察脉则可以知其气之融结矣。

观支之法，隐隐隆隆。微妙玄通，吉在其中。

隐隐，有中之无也；隆隆，无中之有也。其体段若盏中之酥，云中之雁，灰中线路，草里蛇踪，生气行乎其间，微妙隐伏而难见，然其吉则无以加矣。

《经》曰：地有吉气，土随而起；支有止气，水随而比。势顺形动，回复始终，法葬其中，永吉无凶。

引经以明上文支龙行度，言平夷之地，微露毛脊，圆者如浮沤，如星如珠，方者如箱如印，长者如玉尺如芦鞭，曲者如几如带，方圆大小不等者如龟鱼蛙蛤，是皆地之吉气涌起，故土亦随之而凸起。及其止也，则如鸡窠旋螺之状，言形止脉尽而一水交度也。高水一寸便可言山，低土一寸便可言水，此支气之止，与水朋比而相为体用者也。势顺形动者，龙势顺伏而不反逆，局形活动而多盘旋，砂水钩夹，回环重复，首尾无蔽，始终有情，依法自可扦穴。

山者势险而有也，法葬其所会。

山言垅也，势。虽险峻而其中复有不险之穴，但当求其止聚融会处而葬之则善矣。盖高垅之地，来势高大，落势雄壮，结势亦且（缺）急此（缺）之（缺）也。却有一等，以陇为体，而得支之情性者。大山翔舞垂下，及至平地变为支体，谓之下山水，此阴中含阳也。若不识粘葬山麓，莫不以前拖平地为裀褥。岂知其势未住，两边界水随脉而行，平平隐伏，直至堂心，其脉始尽。《天宝经》曰：凡认脉情看住绝，水若行时脉不歇。歇时须有小明堂，气止水交方是穴。后面要金气可乘，前头要合水可泄。若还凿脑而凿胸，凑急伤龙匪融结。此定穴之密语也。故当求其砂水会处枕毬而葬，阴者为强，固当缩下，奈何性缓，要插上七八寸，急其缓性，名为凑交斗煞，刘氏所谓摆缓则入檐而凑毬是也。苟执垅法、扦之则主败绝。此又高陇之至难体认者。

乘其所来，

言生气之所从来，因其来而知其止，故葬者得以乘之，不使有分寸之违也。脉不离棺，棺不离脉，棺脉相就，剥花接木，法当就化生脑上循脉看下，详认鸡迹蟹眼三文名字交牙滴断，或分十字，或不分十字，看他阴阳配与不配。及夫强弱、顺逆、急缓、生死、、浮沉、虚实，以定加减饶借，内接生气，外扬秽气，内外符合，前后无蔽，始为真穴。一有不顺，即花假矣。此乘生气之要诀也，下言乘金穴土义同。

审其所废，

谓入首废坏真伪莫辨，故不得不详加审察也。夫天真末丧则定穴易为力，但乘其来即知其止。却有一等，不幸为牛羊践踏，上破下崩，岁久年深，或种作开垦，或前人谬扦其旁园墙拜坛，不无晦蚀，或曾为居基，益低损高，或田家取土锄掘戕贼而大八字与金鱼不可得而移易，但要龙真局正，水净砂明，当取前后左右四应证之心目，相度酌量开井无不得矣。盖夫一气化生，支垅随炁而成形质，今既废坏，莫辨，故必于废中审之，则凡所谓阴阳、刚柔、急缓、生死、浮沉、虚实之理，无不瞭然。既得其理，则倒杖之法亦因之而定焉。

择其所相，

谓审择其所相辅于我者，法当于小八字下看两肩，暗翊肩高肩低以分阴阳作用，次视三分三合崎急平缓以别顺逆饶减，尽观蝉翊之砂虾须之水以定葬口界限，是皆左右之所相，苟失其道，则有破腮翻斗伤龙伤穴伤浅伤深之患，故不得不详加审择也。下篇言相水印木义同。

避其所害。

谓避去死气以求生气也。盖穴中之气有刑有德，裁剪得法则为生气，一失其道则为死气，故不得不审而避之。何以言之？避死挨生是也。如阳脉落穴，以阴为生，阳为死；阴脉落穴，以阳为生阴为死。脉来边厚边薄，以薄为生，厚为死。双脉一长一短，以短为生，长为死；一大一小，以小为生，大为死；以秀嫩光净圆厚涌动为生，枯老臃肿破碎直硬为死。又或砂水之间反航斜飞，直撞刺射，皆为形煞横过之山。如枪如刀尖利，顺水可收拾为用者用之，可避去者避之，此则以眼前之所见者而论之也。又程子谓五患，刘氏谓四恶，皆在所当避也。

是以君子夺神功，改天命。

上文所谓乘审择避，全凭眼力之巧，工力之具。趋全避缺，增高益下，微妙在智触类而长，玄通阴阳，功夺造化，及夫穴场一应作用裁剪放送之法皆是也。陈希夷先生曰："圣人执其枢机，秘其妙用，运于己心，行之于世，天命可移，神功可夺，历数可变也。道不虚行，存乎人耳。"

祸福不旋日。《经》曰：葬山之法，若呼吸中。言应速也。

祸福之感召，捷于影响，能乘能审，能择能避，随其所感，否则为凶应矣。大要在分别阴阳以为先务，有纯阴纯阳，边阴边阳，上阳下阴，上阴下阳，阴交阳半，阳交阴半，强阳弱阴，老阳嫩阴，各有作法。阴来则阳受，阳来则阴作。或入檐而斗球，或避球而凑檐。又有阳嘘阴吸之不同。顺中取逆，逆中取顺，情有盖粘则正球顺作，情在倚撞则架折逆受。假若阴脉，落穴放棺饶过阳边，借阳气一嘘其气方生；阳脉落穴放棺饶过阴边，借阴气一吸，其气方成。所谓阳一嘘而万物生，阴一吸而万物成是也。苟不识裁剪放送之法，当嘘而吸，当吸而嘘，宜顺而逆，宜逆而顺，及夫左右吞吐深浅，不知其诀，不能避杀挨生，则生变为杀炁，纵使高下无差，左右适宜，浅深合度，犹且不免于祸，况未当于理者乎。古歌曰：若还差一指，如隔万重山。良有以也。

山之不可葬者：五气以生和，而童山不可葬也。

土色光润，草木茂盛，为地之美。今童山粗顽，土脉枯槁，无发生冲和之气，故不可葬。却又有一等石山，文理温润，光如卵壳，草木不可立根，自然不产，开井而得五色土穴者，是又不可以童而弃之也。

气因形来，而断山不可葬也。

夫土者气之体，有土斯有气。山既凿断，则生气隔绝，不相接续，故不可葬。《青华秘髓》云："一息不来身是壳。"亦是此意。然与自然跌断者，则又不相侔矣。

气因土行，而石山不可葬也。

高垅之地，何莫非石，所谓山势原骨，骨即石也。石山行度有何不可，惟融结之处不宜有石耳。夫石之当忌者，焦纠而顽，麻燥而苏或不受锄掘，火焰飞扬，肃煞之气，含烟带黑，为凶也。其余纵使有石，但使体质脆嫩，文理温润，颜色鲜明，则无不吉矣。又有奇形怪穴，隐于石间者，四畔皆石，于其中有土穴，取去土尽，始可容棺。又有顽石凿开而下有土穴，皆可入选，是未可以石为嫌也。

气以势止，而过山不可葬也。

此言横龙滔滔竟去，挽之不住，两边略有垂下，不过挠棹而已。气因势而止，穴因形而结，过山无情，其势未止，其形未住，故不可葬。却又有一等横龙滴落正龙腰落，及夫斩关为穴者，不同也。

气以龙会，而独山不可葬也。

支龙行度，兄弟同完，雌雄并出，及其止也，城郭完密，众山翕集，方成吉穴。彼单山独龙，孤露无情，故不可葬。却又有一等支龙，不生手足，一起一伏，金水行度，跌露平洋，两边借外卫送为养荫，及其止也，雌雄交度，大江拱朝或横拦，外阳远接在乎缥缈之间，纵有阴砂，仅高一步，此又不可以孤露而弃之也。何以言之？盖得水为上，藏风次之，所以为贵也。

《经》曰：童断石过，独生新凶，而消已福。

此复证五凶之不可用也。凡此是无所（缺）适足以腐骨烂棺而已，主退败少凶劳疾，久则归于歇灭，可不慎哉！

上地之山，若伏若连，其原自天。

此言上地龙之行度体段也，大顿小伏，藕断丝连，谓之脱卸。夫大地千百里行龙，其何可穷乎？故远若自天而来也。

若水之波，

此言隐伏于平洋大坂之间，一望渺无涯际，层层级，级若江面之水，微风荡漾，则有轻波细纹，谓之行地水，微妙玄通，吉在其中矣。

若马之驰，

原其起，若马之奔腾，将欲止，如马之及厩。

其来若奔，

其来也，奔驰迅速，如使者之告捷。

其止若尸。

其止也，若尸居不动，无复有去意。

若怀万宝而燕息，

众山朝揖，万水翕聚，如贵人燕安休息，珍（缺）富如万金，若揽而有也。

若具万善而洁斋。

明堂宽绰，池湖缭绕，左右前后，眼界不空，若贵人坐定，珍馔毕陈，食前方丈也。

若橐之鼓，

橐乃无底囊，今煅者引风之具，即其类也。才经鼓动，其气即盛，言纳气之满也。

若器之贮。

如器之盛物，满而不溢，言气之止聚也。

若龙若鸾，或腾或盘。

若龙之盘旋，鸾之飞腾。言其活动有蜿蜒翔舞之体段，无破碎死蠢之形状。

禽伏兽蹲，若万乘之尊也。

来势如虎出深林，自幽而渐显，气象蹲踞而雄壮；止势如雁落平砂，自高而渐低，情意俯伏而驯顺，气象尊严，拥护绵密，若万乘之尊也。

天光发新，

眼界轩豁，气象爽丽，神怡性悦，一部精神悉皆收摄，而纳诸圹中。然而至理微妙，未易窥测，要令目击道存，心领意会，非文字之可传，口舌之可语也。《中庸》曰：人莫不饮食，鲜能知味也。

朝海拱辰。

如万水之朝宗，众星之拱极，枝叶之护花，朵廊庑之副厅堂，非有使之然者，乃一气感召，有如是之翕合也。《易》云：水流湿，火就燥，云从龙，风从虎，圣人作而万物睹，其斯之谓欤。

龙虎抱卫，主客相迎。

凡真龙落处，左回右抱，前朝后拥，所以成其形局也，未有吉穴而无吉案，若龙虎抱卫而主客不相应，则为花假无疑。

四势朝明，五害不亲。

四势即龙、虎、主、客也，贵乎趋揖朝拱，端严而不敧侧，明净而不模糊。情势如此，乌有不吉？更欲不亲五害。五害者，童、断、石、独、过也。

十一不具，是谓其次。

此特指上地而言，十中有一（缺）。泥以为说，则世间无全地矣，非概论也。

《海眼》曰：篇中形势二字，义已了然，可见势在龙而形在局，非俗人之所谓喝形也。奈何卑鄙之说，易惑人心，须至锢蔽，以讹传讹，以盲诱盲，无益反害，莫此为甚。总之道理原属广大精微，古圣先贤原为格物致知穷理尽性大学问，今人只作笼利想，故不得不以术行耳。匪直今人之术不及古人，今人之用心先不及古人之存心矣，奈何！

外篇

夫重冈叠阜，群垅众支，当择其特。

圣人之于民类，麒麟之于走兽，凤凰之于飞鸟，亦类也。重冈并出群阜，攒头须择其毛骨奇秀、神气俊雅之异于众者为正也。

大则特小，小则特大。

众山俱小取其大，众山俱大取其小。

参形杂势，主客同情，所不葬也。

参形杂势，言真伪之不分；主客同情，言汝我之莫辨。

夫支欲伏于地中，垅欲峙于地上。

伏者隐伏，峙者隆峙，此言支垅行度体段之不同。

支垅之止，平夷如掌。

支垅葬法虽有不同，然其止处悉皆如掌之平，《倒杖口诀》曰：断续续断气受于坦，起伏伏起气受于平。李淳风曰：来不来坦中裁，住不住平中取。亦曰：来来来，堆堆堆，慢中取，坦中裁。皆如掌之义也。

故支葬其巅，垅葬其麓。

支葬其巅，缓而急之也，垅葬其麓，急而缓之也。金牛云：缓处何妨安绝顶，急时不怕葬深泥。

卜支如首，卜垅如足。

所谓如首如足，亦即巅麓之义，谓欲求其如首如足也。

形气不经，气脱如逐。

支垅之葬随其形势，莫不各有常度，不经则不合常度，或葬垅于巅首，葬支于麓足，则生气脱散，如驰逐也。

夫人之葬，盖亦难矣，支垅之辨，眩目惑心；祸福之差，侯虏有间。

支垅固亦易辨，奈有似支之垅，似垅之支，支来而垅止，垅来而支止。或垅变为支而复为垅，支变为垅而复为支，或以支为坛垛而行垅于上，以垅为坛垛而行支于上，复有垅内而支外，支内而垅外者，又有强支弱垅，急支缓垅，欹支平垅，隆支隐垅，石支土垅，老支嫩垅，偏支正垅，全支半垅，以及夫非支非垅之不可辨者。然其中有奇有正，有经有权，自非明师耳提面命，则眩目惑心，莫能别也。倘支垅互用，首足倒施，其祸立至。今之葬者，支垅不能别，可无误乎？

乘金相水，穴土印木。

此言穴中证应之玄微也。金亦生气之异名言，即其尖圆之所止也。相水者，言金鱼界合相辅于左右也。穴土者，土即中央之义，谓穴于至中取冲和之气，即葬口是也，印木即两边蝉翊之砂夹主虾须之水以界穴也。《神宝经》曰：三合三分见穴土乘金之义，两片两翊察相水印木之情。盖亦神明其义耳。又有所谓水底眼，剪刀交，水里坐，水里卧，明暗股，明暗球，长短翊，长短水，蜗窟蛤尖，交金界玉，鸡胸鸠尾，寿带孩衿，�

口鸟迹，生龟死鳖，眠干就湿，割脚淋头，明阳暗阴，阳落阴出，罗纹土宿，十字天心扑面水底，浮大口出小口，水过山不过桥，流水不流两片牛，角砂一滴蟹眼水，舌尖堪下莫伤唇，齿罅可扦休近骨，虚檐两过声犹滴，古鼎烟消气尚浮。其名类不一，莫可殚举。其言隐括，自非明师耳提面命，逐一指示，卒难通晓。

外藏八风，内秘五行。

四维四正，完密而无空缺，既无风路，则五行之生气自然秘于其内而凝结矣。

天光下临，地德上载。

天有一星，地有一穴。在天成象，在地成形。葬得其所，则天星垂光而下照，地德柔顺而上载也。

阴阳冲和，五上四备。

物无阴阳，违天背原，孤阳不生，独阴不成，二五感化乃能冲和，冲和之处，则必有五色异土以应之。言四备者，不取于黑，又曰冲和之处，阴气寒至此而温，阳气热至此而凉，温凉之气是为冲和。

目力之巧，工力之具。趋全避阙，增高益下。微妙在智，触类而长。玄通阴阳，功夺造化。

目力之巧，则能趋全避阙，工力之具，则能增高益下。大凡作用之法，随宜料理，千变万化，本无定方，全在人之心目灵巧，以类度类触而长之，则玄功可以盗天地之机，通阴阳之理，夺造化之权。

势如万马，自天而下。

星岚插汉，贴天而下，若万马奔驰而来也。

形如负扆，有垅中峙，法葬其止。

万物负阴而抱阳，故凡背后不可无屏障以蔽之，如人之肩背最畏贼风，则易于成疾，坐穴亦然。真龙穿障，受蟆结成形局。玄武中峙，依倚屏障以固背气。此立穴之大概也，然又当求其止聚处而葬之，则无不吉矣。

《经》曰：势止形昂，前涧后冈，龙首之藏。

势欲止聚，形欲轩昂。前有拦截之水，后有乐托之山。形局既就，则真龙藏蓄于此矣。

鼻颡吉昌，角目灭亡。耳致侯王，唇死兵伤。

此以龙首为喻，而取穴非谓真有鼻颡角目也。但鼻头以喻中正，故吉。角目偏斜而又粗硬孤露不受穴，故凶。耳言深曲，唇言浅薄，所以有侯王兵伤之别。

宛而中蓄，谓之龙腹，其脐深曲，必后世福。伤其胸胁，朝穴暮哭。

宛宛之中若有所蓄者，龙之腹也，况又深曲如脐，岂有不吉。若葬非其道，伤其胸者，必遇石而带黑晕，伤肋则乾操如聚粟，或上紧下虚，锄之如封肉。朝穴暮哭者，言其应之速也，可不慎哉。

夫外气所以聚内气，过水所以止来龙。

外气者，横过之水，内气者，来龙之气，此即外气横形，内气止生之谓也。

千尺之势，宛委顿息。外无以聚内气，散于地中。《经》曰：不蓄之穴，腐骨之藏也。

千尺言来势之远也。宛委者，宛转委曲而驯顺。顿息者，顿挫止息而融结也。若阴阳不交，界合不明，后无横水以拦截，则土中之生气散漫而无收拾矣，葬之适足以腐骨。

夫噫气能散生气，龙虎所以卫区穴。叠叠中阜，左空右缺，前旷后折，生气散于飘风。《经》曰：腾陋之穴，败椁之藏也。

天地之气，噫则为风，最能飘散生气，故必藉前后左右卫护区穴，而后能融结也。若堂局虽有入首，叠叠之阜却缘左空右缺，前旷后凹，地之融结，悉为风所荡散，则生气不能蓄聚，垅之浮气升腾于上，支之沉气陋泄于下矣。葬之无益于存亡，适足以腐败棺椁而已。

夫土欲细而坚，润而不泽，裁肪切玉，备具五色。

石山土穴，欲得似石非石之土，细腻丰腴，坚实润滋，文理如裁肪也。土山石穴，必得似土非土之石，脆嫩鲜明，光泽晶莹，体质如切玉也。五气行乎地中，金气凝则白木气凝，则青火赤土黄皆吉，唯水黑则凶。五行以黄为土色，故亦以纯色为吉。又红黄相兼，鲜明者尤美，间白亦佳，青则不宜多见，以近于黑色也。枝垅千变万化，高低深浅结作各异，唯穴中生气聚结，孕育奇秀而为五色者，则无有. 不吉也。言五色者特举其大纲耳。土山石穴，亦有如金如玉者，或如象牙、龙脑、珊瑚、琥珀、玛瑙、车渠、朱砂、紫粉花、细石膏、水晶、云母、禹余种石、中黄、紫石英之类，及石中有锁子文、槟榔文，或点点杂出而具五色者，皆脱嫩温润似石而非石也。石山土穴，亦有所谓龙肝凤髓，猩血蟹膏，散玉滴金，丝纫缕翠，柳金黄秋恭褐之类，及有异文层沓如花样者，或异色鲜明如锦绣者，皆坚实光润似土而非土也，即为得生气矣，否则非真穴也。至若活物神异，固尝闻之，然有亦能漏泄龙气，大非吉地之宜，有高明者宜以鉴之。

夫干如聚粟，

土无气脉，上紧下虚，焦白之土，麻黑之砂，括燥松散，锄之如聚粟也。

湿如封肉，

淤湿软烂，锄之如封腐肉，不任刀也。

水泉砂砾，

地气虚浮，腠理不密，如滤篾，如灰囊，内藏气湿之水，外渗天雨之水也。

皆为凶宅。

已上皆凶，葬之则存亡无益，适足以腐骨败椁，(缺)而已。

夫葬以左为青龙，右为白虎，前为朱雀，后为玄武。

此言前后左右之四兽，皆自立穴处言之。

玄武垂头，

垂头言自主峰渐渐而下，如欲受人之葬也。受穴之处，浇水不流，置坐可安，始合垂头格也。若注水即倾，立足不住，即为㪷泻之地。精华髓云人眠山上龙方住，水注堂心穴自安，亦其义也。

朱雀翔舞，

前山声扳端特活动，秀丽朝揖而有情也。

青龙蜿蜒，

左山活软宽净，展掌而情意婉顺也。若反航崛强，突兀僵硬，则非所谓蜿蜒矣。

白虎驯伏。

驯善也，如人家蓄犬驯，扰而不致有噬主之患也。伏者，低头俯伏之义，言柔顺而无蹲踞之凶也。《明堂经》云：龙蟠卧而不惊，是为吉形；虎怒蹲视昂头不平，胸机中藏。又曰：白虎弯弯，光净土山。鲲如卧角，圆如合环。虎具此形，乃得其真。半低半昂，头高尾藏。有缺有陷，折腰断梁。虎有此形，凶祸灾殃。

形势反此，法当破死。

四兽各有本然之体段，反此则不吉矣。

故虎蹲谓之衔尸，

右山势蹲昂头视穴，如欲衔噬冢中之尸也。

龙踞谓之嫉主，

左山形踞不肯降伏，回头斜视，如有嫉妒之情，世俗多言龙昂虎伏，盖亦传习之误。昂当作降，大概龙虎俱以驯伏俯伏为吉。

玄武不垂者拒尸，

主山高昂头不垂伏，如不肯受人之葬而拒之也。

朱雀不舞者腾去，

前山反背无情，上正下斜，顺水摆窜，不肯盘旋朝穴，若欲飞腾而去也。

夫以支为龙虎者，来止迹乎冈阜要如肘臂，谓之环抱。

此言平洋大地，左右无山以为龙虎，止有高田勾夹，故当求冈阜之来踪、土迹于隐隐隆隆之中，最要宽展。如人之肘臂，腕肉有情，明堂（缺）夷。自为局垣，一龙一虎，如规之圆，言其形如步武，旋转自然，团簇环抱而恬软也。

以水为朱雀者，衰旺系乎形应，忌乎湍激，谓之悲泣。

水在明堂，以其位乎前，故亦名朱雀，若池湖渊潭，则以澄清莹净为可喜。江河溪涧，则以屈曲之玄为有情。倘廉劫箭割湍激悲泣，则为凶矣。由是观之，虽水之取用不同，关系乎形势之美恶则一也。盖有是形则有是应，故子孙之衰旺亦随之相感之理也。别人一般冬冬哄哄如擂鼓声者，得之反吉，又非湍激悲泣之比。

朱雀源于生气。

气为水母，有气斯有水，原其所始，水之流行，实生气之所为也，生气升而为云降而为雨，山川妙用，流行变化，势若循环，无有穷已，是故山之与水，当相体用，不可须臾离也。

派于未盛，朝于大旺。

派者水之分也，朝者水之合也，夫水之行，初分悬溜，始于一线之微，此水之未盛也。小流合大流，乃渐远而渐多，而至于会流总潴者，此水之大旺也。盖水之会由山之止，山之始乃水之起，能知水之大会，则知山之大尽。推其所始，究其所终，离其所分，合其所聚，置之心目之间，胸臆之内，总而思之，则大小无从而逃，地理可贯而尽矣。若夫《禹贡》之载九州，其大要则系于随山浚川之四字，如导沆水导河导漾之类，皆水之未盛也，如入于江入于河入于海者，皆水之大旺也。以其大势言之，则山川之起于西北，自一而生万也；水之聚于东南，合万而归一也。《禹贡》举天下之大者而言之，则始于近而终于远，自一里而至十里，由十里而至于足迹之所能及。推其山之起止，究其水之分合，是成小《禹贡》也。

泽其相衰，流于囚谢。

泽谓陂，泽诗彼泽之陂，注云：水所钟聚也，水既潴蓄渊，停则止水势已煞，故曰衰流。于囚谢者，水盈科而进则其停者已溢为余波，故曰谢。

以返不绝。

山之气运随水而行，凡遇吉凶形势若远、若近，无不随感而应。然水之行也，不欲斜飞，直撺反背无情，要得众砂节节栏截之，玄屈曲有情而成不绝之运化也。

法每一折，潴而后泄。

此言水之去势，每于屈折处要有潴蓄。然亦不必尽泥。穴前但得一水，则亦可谓之潴矣。善于作用者，穴前元辰直长，法以穴中沟头水论潴泄，每折中作斗，既潴而后泄去可救。初年无患，此亦是夺神功之妙也。

洋洋悠悠，顾我欲留。

此言水之去势悠洋眷恋，有不忍遽去之情，顾我而欲留也。

其来无源，其去无流。

源深流长，不知其来。砂拦局密，不见其去。

《经》曰：山来水回，贵寿而财。

山来者，众山攒集。水回者，群流环会，此富贵寿考之穴也。

山囚水流，虏王灭侯。

山囚明堂，逼塞不宽舒也。水流元辰直溜，不萦纡也。生旺系乎形，应地理之法，不过山水向背为紧，向则为吉，背则为凶。故向坐有法，当取之于应照。水路有法，当求之于曲折，他无与焉。

杂篇

占山之法，以势为难，而形次之，方又次之。

千尺为势，百尺为形，势言阔远，形言浅近。然有大山、大势、大地、大形，则当大作规模，高抬望眼，而后可以求之也。势有隐显，或去山势从东趋形，从西结势，由左来穴，自右出势。又有佯诈，穴亦有花假，此所以为最难也。其次莫如形，有一、二里为一形，此形之大者也。有只就局内结为蜂、蝶、蛙、蛤之类，此形之小者也。鹅凤相肖，狮虎相类。形若不真，穴何由拟？故形亦为难也。又其次莫如方，方者方位之说。谓某山来合坐依某方向之类是也。

势如万马，自天而下，其葬王者。

此下言真龙降势之大略。可总括天下山岚之行度。若欲逐一分类，则反包括不尽矣。其葬王者，言其贵也，不得拘之。

势如巨浪，重峰叠嶂，千乘之葬。

峰峦层踏如洪波，巨浪奔涌而来，当出千乘之贵。

势如降龙，水绕云从，爵禄三公。

星岚撑汉踏术而下，如龙之降也。及至歇处，山如云拥，水似带蟠，焉得不贵。

势如重屋，茂草乔木，开府建国。

真龙降势，层层踏踏，如人家之重屋叠架，所以为贵也。

势如惊蛇，屈曲徐斜，灭亡家国。

横窜直插，行度畏缩而不条畅，死硬而不委蛇，故葬者家亡国灭。

势如矛戈，兵死形囚。

尖利如矛叶，直硬如枪杆，故子孙多死于凶横非命。

势如流水，生人皆鬼。

顺泻直流去，无禁止之情，此游漫之龙也。葬之者，主少亡客死。

形如负扆，有垅中峙。法葬其止，王侯崛起。

凡结穴之处，负阴抱阳，前亲后倚，此总相立穴之大情也。负扆形如御屏壁立崎急不可扦，穴法当立于平地，须龙贵朝真，而后可不谓负扆，便能如是之贵也。

形如燕窠，法葬其曲，胙土分茅。

燕窠多于山腰龙虎包裹，自成形局，入穴不见孤露，所以为贵。

形如侧垒，后冈远来。前应曲回，九棘三槐。

穴形偃诈如垒之侧，玄武来上，前朝后应，委曲周回。法当就垒口扦之，主三公九卿之贵。

形如覆釜，其岭可富。

覆釜，如五星中所谓覆釜金也。唯挨金下水穴，今言形如覆釜，则合葬麓，阴龙而阳穴也。若葬于巅，乃是以阴挨阴，不几于独阴不成之义乎？近来世俗正坐此病，无不葬垅于巅也，固有照天蜡烛及贯顶法，多葬山岭。亦须有天然成穴方可下。

形如植冠，永昌且欢。

植冠，言其形穴之尊严也。后仰前倚，壁立崎急，宜阡缓中。

形如投算，百事昏乱。

山形如算横直乱投，故凶。

形如乱衣，妒女淫妻。

山形剥落破碎如乱衣之不整，故淫乱。

形如灰囊，灾舍焚仓。

大抵即《内篇》水泉砂砾之意，言生气不蓄之穴，得雨暂湿，雨止即干，如汤之淋灰，故凶。

形如覆舟，女病男囚。

横冈无脉，中央四隤，无穴可扦。葬之，则男女不利。

形如横几，子绝孙死。

玄武缩头入首，无脉穴何可扦。然有得几之正形者，乃水之所变，故出文章科第，世有卢相公祖、杨神童祖、方太监祖，皆葬几形，盖未可以其凶而弃之也。

形如卧剑，诛夷逼僭。

形狭而长，首脱而瘠，纯石剥落，文理枯燥，故凶。然有剑形而出贵者。如石使相祖、曾文遄下托手穴是也。

形如仰刀，凶祸伏逃。

形如鱼之髻鬣无肥厚气象，故凶。

牛卧马驰，鸾舞凤飞。

此言各得其本性而应形真。

螣蛇委蛇，

委蛇则为活蛇，故吉。直硬为死，则凶。

鼋鼍鱼鳖，以水别之。

四者皆水族，故以近水而应形真。

牛富凤贵。

牛出于土星，故富。凤出于木星，故贵。

螣蛇凶危。

蛇心险，有毒，故多凶。遇蛙、蛤则贪婪，而为小人。盖蛇之所陷也。逢蜈蚣、金龟、鸠鸟则畏谨而为君子。乃欲陷于蛇也。古今阡蛇形地者何限，岂可例以凶危而不用乎？

形类百动，葬者非宜。四应前桉，法同忌之。

形势止伏如尸，居之不动方可扦穴。若有不定，岂可用乎？非惟主山，但目前所见飞定摆窜，于我无情者，悉当忌之。

夫势与形顺者，吉。势与形逆者，凶。势吉形凶，百（缺）一。势凶形吉，祸不旋日。

形、势二者皆以止伏为顺，飞走、摆窜为逆。顺则吉，逆则凶。势吉形凶尤可希一日之福。若势凶形吉则祸不待终日，极言应之速也。

《经》曰：地有四势，气从八方，寅、申、巳、亥，四势也。震、离、坎、兑、乾、坤、艮、巽，八方也。

若但言地有四势，只有朱雀、玄武、青龙、白虎而已。气促八方，只有四正、四隅而已。两句下证之以寅、申、巳、亥、震、离、坎、乾、坤、艮、巽之说，则当以方位解之。四势为四长生，如火生寅，水生申，金、木生于巳、亥是也。八方为八卦。东方震、艮，南巽、离，西方坤、兑，北乾、坎是也。又有所谓六秀、六贵分金，三十吉龙并十六贵龙等说，皆原于此，是星卦之所由兴也。

是故四势之山，生八方之龙。四势行龙，八方施生。一得其宅，吉庆荣贵。

四势者，陈石壁所谓五行生气之地。八方，八卦方也。八龙不能自生，要得寅、申、巳亥五行之生气，而后能旋生也。其大意言八方之龙要从长生位上得来则吉；假如震龙属木，长生于亥，要必自亥位发始，即为生气之地。或从亥上经过，亦是。余可类推。但此之生气与《内外篇》之言生气不同。

土圭测其方位，玉尺度其远近。

土圭所以辨方正位，其制见于《周礼》。玉尺所以度量远近，其数生于黄钟。今台司度日影以定候，多用此制也。

夫葬乾者，势欲起伏而长，形欲阔厚而方。葬坤者，势欲运辰而不倾，形欲广厚而长平。葬艮者，势欲委蛇而顺，形欲高峙而峻，葬巽者，势欲峻而秀，形欲锐而雄。葬震者，势欲缓而起，形欲耸而峨。葬离者，势欲驰而穷，形欲起而崇。葬兑者，势欲天来而坡垂，形欲方广而平夷。葬坎者，势欲曲折而长，形欲秀直而昂。

此言八卦之山必欲合如是之形势，然后为吉。夫天下山川行度千变万化，岂有一定之理哉！何者不欲起伏而长、阔厚而方，宁独乾之一山如是哉！此只言其大概耳！是以形势为上，而方位次之，必欲如此，又何异于刻舟求剑者乎？（缺）存之以俟参考。

盖穴有三吉，葬直六凶，天光下临，地德上载。

天光地德前见。

藏神合朔，神迎鬼避，一吉也。

神，吉神。鬼，凶煞。朔，谓岁月、日、时。言藏神合乎吉朔也。神迎鬼避，得吉年月也。

阴阳冲合，五土四备，二吉也。目力之巧，工力之具，趋全避缺，增高益下，三吉也。

解见前。

阴阳差错为一凶，岁时之乖为二凶。

此言葬日不得方向、年月之通利。

力小图大为三凶。

生人福力浅薄，而欲图王侯之地，是不量力度德也。然此亦不可泥。

凭福恃势为四凶。

凭见在之福，恃当今之势，富贵之家自谓常如今日，而不深虑，有父母之丧者不思尽力以求宜隐之地，但苟焉窀变而已，正程子之所谓“唯欲掩其目之不见，反以阴阳之理为无足。”(缺)可胜道哉！《魏志》：管辂遇征东将军毋丘俭之墓，叹曰：“松柏虽茂，无形可文。碑谥虽美，无后可守。玄武垂头，青龙无足。白虎衔尸，朱雀悲泣。四危已备，去当灭族。”后果如其言。又《左氏春秋传》会文公十三年，邾文公卜迁于绎，史曰：“利于民，不利于君。”公曰：“苟利于民，孤之利也。”左右曰：“命可长也，君何弗为?”公曰：“命在养民。民苟利矣，迁也，吉莫如之。”遂迁。五月，公果卒。然固有数焉，而阴阳之理亦有所定矣。

僭上逼下为五凶。

僭上，言庶人坟墓不得如大官制度，贫家行丧不得效富室眩耀，及不得作无益华靡。亡者无益，存者招祸。逼下，为俭不中礼，悭吝鄙涩，父母坟墓不肯即时尽作用之法，因循苟且，致生凶变。作用者，谓如作明堂、通水道，及夫截庬去滞、增高益下、阵水蔽风之类，皆是也。

变应怪见为六凶。

上言天时人事不能全美。或有吉地吉穴、主人濡滞不葬，或是非争竞而害成，或贫病兼忧而不能举，或明师老死不复再来，或停丧久远而兵火不测，或子孙参差而人事不齐，或官事牢狱而不复可为，或日怠日忘、竟成弃置，或全家绝灭、同归暴露，是皆因葬不即举而变见多端也。呜呼！为人者，可不凛凛然而知戒谨乎哉！

《经》曰：穴吉葬凶，与弃尸同。

言形势虽吉而葬不得穴，或葬已得穴而不知深浅之度，皆与委而弃之者何以异哉！《锦囊》一书，其大概专以生气为主，即太极为之体也。其次分为枝垅，即阴阳为之用也。又其次曰风水，曰止聚，曰形势，曰骨脉。又其次则验文理之秀异，明作用之利宜。学者当熟读玩味，则知景纯之心法矣。

参考文献

[01] 谢路军、郑同主编．术藏（全 100 卷）[M]．北京：北京燕山出版社，2010.1

[02] [清] 矫子阳撰．龙伏山人存世文稿五：增注蒋公古镜歌 [M]．北京：九州出版社，2013.5

[03] [清] 赵九峰撰．阳宅三要 [M]．北京：华龄出版社，2010.5

[04] 郑同点校．玉函通秘 [M]．北京：华龄出版社，2013.1

[05] 郑同点校．地理点穴撼龙经 [M]．北京：华龄出版社，2011.12

[06] 郑同编校．绘图全本玉匣记 [M]．北京：华龄出版社，2011.12

[07] 郑同点校．绘图地理人子须知（上下）[M]．北京：华龄出版社，2012.1

[08] 傅洪光著．风水罗盘全解 [M]．北京：华龄出版社，2011.7

[09] 郑同点校．绘图入地眼全书 [M]．北京：华龄出版社，2011.5

[10] 郑同点校．绘图地理五诀（绘图校正集新堂藏版）[M]．北京：华龄出版社，2011.5

[11] 胡一鸣著．堪舆精论：胡一鸣讲阴阳法风水学 [M]．北京：华龄出版社，2011.1

[12] 曾涌哲．中国风水学初探 [M]．北京：华龄出版社，2010.8

[13] 郑同著．一本书弄懂风水 [M]．北京：华龄出版社，2010.1

[14] 郑同点校．增广沈氏玄空学 [M]．北京：华龄出版社，2009.5

[15] 郑同点校．堪舆（全二册）：古今图书集成术数丛刊 [M]．北京：华龄出版社，2008.1

[16] 郑同、谢路军点校．四库全书术数初集（全四册）[M]．北京：华龄出版社，2006.6

[17] 郑同点校．四库全书术数三集：钦定协纪辨方书（全二册）[M]．北京：华龄出版社，2009.1

[18] 何晓昕、罗隽著．中国风水史 [M]．北京：九州出版社，2008.4

致　谢

《中国风水史》的编写历经两年有余，其间多蒙海内外朋友的关心与支持，特申谢忱。特别感谢天津卢亭龙老师，反复认真校勘书稿，热心指正谬误之处。感谢九州出版社的大力支持，感谢北京周易书斋热情提供百余种相关典籍资料，感谢各地易友的热心指导。作者虽尽心竭力，然知见所见，谬误自是难免，尚祈海内外读者不吝指正。

傅洪光

2013.11.18